ジェイソン・ドーシー＆デニス・ヴィラ
門脇弘典［訳］

Z世代マーケティング

世界を激変させるニューノーマル

How Gen Z Will
Change the Future of Business-
and What to Do About It

ZCONOMY

and

ンズ・ジャパン

Zconomy
by Jason Dorsey and Denise Villa, PhD

This edition is published by arrangement with HarperCollins Publishers LLC, New York, U.S.A.

Published by K.K. HarperCollins Japan, 2021

人生や歴史、良質の物語、世代間の橋渡しについて教えてくれた祖父のマリー・ユーリンにこの本を捧げる。思い出になった今も日々の勇気をくれる祖父に、感謝を込めて。

――ジェイソン

私たちの娘、ライアにこの本を捧げる。想像を超える喜びをあなたは運んでくれる。あなたの強さ、温かさ、生へのひたむきさに触れると、もっと自分を磨きたいと思わせられる。空の星を全部集めたよりも大きな愛を送りたい。

――デニス

新しい世代が訪れるたび、人類には変化がもたらされる。
その変化を受け入れ、物語の一部となろう。

——デニス・ヴィラ

Z世代マーケティング　世界を激変させるニューノーマル　目次

※本文中（ ）で表す数字は、巻末に原注があることを示す

はじめに——Z世代がやってきた！

ジャックはパイナップルケーキの広告に出会ったときのことをありありと覚えている。

その動画広告は、インスタグラムのフィードに現れた。若い女性が「パイナップルそっくりのケーキ」の焼き方を教えるというもので、ジャックは画面をスクロールしていた手を止めてタップし、広告からYouTubeに飛んで動画を見た。思わず「すごい」とつぶやき、その女性が投稿していたケーキ作りの動画をスマートフォンで一気見した。

50本以上見たところで、自分もケーキを焼いてみることにした。1個目はうまくいかなかった。2個目も失敗した。3個目も。焼いては失敗し、失敗してはまた焼いた。

そうしてきちんとしたケーキを求めて2カ月、ようやくインスタグラムに投稿してもいいと思える見た目のものができあがった。友達からは「ヤバい！」「どこで習ったの？」といったコメントがついた。当時を思い出し、ジャックは「インスタで100も〝いいね！〟をもらったのは初めてだった」と満面の笑みで語る。

ケーキを作り、新しいデコレーションを創り出すアート性にすっかり魅了されると、毎週末にケーキを2個焼いて週明けに写真と動画をアップするようになった。だんだんとインスタグラムのフォロワーが増え、コメント欄は「ブラジルから見てます！」「ケーキおいしそう！バルセロナより」と賑《にぎ》わった。その中にはあのパイナップルケーキの女性もいた。ジャックがもう200本も動画を見てケーキ作りを学んだ「師匠」が、今度はジャックが作ったケーキを動画で紹介してくれるまでになったのだ。

さまざまな趣味や活動があるなかでどうしてケーキ作りを選んだのかと訊《き》かれると、ジャックはこう答える。「スポーツもやってみたけど、全然ダメだった。おまけに失敗するところが大勢の人の目にさらされるし。ケーキなら失敗してもキッチンの中だけ。だから失敗して失敗して、それでも続けられたんだ」

ケーキ作りをしていて印象深かったことは、という問いには、「先生の結婚式のためにケーキを焼いたときかな。赤ちゃんの性別発表会も兼ねてたんだけど、すごいことだなって思った。だって、結婚式とか誕生日とか、そういう人生の重大イベントの一部なんだから、ケーキは。ぼくもそのイベントの一部になるってことだ。あのときはぼくだけが赤ちゃんの性別を知ってて、それでケーキは外側をピンクとブルーにして、内側は全体をブルーにした」

今ではジャックがYouTubeで見たケーキ作りの動画は1000本に迫る。

その経験から、彼より上の世代へのアドバイスをくれた。「YouTubeがなかった頃に育った大人って、何か始めるならレッスンを受けなきゃいけないと思っている人が多くて。おじいちゃんにも、ケーキ作りがうまくなりたかったらケーキ教室に通いなさいって言われた。でも、ぼくたちの世代はものの学び方が全然違うんだってわかってほしい。

今は数学の授業だってYouTubeで受ければいい。上の世代の人たちはソーシャルメディアが悪いものだと決めつけているけど。まあ、欠点はあるけど、いいところもあるんだって認めないと。学ぶ方法はもう変わってきている。YouTube、スナップチャット、インスタグラム。新しいことを学んだり、やりたいことを見つけるのには、そういう新しい手段があるんだよ」

また、ジャックはこうも言う。「ケーキを作っても、SNSに投稿しないと意味がないと思う。ほかに何かするっていっても……写真を学校に持っていくとか？　写真や動画をアップすれば、すぐに世界中から反応が返ってくる。インスタグラムのフォロワーを見ると、ヨーロッパの人も多いみたい。ヨーロッパの人がぼくのケーキを見てくれてるんだ」

最初のケーキを焼いた1年半後には、ソーシャルメディアのアカウントを通じて、わが社の製品を宣伝してみる気はないか、と企業からコンタクトがあった。今のジャックは、大学に入ったあと料理専門チャンネルで番組を持てるよう動きだしている。最近ではペースを落とし、週末に作るケーキは1個にしているという。それは「学年が上がって、もう子供のときほど時間が取れない」からだ。

ジャックは16歳。ケーキを作りはじめたのは12歳のときで、きっかけはYouTube動画の広告だった。インスタグラムのアカウント（@jackedupcakes）は1万人以上にフォローされている。

彼が属する世代はZ世代と呼ばれる。

今まさにビジネスの未来を変えようとしている世代だ――それも永遠に。

本書の主役であるジャックたちは、これからの世代を理解するための新しい視点を与えてくれる。

従業員を雇って活躍させる方法から、広告や販売、消費体験創出にまつわる新たな戦略まで、あらゆることがZ世代では変化している。それが世界各地のZ世代の事例から見えてくる。

私たちは研究者と世代コンサルタントでチームを組み、世界中のZ世代にインタビューした。あるときは直接顔を合わせて、またあるときはビデオ通話で。買い物に出かけるのについていくこともあった（1人のときも友達と連れ立っていくときもスナップチャットでグループチャットしながら買い物するのがZ世代流だ）。お気に入りのYouTuberによるメイクアップ講座やゲーム動画を見たり、「スタディー・ウィズ・ミー」という他人の勉強風景を眺めたりしているところも観察した。

世代について調査・助言・講演する私たちの会社、CGKことセンター・フォー・ジェネレーショナル・キネティクスでは、アメリカをはじめ世界各国で65を超える質的・量的調査研究を実施してきた。北アメリカ、西ヨーロッパ、インド、フィリピン、オーストラリアでフィールド調査もした。量的調査研究では通常、最低でも1000人、たいていはもっとずっと大勢の参加者を集めている。本書に出てくるデータの大半はアメリカでの研究に基づくが、毎年シンガポール、チリ、インド、フランスなどで数多くのグローバル企業のために講演やコンサルティングをしてきた経験から、世界共通で有効なインサイトも紹介する。

等身大のZ世代をさまざまな角度から研究した結論はこうだ。従来の一般的なマーケティングや人材採用、マネジメントの手法は、Z世代相手には通用しない。

だがビジネスリーダーは慌てなくてもいい。Z世代にも働く意欲があり、自分好みのブランドを探し求める気持ちがある。従業員として価値を生み出し、消費者としてお気に入りの製品・サービスを人に勧めたいとZ世代も思っている。彼らが今までの世代と大きく異なるのは、どのようなつながり方を企業に期待するかだ。コミュニケーションに用いるべき戦略とプラットフォームも、雇用主に期待されるものも、がらりと変わった。Z世代に耳を貸してほしければ、彼らの言葉に耳を傾けなければならない。

多くのリーダーは、Z世代に適応する必要性を感じながら身動きが取れないでいる。何をどう変えればいいのか、そもそもどこから手をつければいいのか？ 本書では、どのような立ち位置の企業でも使える、Z世代への適応手段を提供する。

CGKには世界中の企業から次のような疑問が寄せられる。

Z世代とは何者か？
Z世代に効果的な宣伝・販売・クチコミ戦略は？
Z世代を採用し、職場に定着させ、やる気を引き出すにはどうすればいい？
Z世代によって業界の未来はどう変わる？

ビジネスリーダーがこの刺激的な新世代を理解し、準備できるように、私たちのチームでは継続的に研究している。４つの大陸のさまざまな言語の国々で、Z世代のあらゆるものの見方を解き明かしてきた。ブランドやマーケティング、顧客ロイヤルティから、就職活動や人材採用、モチベーション、定年退職まで、Z世代が自分たちとほかの世代を見ている世界観はどのようなものなのか。綿密な調査により、彼らの購買行動や銀行利用、消費、貯蓄、移動、投資、コミュニケーション、信頼関係、発信力などの実情が明らかになってきた。

また、２０１６年からは、〈The State of GenZ®（Z世代の実態）〉という調査報告書を毎年発表している。Z世代の考え方や行動、価値観、意欲、不安、夢といったものの背景にある原動力を調べる研究だ。

Z世代とほかの世代を比較した私たちの研究は数十件にもなるが、そこから浮かび上がってきた重要な発見が１つある。Z世代の期待するものが異なるのは、彼ら自身がほかの世代と大きく異なるからなのだ。Z世代は、生活の隅々までデジタルが浸透した初めての世代であり、9・11や世界的大不況を経験した親に育てられ、コロナ禍《か》やオンラインゲーム、イギリスのEU離脱《ブレグジット》、型破りなアメリカ大統領の誕生といった出来事を体験している。
世界とつながり、別の町や大陸にいる相手とも交流することができるのは当然で、そのためのテクノロジーが生まれたときから存在していた。学費ローンや銃規制、不平等、気候変動などの社会問題に強い関心を持ち、積極的に声をあげる。デジタルメディアの力により、ときには1件のツイートや投稿、スマートフォン動画だけでグローバル企業をまたたく間に成長（あるいは弱体化）させ、活動家に転身し、ビジネスのあり方に影響をおよぼすことができる史上初の世代でもある。

その様子を私たちだけでなく誰もが目撃している。2019年9月の国連気候行動サミットでは、当時16歳の環境活動家グレタ・トゥーンベリが演説し、二酸化炭素の排出削減をいっそう推し進めるよう世界のリーダーに迫った。エマ・ゴンザレスとデビッド・ホッグは、2018年にマージョリー・ストーンマン・ダグラス高校で銃乱射事件が起きたとき、同級生とデモ行進「マーチ・フォー・アワ・ライブズ」を主催して銃規制の強化を訴えた。

Z世代の1人、21歳のクリスティーナは言う。「私たちは1つの世代であり、1つのムーブメントでもある。自分たちの声をたくさん使い、まちがっていること、好きなこと、持っている意見について、言うべきときはきちんと言う」

私たちが調査したZ世代は、ショッピングモールに行かずにリサイクルショップで間に合わせると語り、eスポーツ選手をＹｏｕＴｕｂｅやＴｗｉｔｃｈで真剣に応援していた。フォートナイトを何時間も連続でプレーし、インスタグラムの公開アカウントに限定シューズの写真を1枚投稿するために45回も撮り直すかと思えば、裏アカウントのフィンスタ（フェイク・インスタグラムの略）には親しい友達向けの飾らない写真を上げていた。

新型コロナウイルスにより外出を制限され、学校にも職場にも行けないことによる影響をあげる声も多かった。ソーシャルメディアの絶え間ないプレッシャーから来る不安や、仕事、収入、環境、将来の不確実さをZ世代は感じている。

16歳のケイトは言う。「上の世代の人たちは、私たちのことを弱いって考えてるんだと思う。〝頑張ったで賞〟をもらえないと泣きだすって。そんなことないのに。お父さんがよく、そのことで私をからかうけど、わかってるのかな、そんな賞を始めたのは自分の世代だってこと」

自分たちはミレニアル世代の焼き直しではないという意見も目立った。

22歳のクリスは言う。「母や祖母の世代からは、ぼくたちの世代が何をしているか全然わからないらしくて、〝あなたの世代はわけがわからない、おかしい〟みたいに言われる。ぼくたちのすることは理解の範疇《はんちゅう》を超えてるんだね。世代ごとに違いはあるもので、それはぼくたちの世代にも言えると思う。違いが出るのは、育ち方とか経験したことの影響がある」

〈Ｚ世代の実態２０１９〉によれば、クリスのように自分たちはほかの世代に理解されていないと感じている若者は、Z世代の79％にのぼる（1）。

なお、Z世代は一般的なイメージよりも年齢層が高く、上は2021年に25歳になる年代までが含まれる。層が厚く、多様性に富み、生まれたときからネットにつながっているこの世代が、もう間もなく労働力の大きな部分を占めはじめるわけだ。

消費の面ではすでに、トレンドセッターとして最重要の世代となっており、あらゆるビジネスに影響力を持とうとしている。Z世代を理解し、顧客化あるいは雇用して企業が成長するためには、どのような知見が必要なのか。それを本書で解説する。

執筆にあたっては、13歳から24歳に独自のリサーチを実施してミレニアル世代やX世代（さらにはベビーブーマー世代）と比較対照し、下は9歳から個別インタビューをした。その差異は鮮烈だった。Z世代の中で比べても、技術革新のスピードを反映して9歳と19歳とでは大きく異なっていた。

ミレニアル世代とも違うZ世代の世界観を端的に示す、2つの例をあげよう。

①　Z世代は9・11の記憶がない。歴史の授業や親の体験談、YouTubeの動画から得た知識だけがある。あの事件がもたらした恐怖や不安は、決定的瞬間としてミレニアル世代（特にアメリカの）に刻まれているが、Z世代は違う。アメリカ以外の国々では、地理的にも遠い出来事ということもあり、この世代差がより顕著になる。

② Z世代は新型コロナウイルスによって恐怖や不安、脆弱《ぜいじゃく》さ、混乱を味わわされている。パンデミックで教育や労働、旅行、政治、家族などがことごとく壊滅的状況に陥った。その長期的影響は未知数だが、Z世代の決定的瞬間となることはまちがいない。

14歳のクロエの話を聞いてみよう。「キャンプに参加したら、同い年の子たちがみんなルルレモンのショートパンツを穿《は》いていた。すごくかっこよくて、私もお小遣いを貯《た》めて、40ドルのを1枚買ってみた。悪くなかったけど、すごくよくもなかった。あとでアマゾンを見たら、ほとんど同じショートパンツがたった15ドルで買えるのがわかって、そっちを買うようになった。貯金するのは、やめちゃった」

これまでの世代と一線を画すZ世代の価値観、世界観。本書を読み終わる頃にはその全体像が明らかになるはずだ。

Z世代がもたらすチャンス

私たちは世代を専門とする研究者、コンサルタント、講演者であり、Z世代がビジネスやコミュニティ、世界全体を変えようとしている今、Z世代を含む全世代について調査に基づく知見と戦略を見いだすのが使命だ。雇用主やマーケター、家族、隣人の目に映ったZ世代を研究し、さらに逆の目線に立ってZ世代のものの見方を解き明かしてきた。

そうした独自の調査とコンサルティング活動のエッセンスが本書には詰まっている。しかし、なにしろまだ現れて間もないZ世代のこと。世界のリーダーや企業に助言を求められたときは細心の注意を払っている。本書では多くの世代について書いているが、それらはある時点の姿を切り取った「スナップ写真」にすぎない。世代とは成長・適応しつづけるものであり、年齢とライフステージが若いZ世代ではなおさらだ。これから続々と成人するZ世代から得られた知見や印象的な体験談、予想外の戦略を暫定的に、だがいち早くお届けする。

すでに世界に大きな影響を与えているものの、Z世代はまだ胎動の段階にあって実態が見えにくい。彼らの生身の姿を見る「ツアー」にこれから出かけよう。その道中では、Z世代を形作っているものは何か、Z世代はビジネスと未来をどのように再編するのか、Z世代の才能や影響力、エネルギー、ポテンシャルを最大限に開花させるにはどうすればいいのかが明らかになる。

Z世代との関わり方は読者によってさまざまだろう。銀行アプリやランニングパンツ、自動車、ミルクシェイクをZ世代に売り込む。レストランや会計事務所、ITスタートアップ企業、フォーチュン500の大企業にZ世代を雇い入れる。どのような形であれ、前世代までうまくいっていたやり方もZ世代では効き目がない。それをチャンスと捉えるか、ピンチと見るか。

チャンスと捉えたリーダーはZ世代の声に耳を傾けて理解に努め、彼らに寄り添って変化する。ピンチと見たリーダーは現状にしがみつき、嵐が過ぎ去るのを待つことになる。（答えを言ってしまうと、この「嵐」はニューノーマルであり、待っていても過ぎ去りはしない。むしろ、「嵐」を活用することを考えるべきだ）

私たちが世界中のZ世代から直接集めたデータや実体験、経験談、考え方に触れれば、労働者、消費者としての彼らの潜在力を解き放つ新たな戦略を会得できるはずだ。

本書を読めば、まず、Z世代では安価なモバイル端末が簡単に手に入り、それが企業との接点で最重要の位置を占めることがわかる。これは入社や購買をする前でも後でも変わらない。世代同士を結びつけるのはコミュニケーションだが、Z世代におけるテクノロジーへの期待値と依存度の高さは、コロナ後の世界でのビジネスを激変させるにちがいない。

また、Z世代のさまざまな行動原理が見えてくる。それはZ世代が金銭や教育、消費、労働、キャリアなどに向ける視線の「源」であり、彼らの世界観と、行動や相互作用に関わる意思決定プロセスの根底に流れている。

さらに、Z世代に対する新たな共通認識が得られるうえ、企業とリーダーの最大の関心事である2つの側面——顧客としてのZ世代と従業員としてのZ世代——から実践に落とし込めるようになる。

顧客としてのZ世代は何に突き動かされ、買い物や消費をどのように考え、小売りとデジタルとモバイルはいかに融合させられるのか。Z世代は市場をどう作り変えるのか（現在の消費パターンから、高額商品への影響力も増していく近未来まで）。企業がZ世代からの信頼と認知を高めるにはどうするか、なぜZ世代をターゲットにしていない企業にとってもそれが重要なのか。これらすべてが明らかになる。

また、市場における一大勢力である彼らの消費者としての意見は、そのまま就業に対する考え方にも通じる。従業員としてのZ世代は雇用主やキャリア、実務経験にどのような希望を持っているかを調査とインタビューから探る。Z世代を新人から中堅、マネジャー、リーダーにまで育て上げるには、採用や離職防止、指導、士気向上をどうすべきか。私たちがよく企業から相談される、この重要度の高い問題にも焦点を当てる。直近で雇う予定がなくとも、成人したZ世代を引きつけるための基本戦略を理解しておけば、いずれ世の中の労働や消費、生産、コミュニケーションのあり方を左右する世代とつながる長期的な武器になる。

本書がZ世代のことを知り、理解し、納得する助けになれば著者冥利に尽きる。彼らがこの世にもたらすものを拒絶せずに受け入れよう。そうすればZ世代は豊かな実りを生み出してくれる。

Z世代の深層へ

これからZ世代を深掘りしていくが、その前に私たちがどのような事業をしているか、なぜ本書の執筆にいたったのかを説明しておきたい。CGKはアメリカ・テキサス州オースティンに拠点を置く調査・助言・講演企業であり、設立理念は、世代に関する迷信と真実とを選《よ》り分け、リーダーが測定可能な成果を出せるようにすることだ。

ソーシャルメディアにあふれる釣り記事の数々、たとえば「ミレニアル世代はアボカドトーストで破産する」「ベビーブーマー世代は小切手帳を持ち歩いている」「X世代は忘れられた世代である」といった記事が真実なのかを確かめることが動機になった。そのためには、新たなトレンドについて不足しているデータと知見を蓄積し、リーダーが必要とする実用的な解決策をいち早く提供することだった。これはリーダーが5つの世代の消費者、労働者、インフルエンサーを相手にし、見たことのない多種多様な問題や機会と出合うようになった今、かつてないほど重要になっている。リーダーは世代間を橋渡しする必要性をひしひしと感じ、その成否で評価されるようにもなるだろう。

幸運なことに、Z世代を知るには完璧なタイミングなのだ。

今後も引き続き成長、発達していくZ世代だが、今は労働や消費、デジタルなどの側面から行動を観測、説明しやすくなるステージにいる。これは読者のようなリーダーにとっても、私たちのような研究者、講演者、行動心理学者にとっても重要な時機と言える。Z世代の行動を研究するだけでなく、その行動の裏にある要因を明らかにし、あらゆる世代のリーダーに対応のためのヒントを示したい。

Z世代が働ける年齢に達して数年がたち、仕事のどこに魅力を感じるのかがようやく測定できるようになった。Z世代が仕事を引き受ける、あるいは断る（人によっては引き受けておきながら姿を見せない）決め手は何か、職場に定着して仕事への熱意を長く保つための要因は何かも調査できる。

Z世代のことは、ファッションからクレジットカードまで、あらゆる購買行動が可視化されている。YouTubeやスタジアム広告などのマーケティングメッセージやチャネルに対するZ世代の反応も、金銭や消費、資産設計（老後のための貯蓄など）に関するZ世代の考え方もわかる。

思いどおりの結果にならないときもある（そういうことは良質の調査にはつきものだ）が、研究者として常に正確な答えを出す努力をしている。クライアントのためにZ世代を調査し、企業のためにグループインタビューを実施し、独自に調査報告書をまとめていくと、多くの刺激を受けるし、Z世代は世界に贈り物をもたらしてくれ、リーダーはZ世代の活力と革新性を存分に活《い》かせるにちがいないという思いが強くなる。それが執筆と講演のエネルギーになっている。

Z世代の研究を始めたときには、どのような発見が待っているかわかっていなかった。わかっていたのは、各世代に関するデータが国レベルでも世界レベルでも不足していることだけ。なかでも、話題にはのぼるが理解は進まない若い世代、将来の担い手なのに現状ではリーダーに厄介者扱いされているZ世代のデータは特に不足していた。

デニスより

世代について調査・助言・講演し、世代に関する課題解決を専門にしている共著者2人だが、その背景は大きく異なる。私（デニス）はヒスパニックの大家族に生まれた。いとこが52人おり、一族で大学に入学したのは私が初めてだった。

父と母は互いにスペイン語で話していたが、私と兄は英語で両親と会話していた。ヒスパニックの伝統と文化に囲まれながら英語を話すという環境は、自分が多文化の橋渡しをしていることを意識した体験の1つだった。家族で自由に使えるお金は多くなかったが、子供の目からは貧乏とは見えなかった。愛情をたっぷり注がれていたし、いつでも安心していられたからだ。

困難に直面している若者の助けになりたい——そう決意したのはテキサス大学オースティン校に通っていた頃だった。大学を卒業すると、市内の中学校で理科の教師になり、その教師生活は12年続いた。勤めた学校の中には「荒れている」と言われるところもあったが、そこに通う生徒たちのバックグラウンドはほぼ私と変わらなかった。教師なら誰もが味わうそういった苦しい時期も含め、1分1秒が大切な時間だった。

教師になって8年目のときに修士号を取得し、大規模中学・高校の管理者になった。そこは多様性に富む生徒がいる一筋縄ではいかない地域で、早朝や深夜も出勤し、職員会議や保護者との面談がひっきりなしだった（学校の駐車場でローカルニュースの記者会見をすることもあった）。しかし、いい意味で刺激の多い仕事だった。生徒への信頼は揺らがなかった。若者の助けになること、それが私のやりがいなのだから。

学校管理者として働きながら勉強を続け、最終的に博士号を取得した。大勢の若者を手助けしつつ大学院に通ったことで、人々の行動を理解し、変化させる現場経験と研究活動が私の中で結びついた。その2つが結びついたことは次なるやりがいの発見につながることになる。

ミレニアル世代以降の若者に関する正確なデータと実用的な研究がないという話が出たのは、10年前に本書のもう1人の著者、ジェイソンと話していたときだった。ジェイソンはその頃、世代研究の専門家として世界中の企業に呼ばれて講演していたのだが、世代の問題として経営陣が認識している内容と、彼らが持っているデータとが食い違っているケースがとても多いと言った。

小売りや飲食、自動車、IT、航空、ソフトウェア、金融など、業種に関係なく同じ食い違いが見られたので、ここに重大な問題が潜んでいるのは明らかだった。リーダーやマネジャー、マーケター、意思決定者が期待をかけてよいはずの若い世代に関する、鮮度が高く正確なデータと調査による知見が欠けていたのだ。その世代の親でさえ、自分の子供たちの実態を知っているとは言えなかった。

ジェイソンが会ったリーダーは皆、「ミレニアル世代あるある」を語った。入社した1週間後に昇進したいと言ってきた、誕生日には決して働かない、などだ。しかし、その企業には話題にされない真面目なミレニアル世代も大勢いたのではないだろうか。毎日出勤して精力的に働き、仕事（と会社）に誇りを持っていて、話の種にならないミレニアル世代が。「あるある」のエピソードはソーシャルメディアや重役会議での笑いぐさでしかなく、世代全体を捉えたものでも、世代間の複雑な関係を見抜いたものでもなかった。

実際のところ、怠け者で働かないと揶揄《やゆ》されていたミレニアル世代は当時、労働人口のうち最大の勢力だった。そして、同じく今も昔も議論不足であるX世代が労働人口のつなぎ役をしていると私たちは考えた。本当にテクノロジーに詳しいのはミレニアル世代ではなくX世代だ。X世代はハードウェアとソフトウェアの出合いに立ち会ったうえ、1980年代を生き抜き、MTVのミュージックビデオ誕生の瞬間も目にした。

どの世代に関しても認識と現実にズレが生じている——そう感じた私は、この問題の解決案をジェイソンに話した。各世代が見せる行動を観察するだけでなく、行動を予測し、さらには影響をおよぼせるよう、行動や考え方、意識の裏にある理由まで追究する会社を設立してはどうか、と。こうしてCGKは創業した。今では毎年、100社を超える世界中のクライアントと仕事をしている。私はCEOを務め、すべての調査の責任者でもある。銀行サービスや金融、自動車、旅行、アパレル、IT、焼き菓子まで、あらゆるものを対象にしてきた調査研究は、いまや65を超えるまでになった。

ジェイソンより

ここからは私、ジェイソンが引き継ごう。デニスも記したように、私たちは異なる背景を持っており、世代の問題に取り組みはじめた視点と経緯も大きく異なっている。背景や民族が異なり、受けた教育も、世代も（デニスはX世代で私はミレニアル世代だ）、研究分野も、暮らした土地も重ならない2人だからこそ、世代の問題を解決するのに複眼的なアプローチを取ることができた。いいチームを組めているのも同じ理由だろう。

私は田舎で生まれ育ったが土地柄になじめず、高校の途中で大学に飛び入学した。大学3年生になった18歳のとき、自分が苦労して得た学びを1冊の本にまとめようと思い立った。いいメンターに出会い、インターンシップの口を見つけ、仕事のチャンスを引き寄せる方法が、自分と同じミレニアル世代の助けになればという考えだった。

執筆して自費出版したものの、手元にあったのは5万ドルの借金と刷り上がったばかりの5万冊の著書、そして自分の世代を助けたいという思いだけだった。本ははじめ見向きもされなかった。それでも自分のメッセージと苦労して得た学びを頑固に発信しつづけた。やがて講演を頼まれるようになると、耳を傾けて本を買ってくれる人が出はじめた。それがさらなる講演依頼とメディア露出につながった。

18歳で書いた本の販売は10万部を突破し、講演先は世界中に広がった。イベント講演が数百回にもなる頃には、著書をもう何冊か出版し、テレビのニュース番組やトークショーに出演するまでになっていた。

キャリアに転機が訪れたのは2007年のことだった。ドキュメンタリー番組の『60ミニッツ』に出演し、ミレニアル世代という私も属する新しい世代が、ビジネスリーダーや企業にとっては大きな困難、苦労の種になると同時にチャンスの宝庫でもあると説いた。すでに30万人のミレニアル世代と話し、彼らの雇用主やビジネスリーダー、インフルエンサーと数えきれないくらい議論した経験に基づく、第一線からの率直な声だった。

番組が放送されると、従業員、顧客、トレンドセッターとしてのミレニアル世代について話してほしいという依頼が多くの企業から舞い込むようになった。そこで気づいたのは、これがミレニアル世代の問題ではなく全世代の問題だということだった。1つの世代だけでなく、あらゆる世代を組上《そじょう》に載せなければならない。複数の世代間における問題を解決して各世代のポテンシャルを引き出してこそ意味がある。そこで足りないものは、実際的な方法でそれらの問題を理解、対策、解決するための正確なデータと調査だった。

主に若い世代を対象とした研究、そしてデータに基づく現実と人々の認識とのあいだに見られる食い違いには、デニスも興味を示した。しっかりした独自調査をすれば解決できる問題だという考えについても、博士号取得者である彼女なりの筋道で同じ結論に達した。そうしてCGKを共同設立してからは、ロケットに乗っているような目まぐるしさだった。世代を橋渡しする役割を任おうと手を結んだ私たちは、ついには自分たちが夫婦になった。今ではZ世代の娘もいる。

ミレニアルでの失敗に学ぶ

ミレニアル世代が労働者や消費者として勢力を伸ばしていた15年ほど前と、Z世代が台頭しつつある現在との違いは、多くのビジネスリーダーが今度こそ不意打ちを食らうまいと考えている点だ。

ほんの10年前までは、ミレニアル世代もいずれ「大人」になり、上の世代と同じような労働者や消費者に落ち着くと高をくくるのが一般的な態度だった。しかし実際には見てのとおり、その見込みは外れた。世界中の企業はそれで大きなダメージを負うことになった。

Z世代もミレニアル世代に引けを取らない変化と難題、機会をもたらすが、それに対処し、前回の過ちを防ごうとする動きがあるのは大きな違いだ。マネジャーやリーダー、イノベーター、マーケターは気づいている――Z世代がすでに20代半ばを迎え、労働者や消費者として変化を起こしていることに。彼らの真実を明らかにして自分たちへの影響を見きわめるのが早ければ早いほど、Z世代のポテンシャルを引き出すアクションをとりやすくなるのだ。首尾よくいけば、きわめて得がたい防衛的な競争優位性を確立することができる。私たちはこれを「防衛的差異《デイフエンシブル・デイフアレンス》」と呼んでいる。

Z世代に適応するとはどのようなことを指すのか。たとえばアパレル企業なら、信頼とロイヤルティを得るためにつながりを深めるやり方に変える。銀行や金融機関なら、口座開設や知人紹介を促し、キャリアの最初から老後資金の貯蓄を始めてもらえるよう、早めに対話を始める。Z世代を雇用する立場なら、グローバルIT企業でもローテクの建設会社でも、苦労している競合他社を尻目に大勢の応募者を集め、退職者を減らすための施策をとる。

新型コロナウイルスの影響がZ世代の若い層と年長の層とでどのように異なるかについても、私たちは詳しく調査する予定だ。若い層は、学校がオンライン授業の寄せ集めになり、食事も何もかも家に閉じ込められたままする暮らしに変わった。高校に通う層は、勉強その他の活動をする最後の機会を奪われ、卒業式や卒業記念パーティーにも参加できなかった。最も年長の層は、成人になろうとする重要な時期にちょうどパンデミックに見舞われた。大勢が職を失ったり大学から帰郷させられたりし、自立と自律を高める道を手探りで進まなければならなくなった。

また、ジョージ・フロイド事件をきっかけとした人権差別反対運動もZ世代の心を強く揺さぶった。その影響も今後追いかけていく必要がある。

すべては、Z世代の行動と意識の裏にあるデータや人間性、実態、原動力を明らかにする正確な調査と戦略を手に入れられるかどうかにかかっている。CGKで使命感をもって調査してきた私たちが本書を執筆し、こうして知見を共有しようとしているのは、まさにそのためだ。

第1部

Zたちが生きる世界

第1章

ニューノーマルへようこそ

ぼくたちは選択の世代。つまり、企業がぼくたちを選ぶのと同じくらい、ぼくたちも企業を選ぶ。

――ブラッドリー（20歳）

Z世代はすでに既存企業のビジネスを危うくしている。

それは、都市の規模にかかわらず多くのショッピングモールで空き店舗が目立つことからもわかるだろう。この傾向はミレニアル世代から始まったが、Z世代がとどめを刺そうとしている。しかし一方で、Z世代に支持されて急成長しているブランドや企業も数多くある。Z世代にとっての「普通」は、車に乗って買い物に出かけることではない。アマゾンでワンクリックして（音声注文ならクリックもなく）購入し、商品をその日のうちに送料無料で受け取ることだ。

Z世代にはLｙｆｔ（リフト）をはじめとしたオンデマンドの移動手段がある。新車の値上がりや保険料を考え合わせれば、Z世代が早く運転免許を取ろうとしない理由もわかる。ほかの世代の人々は運転免許を取ることで得られる自由と責任が待ちきれなかったものだが、Z世代は取得可能年齢になっても数カ月や数年待つのも珍しくない。

同じことはさまざまなサービスにも言える。Airbnb（エアビーアンドビー）は、Z世代には（家庭によっては親世代にも）普通の宿泊手段になっている。また、小切手帳に縁がないだけでなく、決済・送金アプリのVenmo（ベンモ）やCash App（キャッシュアップ）で友人に送金したり、食事代を割り勘にしたり、ベビーシッターやフリーランス写真家として副業《サイドギグ》の報酬を受け取ったりする。その仕事の依頼が届くのはインスタグラムのダイレクトメッセージだ。

変化というものは簡単に起こせるものではない。しかしZ世代は、かつてないほど若い年代で「ノーマル」を更新する原動力になっている。それを目の当たりにした出来事を紹介しよう。私たちの自宅でのことだ。

その日、仕事から帰宅した私たちがキッチンに入ると、当時6歳だった娘のライアの声が聞こえた。「アレクサ、12＋13はいくつ？」「アレクサ、レインボーのつづりは？」と言っていた。あれは忘れられない。

私たちは突っ立ったまま顔を見合わせた。宿題するのにアレクサを使っている——たった6歳で！　この親としての決定的瞬間に、どう反応するかで子供の将来さえ変わりかねない。その思いは2人とも同じだったが、起こした行動は対照的だった。ジェイソンはこれ以上ないほど褒め、元教師のデニスは午後4時から6時までアレクサの使用を禁止した。

今もライアがアレクサを頼らない日はない。天気を訊くにもアレクサ。目覚ましをセットするにもアレクサ。ジョークで笑うにも、ちょっとした質問をするにもアレクサだ。親の耳が届かないところでは宿題を手伝わせてもいるらしい。

ライアはスマートスピーカーがすぐそばにあり、質問すれば正しい答えや反応が返ってくる環境で育った。タイピングや単語のつづりを学んだり、宿題から顔を上げたりする必要もない。つねにスマートデバイスに囲まれ、それらに話しかけるのが当たり前だ。来客があれば監視カメラ付きドアベルのｒｉｎｇで確認し、電話を使うときには「ヘイ、シリ」と呼びかける。そしてこれは、労働者や消費者になるＺ世代が当然・普通と考える変化のほんの一部でしかない。

１９９６年以降に生まれたＺ世代は、テクノロジーや情報、世界に対して「普通」の根本的な再定義を迫っている。彼らにとって１９９０年代は過去のもので、テレビ番組はネットフリックスで一気見する（そしてパスワードを共有する）。ソーシャルメディアのことは、ネットミームやＧＩＦ画像だけでなく、ニュース、セルフブランディング、エンターテインメント、コミュニティ、教育、恋愛などのリソースと捉えている。

16歳のシーハンは、スペイン語の宿題のリマインダーがスナップチャットで届くという。「去年、2年生のときのスペイン語の先生がスナップチャットのアカウントを持ってて、小テストや試験の前や、本を1章読む宿題を出したときも、ほぼ毎回投稿してた。生徒に向けて、〝明日テストがあるのをお忘れなく〟とか書いた写真をね。フィードを見てるときにそういうちょっとしたリマインダーがあれば、〝勉強しなきゃ〟ってなる。先生らしさを持ったまま生徒全員とコミュニケーションを取るために考え出した方法なんだと思う。学校からのお知らせなんて誰もチェックしないって知ってるんだよ。ぼくたちがいつもスマホをいじってて、先生の言葉が目にとまるくらいスナップチャットをチェックしてることも。スナップチャットでリマインダーとかを出してくれなかったら、落第まではいかなかっただろうけど、成績はもっと落ちたんじゃないかな」

Z世代は生まれたときからオンラインで友達を作り、オンラインで学習できる。ネットいじめという暗い現実もつきまとうが、将来は「オンライン・インフルエンサー」になろうと夢見ることもできる。Z世代とテクノロジーとの複雑な関係はどのようなものか、それは今後のビジネスにどう影響するのかについては、あとの章で詳しく解説する。

経済の未来はZ世代の手の中に

Z世代は今後のビジネスに多大な影響をもたらし、最終的にはビジネスを根こそぎ変えることになる。成人したての若い世代がしばしば重大な変化の担い手になることは、トレンドや消費者、労働者を研究していれば常識だ。実際、Z世代は最も若い層から最も年長の層までが、トレンドを作る原動力になっていると私たちは見ている。今後のテクノロジー活用法を知りたいベビーブーマー世代は、今のZ世代の行動を観察すればいい。
私たちの調査ですでに見えている変化の1つに、ミレニアル世代の従業員や顧客を獲得・維持・動機づけできていたやり方が、Z世代にはあまり有効でない（ものによってはまったく効果がない）ことがある。

これはビジネスリーダーが必死で取り組むべき緊急事態である。なぜか？

Z世代は2年もしないうちに労働市場での勢力を急拡大させるからだ。消費者やトレンドセッターとしても最重要の世代に成長し、その経済力と影響力は日に日に強まっている。

ベビーブーマー世代が定年退職を迎え、「少ないほうが豊かだ《レス・イズ・モア》」という意識に変わりつつあることがさらに拍車をかけている。Z世代の祖父母に当たるベビーブーマー世代は、頼れる従業員や顧客として既存企業の屋台骨を支えてきた。その世代が新たなライフステージに入るとき、その失われた労働と消費を担ってくれるのはZ世代なのである。

実際、Z世代は世代間の富の移転により20〜30兆ドルもの莫大《ばくだい》な資産を譲り受けると言われている。これほど大規模な世代交代が自分の業界や企業、コミュニティ、さらには家庭にまでおよぼす影響を想像してみてほしい。

金融サービス企業や銀行、ロボアドバイザーなど、ベビーブーマー世代の資産の維持管理が事業の柱だった企業は、下の世代に移転されても取り逃がさないよう動きだしている。そこでは、対面での運用相談を重視しない傾向が問題になる。Z世代は日常的な銀行サービスを利用するためにわざわざ支店を訪れない。その縁のなさはミレニアル世代とも比較にならないほどだ。

Z世代はモバイル性、直感性、簡便性、そしてなにより個々の事情とニーズに適したパーソナライズ性を求めている。これは金融サービスだけでなく、職場や暮らし全般について言える。高度なパーソナライゼーションは、銀行以外の領域にどのように広がっていくだろうか？

企業にとってZ世代は今でも難物だが、その緊急度はまだまだ高まるということだ。

先手必勝

eスポーツを見たことはあるだろうか？

個人やチームがゲームで対戦するところを観戦するもので、国際大会も開催されている。その人気ぶりは、トップクラスになるとプレー動画の再生時間が毎月数十億分にもなる。他人がゲームをプレーしているのをそれほど見る人がいるのだ。その多くはライブ配信ではなく、録画配信を視聴している。

eスポーツの大会ではプロのフットボール場が満席になり、チケットは数分で売り切れる。「10代の子たちは他人がインターネット上でゲームしているのを見ているだけ。まったく理解できない。どうして自分でプレーしないんだ？」と親世代は言うが、eスポーツは一過性の流行ではない。大きな大会の賞金総額は3400万ドルを超え、それは全額、ゲームを有利に進める「バトルパス」の購入という形でファンからクラウドファンディングされる。

チームやプレーヤー、ゲームのスポンサーになろうとするビジネスリーダーが、伝統的企業の経営者も含めて続々と現れている。eスポーツチームの「フランチャイズ権」は2000万ドル以上の値がつくこともある。

eスポーツはまだ市民権を得ているとは言えず、メディアでは「人気絶大だが誰も知らないスポーツ」といったような紹介の仕方も多い。しかし、eスポーツが世間のアンテナにかからないのは、多くの企業の死角でZ世代がビジネスを変えている1つの証《あか》しだ。この若い世代はマーケティングに革命を起こしているが、実は彼らが注意を向けている場にその秘密が隠されている。eスポーツをはじめとして、スナップチャットやYouTube、フォートナイト、TikTokなど、Z世代が集うプラットフォームや趣味を、ほとんどの企業がフル活用できていない。理解さえ示さない経営者もいる。このような世代間の隔たりを埋められなければ危険だが、その一方で、うまく適応できれば数年先までの大きなアドバンテージになる。

10代から大学生までのZ世代が消費者としてすでに形成しているトレンドは、今後さらに加速していく。取締役は、現場でZ世代関連の戦略を練るよう求めるようになった。最高マーケティング責任者《CMO》はZ世代のコンサルタントを登用し、会議にはZ世代の発言者が呼ばれる。多くのビジネスリーダーは、Z世代の家族と話しているだけではZ世代全体のことがわかるわけではないと気づきはじめている。B2B企業も、5年後には営業側、購買側の双方でZ世代が事業の最前線を担うようになり、影響は避けられない。

人材採用の面でも、Z世代は募集や給与支払の方法を変えつつあり、スケジュール管理はコミュニケーション・プラットフォーム上でやりとりしたいと考えている。勤める企業には、世の中に貢献し、双方向のフィードバックを素早く頻繁に行い、多様性と社会正義への取り組みを透明化することを求める。

Z世代は今ここにいる。ほかの世代も今後従うことになる基準を、今のZ世代が体現している。企業が数年後も事業基盤と勢力を拡大するためには、今すぐ適応することがカギになる。

Z世代が起こす荒波はすでに小売りや飲食、人材紹介などさまざまな業界に押し寄せている。その様子を見れば、「Z世代に最適化するのはまだ早い」と言える時期はもう過ぎたことがよくわかる。

Z世代が20代後半になるまで待っていたのでは遅すぎる。そんなことをすれば、ミレニアル世代の波に乗り遅れた多くの小売店や飲食店、ブランド、雇用主の二の舞になってしまう。いまだに後れを取り戻せない、あるいはもう時間切れの時が迫っている企業も少なくない。自社の記事が初めてZ世代のニュースフィードに現れたと思ったら倒産速報だった、なんて気持ちのいいものではない。

反対に、早急に適応できれば、この新世代の特長である高度なつながりを利用して急成長を遂げられる。そのつながりはリアルでの知り合いだけでなく、デジタルの世界で影響を与えるだけの見知らぬ人にまでおよぶ。Z世代のライフステージを考えれば、今後数十年の成長を支える情報収集と正しいアクションをスタートするのなら、今がその時なのだ。

受けて立つ準備はできているか

2017年のこと、16歳のカーター・ウィルカーソンは大手ファストフードチェーンのウェンディーズにツイッターでこう質問した。

「ヘイ、ウェンディーズ、何回リツイートされたらチキンナゲット1年分タダでくれる?」

ウェンディーズからの回答は、1800万回だった。

カーターはさっそく行動を開始した。一方のウェンディーズも一計を案じ、カーターの挑戦にスパイスを加えるよう広告会社に依頼した結果、ハッシュタグ「#NuggsForCarter（カーターにナゲットを）」が生まれた。このキャンペーンは一気に国際的ニュースになり、コメディアンで人気司会者のエレン・デジェネレスといったセレブの注目も集めた。2014年アカデミー賞授賞式での自撮り写真が史上最多リツイートを記録していたエレンは、自分のトーク番組にカーターを招くと、リツイートの女王の座を脅かすライバルと対決して観衆を笑わせた。企業もこの流れに乗り、グーグルやアマゾン、アップル、マイクロソフトまでがリツイートに参加した。

最終的に1800万リツイートには届かなかったが、エレンの記録を抜いたところでウェンディーズに努力を認められた。カーターは340万回リツイートされ、1年分のナゲットを手に入れたのだ。

このメディアキャンペーンをナゲットだけで終わらせたくないと、カーターはすぐに思ったという(2)。そこで、あのハッシュタグをあしらったTシャツを発売し、収益を全額、デイブ・トーマス養子縁組基金に寄付することにした。これはウェンディーズの創業者が設立した、アメリカで養子に出される子供をサポートする非営利団体だが、カーターが思い立った背景には自分の家族の存在があった。カーターはネバダ州リノで生まれ育ち、3人のきょうだいがいる。妹は超未熟児で生まれ、母親は出産の2週間後にステージ3の乳がんと診断された。

カーターは言う。「悲しいときや感謝の気持ちをなくしているときは、子供の頃のことを振り返るようにしてる。2週間に1度、両親が治療を受けにカリフォルニア大学サンフランシスコ校附属病院まで車で通っていたこと。できることがあればと近所の人が夕食を持ってきてくれたこと。死んでもおかしくないほどの早産で妹が生まれてきたこと。そうやって自分に思い出させるんだ、なんて幸運なんだろうと。今日も母さんがいる。平均以上に育った健康な妹がいる。そして、こんなに大勢の愛にあふれた人たちがそばにいる。自分が信じるもののために自分の声を役立てられて、本当に嬉《うれ》しい」

カーターは自分の人生を「家族の大当たりを引いた」と表現し、養子に出される子供たちが安住の家を見つける手助けをしたいと考えている。また、リノにある地域団体で、乳がん患者とその家族に支援サービスを提供する「ピノキオズ・マムズ・オン・ザ・ラン」のために資金集めのウェブサイトを運営するようにもなった。

すべては1人のティーンエイジャーが退屈しのぎに、好きなファストフードチェーンに冗談交じりのツイートをしたことから始まった。企業側は、その顧客が使っているプラットフォームで「公開討論」に応じ、そこから一大現象に発展した。ウェンディーズとしては通常の対応をしたまでだった。ウィットに富んだツイートを盛んに投稿することで知られていたのだ。それがファストフード業界でのディフェンシブル・ディファレンスになっている。アイゼンバーグ・グループのマーケティング分析によれば、カーターの投稿が大量にリツイートされたことでウェンディーズは670万ドルもの価値——アーンドメディアバリュー(EMV)を獲得した(3)。そのコストは、カーターがナゲットを毎日3食食べたとしても1960ドル5セント。カーターと同じくデイブ・トーマス養子縁組基金に10万ドル寄付してもいるが、それでもなお得たもののほうがはるかに大きいのがわかる。

カーターが属するZ世代にとっては、ソーシャルメディアが第一のコミュニケーションツールである。Z世代は、公式アカウントの「中の人」である高給取りの広報担当とは比べものにならないほど、ソーシャルメディア・プラットフォームを気楽に使いこなしている。ユーザー側はソーシャルメディア上でコンタクトを取るのに慣れており、そのデメリットも限定的で都合がいい。それに対して企業側は、ソーシャルメディアを常に追いかける必要があるうえ、すぐに正しい反応をしなかったときのデメリットはさらに深刻になる。

オンライン・プラットフォームを活用し、公開の場で変化のきっかけとなる対話を生み出す才能がZ世代にはある。その対話はカーターの事例のように心温まるものばかりではなく、批判も多い。企業に挑みかかるZ世代が、いつも正しい立場にいたり目的を達成したりするわけでもない。しかし、マーケティングや広報に何億ドルもかけるような大企業に、まだ10代の若者が衆人環視のもとで挑戦してくるという事実は、Z世代が本気であり、今後も声をあげる気だと示している。

Z世代は企業やリーダーに対して、よくも悪くもこのような公開性の高い外圧をかけつづけると私たちは見ている。Z世代の声に耳を傾けるプレッシャーは高まる一方だと認識することが重要だ。

Z世代を経験も知識も浅い若造だと見くびって聞く耳を持たず、落とし穴にはまる企業がすでに出ている。今認識を改めて傾聴すれば、そのような事態のほとんどは避けられる。

皮肉なのは、ソーシャルメディアで意見を言えば、顧客や従業員でなくとも企業や事業戦略に大きな影響をおよぼせるとZ世代が証明したことだ。

Odyssey（オデッセイ）というソーシャルメディア・プラットフォームがある。Z世代のコンテンツ・クリエーター向けのサービスで、買い物や食事、学生生活、政治運動などさまざまなトピックについてコミュニティを作り意見を共有できる。月間ユニークユーザー数は120万人、登録者は12万8000人以上、独自コンテンツは100万件以上にもなり、Z世代が企業に働きかける手段としての役割に特化している。

同社のブレント・ブロンクビスト社長は、広告出稿企業200社がどのような難題を抱えているかを尋ねた2019年のアンケート調査について、次のように語った(4)。「Z世代をターゲットにする必要性は理解しているが、エンゲージメント構築の仕方がわからないという回答が87%にのぼった。フェイスブックやツイッター、YouTubeなど、企業が使えるツールは数多くあることを考えれば、この結果は深刻なように思える。しかし問題は、Z世代をターゲットにするだけではエンゲージメントにつながらないことだ。本当のエンゲージメントがなければロイヤルティを高められず、ロイヤルティを高めなければ長期的な顧客を獲得できない。Z世代はインターネットとともに成長したので、広告との付き合い方を心得ている。広告をブロックしたり、広告の存在に気づきもせずにスルーしたりする術《すべ》を身につけている」

Z世代のエンゲージメントを構築するには、一方的な広告ではまったく不十分だ。企業はZ世代の声に耳を傾け、Z世代との対話に乗り出す必要がある。

いまや14歳の中学生がありとあらゆることについてのハッシュタグを生み出し、22歳の若者が自作の動画で行動を呼びかけられるのが現実だ。さらに、仲間や知り合いでなくても彼らの行動がオンラインで結びつき、爆発的に広まる可能性もある。ハッシュタグの使い方がわからないと言っている場合ではない。

Z世代はこれまでの世代より若い年齢で、企業に対して前例のない影響力を持っていると証明してみせた。まだ従業員でも顧客でもない、いわば部外者の段階でこのインパクトだ。Z世代が持つつながりと影響力は今後ますます高まるにちがいない。

答えるべき問い

世界各地で台頭しているZ世代を国境にとらわれず正確に研究できるようになり、CGKでは意気込んでいる。1つの世代をよく理解するには、質の高さと量の多さを兼ね備えた独自調査が必要だ。Z世代はその若さゆえに研究成果が限られているが、この世代を毎日調査しようとする私たちの挑戦は、豊富な知見と予期せぬ発見を生み出しはじめている。それは顧客や従業員のライフサイクル全体を通じて彼らと効果的につながるための知識や戦略、実用的解決策を推進する情報源になるはずだ。

Z世代の台頭により、これからの時代の労働や生活、消費文化、地球そのものまでが議論の的になっている。私たちの調査で答えを出そうとしている疑問をいくつか紹介しよう。

・情報に基づいた保守的な金銭感覚を持っているZ世代は、貯蓄や投資、消費についてどのように考えているのか？　それはビジネスにどう影響するのか？

・デバイスから絶えず情報があふれ出す世の中を、Z世代は自分の指先でどう舵《かじ》取りしていくのか？　その状況をアドバンテージに変え、重要なことを達成しやすくするのか？　それともただ圧倒されて受け入れるだけで、活用するには至らないのか？

・デジタルの世界にどっぷり浸《つ》かっているZ世代は、対面が基本となる職場や社会に参加するための対人スキルをどう身につけるのか？　逆に、相手が適応してくれるのを待つだけなのか？　それにより、人材採用やマネジメント、営業のプロセスはどう変容するのか？

・ベビーブーマー世代ではなくX世代やミレニアル世代の年長層に育てられたことは、Z世代の価値観や優先事項、投票行動、人格形成にどのような影響を与えているのか？　両親の世話をするつもりなのか、別の形を望むのか？

・新型コロナウイルスとその余波が、Z世代の労働や消費、教育、将来像にどう影響しているのか？

研究を進めれば進めるほど、Z世代の姿を浮き彫りにできるようになるのは私たちの喜びだ。それも、少数のサンプルから抽出したお手軽なものではない。アメリカと世界中のZ世代について、データや体験談、証言、現場で役立つ戦略を披露できるのだ。

あらゆる産業とすべての国々に「ニューノーマル」の到来を告げているZ世代。それを最大活用する準備を、あなたはできているだろうか?

第2章

「世代」を再定義する

もちろん、9・11のことはよく知ってる。歴史の授業で習った。
――Z世代

2001年9月11日のことを私、ジェイソンはよく覚えている。執筆・講演の仕事が注目され、テレビ番組の収録のためにロサンゼルスにいた。ホテルの部屋のソファで父親とくつろいでいたところ、ニューヨークで何かが起きているとの知らせが入った。テレビをつけると、ショッキングな映像が目に飛び込んできた。あのとき感じた恐怖と混乱を忘れることはない。ニューヨークとは深い縁がある。家族の出自がそこで、私も大学時代に1年ほど暮らした。友人がまだ大勢ニューヨークに住んでいた。個人的な思い入れを抜きにしても、あんなありえない光景を見るのは衝撃的だった。カウチから立ち上がることもできずに声をあげて泣いたのを覚えている。しかし、父は感情をまったく見せなかった。何を考えているのか、表情を見ただけではわからなかった。

30分ほどたった頃、祖父から電話がかかってきた。祖父は私のヒーローだ。生まれも育ちもニューヨークのブルックリンで、当時は79歳になっていた。受話器から聞こえた言葉が今でも耳に残っている。「ジェイソン、大丈夫だ。きっと大丈夫。こんなことが前にもあったが、みんなで乗り越えた。今度もまた乗り越えられるさ。約束するよ。絶対に大丈夫だから」

そのとき何を考えていたのか、父が打ち明けてくれたのは数年後のことだ。私の中で異なる世代のピースがつながった瞬間だった。

祖父の「こんなことが前にもあった」という言葉は、真珠湾攻撃を指していた。一方、1952年生まれの父が9・11で思い出したのは、ベトナム戦争で徴兵されそうになった経験だった。今度は息子が兵隊に取られてしまうと思ったと父は言った。

私にとっての9・11は、大人になりたての世代を特徴づけ、決定づけた瞬間だ。アメリカに住む私の世代の転換点であり、他国の同じ世代をも永遠に変えた出来事だった。私たちミレニアル世代が「あのときどこにいた?」と尋ね合うのが、9・11である。

世代研究者の立場からあの体験を振り返ると、祖父と父と私が1つの同じ出来事に対して異なる反応をしたわけがよくわかる。体験した出来事は同じでも、それを写した世代のレンズとライフステージが三者三様だった。

3人が生きてきた時間と空間のディテールひとつひとつが、9・11への反応を変えた。年齢をはじめ、戦争・テロ・政変の経験、住んだ場所、未知なるものへの対処法。そうした各自のコンテクストが影響したのだ。

9・11の体験は、世代という概念を総体的に捉えるのに最適な例だと考えている。実際、複数の世代を率いるための新手法をリーダーに伝授するときに、重要な指標として使っている。同じ出来事を体験しても、世代ごとに異なる反応が（正当な理由で）出る可能性があるからだ。Z世代について言えば、コロナ禍が世代の決定的瞬間になると予想する。

世代区分の考え方

CGKでは、世代は生まれた年だけできっちり区分けできないと考えている。世代とはそういうものではない。

年代が異なる人々に素早く接触し、働きかけるにはどうすればいいか。その答えを探る大きなヒントを与えてくれる枠組み、総合的知見が、「世代」という概念だ。これにより、仕事や購売、信頼構築が促進されたり、上の世代や下の世代、さらには同じ世代の人々に影響を与えたりするのが容易になる。

世代とは、「地理的な結びつきがあり、おおよそ同じ成長過程の時期に同様の社会的・技術的・文化的出来事を体験しており、それゆえ予測可能性が高い集団の区分」だと私たちは捉えている。ざっくり言えば、世代とは同じぐらいの時期に生まれ、だいたい同じ場所で育った

世代の名称	およその生年
Z世代(i世代)	1996～2012
ミレニアル世代(Y世代)	1977～1995
X世代	1965～1976
ベビーブーマー世代	1946～1964
伝統主義者世代(沈黙の世代)	1945以前

ある世代の初期または末期に生まれた層は「カスパー(潮目の層)」と呼ばれ、前後の世代の特徴を併せ持っていることが多い。

アメリカのZ世代にとっての9・11など、世代の区切りを明確に決定づける出来事がある場合もあるが、そうでなければ、移行期間を見ることになる。たとえば、X世代からミレニアル世代への移行期間は1977～1981年のあいだであり、地域や財力、両親の年齢といった条件によって決まる。

人々のことだ。

各世代にはそれぞれ、自家用車選びや求人情報比較といったような状況でどのような体験と反応をするかの有力な指標（厳密な定義ではない）がある。その指標は、ある地域の世代をつなぐ「同じぐらいの時期」「だいたい同じ場所」の側面に影響される。9・11のとき、私の父と同じく子供の徴兵を心配した親はほかにもいただろうが、多くの1950年代生まれの人々は異なる反応を示した。全員が1つの枠には収まらなかったわけだが、どういう反応が出るかの手がかりになる、より大きな経験的文脈は共有していたにちがいない。

世代の形成において、地理的要因の影響は非常に大きい。これは見過ごされがちだが重要なポイントだ。同じ世代の中でも、都市と田舎の住民では異なり、Z世代も土地が変われば必ず違いが見られる。ニューヨークに住む10代は街を出るのでもなければ運転免許を取る必要に迫られず、対照的にアーカンソー州の田舎に暮らす17歳は通学や通勤、農場の手伝いのためにできるだけ早く免許を取っているかもしれない。興味深いことに、音楽などのトレンドは多様性と人口密度が高い都市部で生まれ、徐々に田舎に広がる傾向にある。私たちがアメリカ国外で大規模調査をするときは、研究や言及の対象としている地域を正確に反映するよう、各世代を地域で分けるようにしている。

世代を形成する時期的・地理的要因に加えて、世代の決定的瞬間というものがある。これは、ある世代の発生における重要な時期（通常は10代以前）に起きた、世界観を決定づけるほどの出来事や事件を指す。戦争やテロ、政変、自然災害、月面着陸等の技術革新などが該当し、新型コロナウイルスの世界的流行ももちろん含まれる。

アメリカのベビーブーマー世代にとっての世代の決定的瞬間には、ケネディ大統領の暗殺、公民権運動、宇宙開発・核開発競争、カラーテレビ、ビートルズなどがある。

同じくアメリカのX世代では、ベトナム戦争の終結、ウォーターゲート事件、イラン・コントラ事件、オイルショック、離婚率の急上昇、エイズの蔓延《まんえん》、スペースシャトル・チャレンジャー号爆発事故、鍵っ子の増加、ウォークマン、アタリ社のビデオゲーム、1981年開局のMTV〈最初のミュージックビデオとなった〈ラジオ・スターの悲劇〉は、原題が〝ラジオ・スターはビデオに殺された〟であり象徴的〉が世代の決定的瞬間に当たる。

ミレニアル世代は1980年代後半から1990年代に子供時代を過ごしたが、パソコンやインターネット、携帯電話、eメールが急速に普及して「アナログからデジタルへ」の流れを肌で感じ、さらにはソーシャルメディアの急成長やスマートフォンの誕生、同性婚の合法化、コロンバイン高校銃乱射事件、アマゾンの創業、eコマース、2000年問題、学費ローン問題、9・11、世界金融危機に立ち会った。

世代を形成している決定的瞬間がわかれば、その世代の視点や優先事項、価値観、行動を理解するのに役立つ。それと同じく重要なのは、トレンドや出来事が個人にどう影響するかは、体験したときの年齢や居住地、社会経済的状況、文化、性別などに左右されることだ。

たとえば、1999年に起きたコロンバイン高校銃乱射事件。ニュース映像が繰り返し流されたが、同じミレニアル世代でも、1985年生まれで自分も高校生だった人と、1990年生まれで小学生だった人とでは、異なる反応を示し、異なる恐怖や感情、気持ちを持ったはずだ。後者はこの事件のことを自分の年代の出来事としては記憶しなかった（のちに起きた同様の悲劇がその位置を占めただろう）。同じように、当時バージニア州の田舎で在宅教育を受けていた9歳と、ニューヨークにいた中学2年生と、コロンバインの隣町に住んでいた高校生とでは、事件から受ける影響は異なる。

世代を形作っている枠組みを理解すれば、より深くつながり、より強く影響を与えられる。また、従業員の採用やモチベーション向上、引き止め、マーケティングや営業、顧客体験といったさまざまな状況で、複数の年代を橋渡しするのがぐっと簡単になる。

Z世代を作る決定的瞬間

Z世代が生まれた年は、1996年頃から2010〜2012年頃までとされる。世代研究者の私たちでも、ある世代がいつ終わるかは、だいぶあとになってからでないとわからない。不況を脱してもすぐにはそうと断言できないのと同じようなものだ。アメリカの9・11、イギリスのブレグジット、インドネシアのスマトラ島沖地震、今の世界のコロナ禍のように、重大で明白な決定的瞬間を考慮しつつ、世代の終わりは先読みせずにあとから振り返って分析するのがよい。また、2つの世代に挟まれた「潮目の層《カスパー》」は両方の世代の特徴を持っており、育った環境によってその「混じり具合」が変わるため、どうしても明確に区分しにくい部分がある。

アメリカのZ世代が1996年に始まったことははっきりしている。すでに述べているように、9・11というミレニアル世代の決定的瞬間をこの世代は覚えていないからだ。では、Z世代が終わるのはいつか。継続的に研究してきた立場から言えば、コロナ禍が決定的瞬間となってZ世代と次世代を分かつのはまちがいないだろう。

Z世代の調査では、安価なモバイルテクノロジーの即時性と影響は常に無視できない要素だ。まだ世界中に普及したとまではいえないが、これによりZ世代のあいだに「つながり」ができあがり、そのつながりがZ世代をエンパワーして企業への影響力を高めている。

〈Z世代の実態2019〉では、Z世代とテクノロジーとの関係について次の2点が明らかになった。

- 95%のZ世代は、週1回以上ソーシャルメディアを利用または閲覧する。
- 74%のZ世代は、テクノロジーを使わない娯楽を知らない。

Z世代はスマートフォンやタブレットを使い、地球の裏側の出来事をリアルタイムで、場所やタイムゾーンに縛られずに見ている。eスポーツで知り合った、母語が異なる見知らぬ人とでも会話を楽しむ。テクノロジー、音楽、アパレル、旅行、スポーツ、お金、インターネットの未来などについてのアンケート調査では、地域も言語も習慣も異なるのに回答が似通ってしまうほどモバイル端末を手放せないでいる。

彼らは若い頃から、かつてないほどテクノロジーに頼りきっている(5)。Z世代の31%は、30分足らずでもスマートフォンから離れていると落ち着かないという。14%は片時もスマートフォンなしでは過ごせない。さらに、スマートフォンを1日10時間以上使っている割合が、男子では26%、女子では33%いる。週に2日以上、真夜中過ぎまでスマートフォンをいじっているZ世代は65%おり、そのうち29%は毎日そうしている。

非営利団体のコモンセンス・メディアの調査によれば、2018年に13~17歳でスマートフォンを所有していた子供は89%にのぼり、2012年の41%から大幅に増加した(6)。

Z世代はテクノロジーに大きな影響を受けている。赤ん坊の頃にはインタラクティブ玩具、少し大きくなればiPadを与えられ、画面はすべてタッチスクリーンだとの刷り込みからテレビも指でスワイプしてしまう。アプリや動画などのメディア・プラットフォームで語学や算数、化粧、トイレトレーニングまで習う。

Z世代のテクノロジーとの接触や受容、日常化、トレンド創出について語るとき、ミレニアル世代がよく引き合いに出される。しかし比較してみると、Z世代はテクノロジーとの融合レベルが段違いに高いとわかる。

真の「接続優先世代」はミレニアル世代ではなく、Z世代だ。インターネット接続型デバイスがちょうど子供時代に発達したことで、より深く、自然に共存している。Z世代はアレクサでさまざまな疑問の答えを探し、10代の頃からVenmoでキャッシュレスを実践し、好きなYouTuberの大学生活をフォローし、Spotify（スポティファイ）でストリーミング音楽を聴く環境がある。

ミレニアル世代とZ世代のテクノロジー体験は同じではない。Z世代のデジタルネイティブな育ち方は、上の世代が見たことのない風景なのだ。

「接続優先世代」とつながるには

安価なモバイルテクノロジーをいつでも使えることは、まちがいなくZ世代最大の決定的トレンドである。生まれたときからテクノロジーに浸かる環境は、世界観をはじめ、さまざまな側面でZ世代の根幹を形作っている。学校内、対企業、友人や家族との交流に期待するもの。買い物や消費の仕方。コミュニケーション、コラボレーション、チームワークの理想像。情報、疑問への答え、ニュース、交際相手、健康法、仕事を見つける手段。そのすべてに影響が見られる。

両親の影響もある。家族旅行や夕食などのときにモバイル画面を見つめている親がモデルになり、Z世代はいつでもどこでも、仲のいいグループで集まっているときでさえ、画面を見るのが普通になっている。

私たちの娘で7歳のライアは物心ついた頃から、電話するときには相手が画面に映っていた。相手の顔が見えないと、電話が壊れたと言っていた頃もあった。また、あるときホテルの電話を使おうとしたライアが、受話器から聞いたこともない怖い音がすると言うので、何かと思ったら発信音だったという笑い話もある。以前の世代にはありふれていたテクノロジーに、Z世代は面食らってしまう。その反応を専門にしているYouTubeチャンネルは高い人気を集めている。(kids react to old computersと検索すると面白い反応が見られる)

ライアは日曜日の朝にアニメを見ようと早起きしたことがない。彼女の世界観では、あらゆる番組がオンデマンドで、飛行機に乗っていても見られるからだ。事実、ライアはテレビが好きではなく、もっぱらネットフリックスを見ている。

そのネットフリックスからスマートフォンに通知が来たことがある。すべての動画を見られるようにライアが設定を変更したというのだ。すぐさま親子の対話をして事なきを得たが、7歳で13歳以上推奨の動画を見ようとしたライアとしては思わぬハードルだったことだろう。

世代の形成には地理的影響が大きいと述べたが、安価なモバイルテクノロジーの普及を考えると、Z世代は労働者や消費者としてグローバルな一貫性が最も高い世代になるのではないかと思えてくる。あと数年しなければ断言できないが、モバイルテクノロジーの影響による早期の兆候ではそのように見える。アメリカの10歳は同じ国に住む50歳よりも、イギリスやインドの15歳とのほうが共通点が多い可能性があると、私たちの初期調査は示唆している。

Z世代はすでに消費者として巨大な影響力を持っており、労働者としてもめきめきと頭角を現しつつある。ほかの世代と同じく明確な区分けはできないが、Z世代の形成において最重要のカギとなる出来事やトレンド、影響を特定することはできる。それはテクノロジーだけにとどまらない。彼らとつながるヒントは、身のまわりにあふれている。

TikTokのダンスやeスポーツの観戦、スナップチャットのメッセージなどを異質に感じる人もいるかもしれないが、Z世代が世界を見ているレンズを理解すれば、彼らと上の世代との隔たりは埋められる。その世界観に同調する必要はないし、Z世代を我々の世界観に従わせる必要もないが、どのようなものの見方をしているかを理解することで、Z世代に効果的につながり、影響を与えるための基盤と余地を得られる。

次の章では、現在のZ世代を形作った主要因を、テクノロジー以外について詳しく見ることにしよう。

第3章

Z世代が見てきたもの

オバマが当選したのは、ぼくにとって大きなことだった。アフリカ系アメリカ人の大統領は初めてだったから。将来は大統領になるぞと夢見ている全員の前に、実現する希望を与えてくれる人が登場したんだ。

——クリス（22歳）

2008年にバラク・オバマが大統領選挙に勝利した夜のことを、当時11歳だったジョシュはこう回想する。

「あの瞬間をはっきり覚えている。〝バラク・オバマが史上初の黒人大統領になります〟とテレビで流れたから、隣にいた父親のほうを見た。感激したりするタイプじゃない父親が、目に涙を浮かべていた。〝やったんだよね？〟と尋ねたら、〝ああ、本当にやってくれた〟って。テレビに顔を戻すと、いろんな町で勝利を祝っている様子が映っていた。あの瞬間は目に焼きついている。もう一度父親のほうを向いたら、祖母に電話して、ニュースを見たか訊いているところだった。

祖母は黒人差別法の時代に育った。今夜のことはぼくたちにとって大きな文化的意味がある。

そう思ったのを覚えている。差別が完全になくなったわけじゃないけど、あの瞬間には、何か力強いものを感じた。一瞬にして物事が大きく変わった証しだった」

Z世代は、アフリカ系アメリカ人が合衆国大統領を2期務めたことを物心ついた頃から知っている。反対運動が起きていた同性婚が全米で合法化された瞬間の目撃者になり、学校での銃乱射事件、国内のコンサート会場やナイトクラブでのテロ、新型コロナウイルスの蔓延も目の当たりにした。さらに、絶え間ない気候変動問題のニュースや、増加するフェイクニュースにも常にさらされてきた。

これらすべてを10代の頃に、フィルターのかかっていないソーシャルメディアで体験するところを想像してみてほしい。同時進行で、スナップチャットのストリーク（第4章参照）の更新、家計を助けるためのアルバイト、きょうだいの世話、大学受験準備と出願、初めての1人暮らしをしなければならない。

世界的大不況で親世代は深い傷を負い、政治的考えの違いから親友や家族でさえ対立し、学費ローン問題は制御不能なほど膨れ上がっている。自分たちは上の世代とは違う、自分たちが育った時期はほかの世代から完全には理解されないとZ世代は感じているが、それも道理だ。

また、大きな不安とストレスを抱えているが、表に出せないというZ世代がいるのもうなずける。一族で初めて大学に入学した22歳のイシェルは次のように語る。「高校の同級生2人が、インスタグラムやYouTubeで有名人になっているのを数カ月前に知った。好きなことをしているところの動画を作るだけで、お金をもらっているらしい。前は全然目立たなくて9時～5時の仕事をしていた人が、今ではソーシャルメディアで大勢のフォロワーを抱えているだけで大金を稼いでいる。それを見ると、〝やばい、自分もこの先、何をするのか考えないと〟と思う。

そういう投稿を目にするのが恐怖で、自分にこう言い聞かせた。〝まだ学校に通っている。まだステップを踏んでいる途中。これが自分のやり方。これが自分なりの成功法だ〟と。でも、一緒に高校に通っていた人は、大学にも行かずに動画を投稿して生きていくと宣言して、本当に〝有名人〟になって社会を見返した。収入もかなりいいらしい。なのに自分は、まだレールの上にいる」

イシェルと同じストレスと「成功」の新たな定義を意識しているZ世代は非常に多い。ほんの10年前には有名YouTuberも、ソーシャルメディアで生計を立てるという選択肢もなかったのに、である。これは1990年代終盤から2000年代前半までに成人したミレニアル世代との大きな違いの一例にすぎない。

さまざまなオンデマンドサービスや安価なモバイルテクノロジー、政治の二極化といったような大変動を全員が経験しているわけだが、Z世代の知る世界はこれだけだ。しかもストレスを抱えながらも、彼らはこの世界をうまく活用している。順応する時間は必要なく、上の世代が理解に苦労するか文句を言っているあいだにテクノロジーを使いこなしている。ダイバーシティやインクルージョンが世代の柱になるなど、諸問題の解決が進展してもいる。

この章では、Z世代を形成してきた世代の決定的瞬間を詳しく見る。その体験への個人の反応には温度差が生まれる場合もあるが、それでも世代を特徴づけるものであり、ほかの世代が彼らとつながるにはどうすればよいかを知るための、大きなヒントになる。

世界的大不況と学費ローン

私たちの頃は、大学に入るとき学費ローンに申し込むのは当たり前だった。まるで宿題のように、みんな申請書に取り組んだものだ。卒業して20年たった今でも、夫婦そろって学費ローンを返済しつづけている。老後資金の貯蓄や、10代になった子供の大学進学ものしかかってきて大変だ。何を優先したらいいのか……

——Z世代の親

10代の女子を対象にしたグループ調査で、親にお金の話をされることがあるか尋ねたところ、すぐさま異口同音に「ある！　それもしょっちゅう！」との答えが返ってきた。借金から資金計画まで、親は金銭のあらゆる事柄について頻繁に話をするというのが、集まった少女たちの共通意見だった。

〈Z世代の実態2019〉によれば、Z世代の66％は学費ローンについて、負債の蓄積や返済不能の事態を心配している。79％は自分の将来全般に不安を感じている。

参加者の1人はこう言った。「高校でパーソナルファイナンスの授業が必修になっていて、すごく勉強になった。家で両親が貯蓄の話をするから知っている内容も多かったけど、貯金したお金が複利で増えていく様子とかがビジュアルで学べて印象的だった。早いうちに貯金する気になった。今すぐにでも」

世界的大不況のときZ世代はまだ社会人ではなかったが、労働や職探しの厳しい現実は、モデルとなる親から人格形成期の子供に直接伝えられた。多くのZ世代は、家族を養うために親が借金とイライラを積み上げていくのを間近で見た。そのストレスは、意識的に親子の食卓で表されることもあれば、無意識に電話や大人同士の会話から漏れ伝わる場合もあったが、いずれにせよ周囲の人にも簡単に察せられた。

子育て中ではなかったX世代やミレニアル世代でさえ（特にミレニアル世代は結婚と出産の延期が多かった）、大不況からの教訓を心に刻み、のちに子供に伝えた。賃金の抑制、家賃や住宅維持費の値上がり、実感として広がる貧富の格差が、教訓の重みを増していた。

ミレニアル世代に追い打ちをかけたのは、記録的水準の学費ローンだ。2019年9月現在、ミレニアル世代のうち25～34歳、1500万人が抱える学費ローン残高は、総額5000億ドルを超える(7)。多くのZ世代の親たちが学生時代の借金を今も背負っており、子育ての仕方や、仕事・消費・お金に関する親子の会話に影を落としている。

世界的大不況と莫大な学費ローンの思わぬ結果として、Z世代は同じ落とし穴にはまらずにすみそうだ。Z世代の高校生にアンケート調査したところ、進学希望者が86%いたが、そのうち学費ローンを1万ドル以下に抑えるつもりだという回答が半数にのぼり、まったく借りるつもりがないという回答も27%を占めた(8)。親やミレニアル世代の苦労を見て養われたZ世代の金銭感覚と現実主義は、上の世代が同じ年頃だったときには育たなかった特徴だ。

新たな価値観と社会運動

あなた方は期待を裏切っている。しかし、その裏切りに私たち若者は気づきはじめた。未来の世代全員の目があなた方に向けられている。(中略)この場所、この瞬間に一線を引かせてもらう。世界が目覚めようとしている。あなた方が望もうと望むまいと、変化の時は近い。

——環境活動家グレタ・トゥーンベリ(2019年国連気候行動サミットでの発言)

Z世代は、社会的価値観の衝突があらゆる世代を巻き込んでマスコミやデモ、ソーシャルメディアで繰り広げられる時代に生きている。

その衝突を引き起こしているものの1つに、上の世代と異なる何かを求める若者の期待や願望がある。この感情的な激論は、Z世代のソーシャルメディア、数限りないニュースサイト、ウェブの釣り記事で24時間365日展開されている。

Z世代の成長と軌を一にするように、ダイバーシティやインクルージョン、男女の賃金格差、銃規制、環境への責任といった問題について、もはや現状を容認できないと公言する団体が増えてきた。全員ではなくともZ世代の一部は、新たな規範を確立し、自分たちの成人後の世界に期待しているものを実現するため、そうした社会運動を支持している。

若者の抗議の声は、人種差別に反対した「ブラック・ライブズ・マター」、性暴力被害を訴えた「#MeToo（ミートゥー）」のほか、同性婚の容認やLGBTQ+の権利向上を求める大きなうねりも起こした。しかし、ほかの世代にとって最も意外かつ重要なのは、Z世代の活動家が自らの定義する新常態を猛烈に推し進めていることだ。それは、彼らが唯一知っている世界にほかならない。

アメリカンフットボール選手が人種差別への抗議を込め、国歌の演奏中に地面に膝を突く世界。女子サッカーのアメリカ代表チームが公然と賃金向上を訴え、女性たちがセクハラや虐待、性差別を受けた体験を公表する世界。気候変動が世代を代表する問題に数えられる世界。それがZ世代の知る世の中だ。

ダイバーシティとインクルージョンは特にZ世代の関心が高い。近代アメリカでZ世代ほど人種的・民族的に多様な世代はなかった。それゆえ彼らはダイバーシティとインクルージョンを普遍的価値として求めている。ピュー・リサーチ・センターによれば、アメリカに住むZ世代の48%が非白人で、この割合はミレニアル世代の39%、X世代の30%、ベビーブーマー世代の18%よりも多い(9)。

ダイバーシティとインクルージョンをめぐるZ世代の目は、雇用主に対してはより厳しくなることが私たちの調査でわかっている。経営陣に女性とマイノリティが含まれ、「仕事に打ち込める」機会をくれるような企業への就職をZ世代は期待している。それに違和感を抱くリーダーもいるかもしれないが、まったく新しい現象というわけではない。ミレニアル世代が職場に持ち込み、今も推し進めている社会変革と透明性と同種のものだ。さらに言えば、X世代とベビーブーマー世代が台頭したときにもたらした変化とも似ている。

Z世代が求めるダイバーシティの1つには、思考の多様性があると思われる。〈Z世代の実態2016〉によると、アメリカ人は考え方や価値観が異なる人に対してもっと寛容になるべきだとZ世代は考えている(10)。「アメリカ人は政治や宗教、同性愛者の権利、家族の価値観といったテーマについて、自分と反対の考えを持っているアメリカ人に寛容な態度を取るべきだと思うか」という質問に、「イエス」の回答は65%だったが、実際にそうなっていると思うか尋ねると、「イエス」は26%にとどまった。

ミレニアル世代との最大の違いは、Z世代にはソーシャルメディアがあり、若いときから自分が信じる運動や活動に積極的に参加できることだ。街中で抗議活動やデモ行進をしなくても参加できるので、家から出ずにオンラインで行動（いいね、シェア、コメント等）を起こす傾向が高まっている。その激しさを目の当たりにして、Z世代に理性的・建設的な反対表明の仕方を教えようとする大学が出はじめた。ワシントンDCのアメリカン大学、ミネソタ州のカールトン大学、ノースカロライナ州のウェイクフォレスト大学などでは、バックグラウンドや価値観、意見の異なる相手と議論や討論、意見交換をする方法をZ世代が学べるよう、カリキュラムに市民対話の講座を加えた。

銃乱射事件と国内テロ

6分ほどで17人の友人の命が奪われ、15人がケガをした。そして、ダグラス・コミュニティの全員が、永遠に変わってしまった。

――エマ・ゴンザレス（２０１８年「マーチ・フォー・アワ・ライブズ」集会での発言）

Z世代は「なんでもテック」の世代と言われるが、悲しいことに、学校での銃乱射事件で多くの犠牲が出ている世代という印象も強い。１９９９年に起きたコロラド州コロンバイン高校での事件はミレニアル世代の体験だったが、Z世代もコネティカット州のサンディフック小学校、フロリダ州のマージョリー・ストーンマン・ダグラス高校、テキサス州のサンタフェ高校、その他多くの学校で銃撃の被害を受けている。これらの銃乱射事件はZ世代に長期的な影響をおよぼし、数十年にわたって傷跡を残すだろう。教室をはじめとした公共空間での銃暴力とテロは、Z世代には珍しいことではなくなってしまった。

しかし、マージョリー・ストーンマン・ダグラス高校の事件後に生徒たち自身が行動を起こした姿を見て、ほかの多くのZ世代も学校の安全性などの問題について行動や発言を積極的にするようになった。恐れや悲しみ、怒り、不満、意見などが、彼らになじみ深いソーシャルメディアにまたたく間に流れ込み、勢いを増していった。デビッド・ホッグのような銃乱射事件の生存者はデモ行進でリアルに発信し、ソーシャルメディアに集まったZ世代も注目を浴びてインターネット中に声を響かせた。

Z世代がゆくゆく上の世代よりも積極的に政治に関わるようになるのかはわからないが、そうしたい層にはソーシャルメディアという利器がある。ソーシャルメディアを使えば、学校にいるあいだも、バスや地下鉄の乗車中も、自宅にいるときも活動家になれる。イベントで壇上にのぼらなくとも主張を発信でき、聴衆から反応が返ってくる。

また、Z世代の時代は、9・11以降にさらなる国内テロが続いている時代でもある。ボストンマラソンを襲った爆弾テロ、オーランドのナイトクラブやラスベガスの音楽祭を狙った銃乱射事件などがあった。国外の悲惨な出来事も、自宅にいながらリアルタイムで目に飛び込んでくるのだ。

幅広い学習機会

Z世代は、テクノロジーが学習に不可欠だと捉えている。しかし、さまざまなデジタル機器のひとりひとりの使い方を見ると、上の世代の身近な人々がどう使っているかの影響が大きい。あるZ世代はこう言った。「パソコンを使うのは宿題のときだけ。電話は、友達と最近どうしているか話すためにしか使わない。授業のために何かするよう先生に言われたら、必要な情報や答えを探すのにパソコンを使う。それ以外では全然触らない」

Z世代が持っている学習機会の選択肢は、上の世代よりも多い。数年おきに改訂される教科書でしか知識を得られなかった時代も、高等教育を受けるには学費の高い私立学校か都市部の教育機関に行かざるを得なかった時代も遠い昔だ。今は、Z世代のほぼ全員がスマートフォンで歴史の証人になれる。スペースXのロケットが着地に成功する瞬間を目撃し、地球の裏側にいるティーンエイジャーが社会を変えたことをツイッターで知り、グーグル・ホームに地理の問題の答えを訊くことができる。

情報はかつてないほど民主化され、アクセスしやすくなった。不正確な情報やアクセスの格差はあるものの、多くの地域では個人や家族、コミュニティが安価なスマートフォンによって情報やつながり、イノベーション、学習機会を得られる。ほんの20年前には不可能だったことだ。

学習に関して私たちがとりわけ注目しているトレンドは、音声検索だ。いまやZ世代の最も若い層は手入力を覚えないうちに音声検索を使いこなす。アレクサやシリに問いかければ、1文字も入力せずに必要な情報が簡単に手に入る。労働者としても消費者としても、Z世代は学習や調査、情報収集に音声検索を使うのが主流になると私たちは見ている。

スマートフォン、音声検索、タブレット、適応型ソフトウェアがそろって学校に導入されれば、Z世代を迎える職場でも高度な学習・協働ツールを用意する必要に迫られる。これについてはあとの章で詳しく述べる。

YouTube、ネットフリックス——動画がすべて

Z世代にとってコンテンツ消費は息抜きや学習、調べ物などで非常に重要で、モバイル端末がその主な閲覧手段となっている。従来のテレビは見捨てられ（あるいは最初から無視され）、YouTubeやネットフリックス、TikTokに急速にシフトしている。

Z世代はYouTubeに大量の時間を費やしている。グループ調査では「グーグル・チューブ」という言葉もよく聞かれた。情報や答え、娯楽を求めているとき、上の世代のようにグ

ーグルではなく、ＹｏｕＴｕｂｅで直接調べるのだ。多くのＺ世代にとって、ＹｏｕＴｕｂｅはインターネットで情報にアクセスする最初の画面と言える。イギリスの事業戦略コンサルティング企業、ウィー・アー・フリントによる２０１８年の調査によれば、18〜24歳のインターネットユーザーの96％がＹｏｕＴｕｂｅを使っている(11)。１回の平均視聴時間は40分で、毎年平均50％ずつ伸びている(12)。いまやＹｏｕＴｕｂｅは世界2位の検索エンジンである。

〈Ｚ世代の実態２０１９〉では、Ｚ世代の97％が動画ストリーミングサービスを週１回以上利用し、85％がＹｏｕＴｕｂｅにアクセスするという結果が出た(13)。Ｚ世代は化粧やダンス、ゲーム攻略など、さまざまなことを学ぶのにＹｏｕＴｕｂｅを使う。しかし、ＹｏｕＴｕｂｅのインフルエンサーはＺ世代に娯楽や知識を与えるだけでなく、商品の購買を促してもいる。これについては、企業とＺ世代の関わりを論じた第2部でさらに詳しく述べる。

Ｚ世代は、上の世代にとってのテレビと同様にＹｏｕＴｕｂｅを楽しんでいる。動画の内容は配信者がいたずらやオンラインゲームをするものや、日常で思ったこと、しでかしたことを共有する動画ブログなどさまざまだ。自分と同じような人、あるいは自分もそうなりたいと感じる人の人生をＺ世代は見たがっている。それはテレビのリアリティ番組に似ているが、手作り感のおかげでさらにリアルさが増している。

Ｚ世代がいつ、どこで、なぜ、どのようにコンテンツを消費しているか、そしてなにより、どこで自分のコンテンツを作成しているかを知れば、この世代のことがよくわかる。

彼らは基本的に、好きなエンターテインメント番組のためにトイレットペーパーの2分CMを見る必要はない（スキップできないとイライラする）。動画は早送り、一時停止、スキップ、評価できるのが当たり前で、見たい番組があるからと6時までに帰宅したり、聞きたい曲がラジオで流されるのを気長に待ったりした経験もない。広告主やテレビ局、番組表の都合から解放され、自分の思うがままにコンテンツを楽しめる。ネットフリックスが元々はオンラインのDVDレンタルサービスだったことを知らないZ世代も多い。彼らにとってコンテンツとは、いつでもオンデマンドで配信され、無料か低料金で視聴でき、再生履歴や評価に基づき「レコメンド」されるものだ。

思えば隔世の感がある。ベビーブーマー世代の頃には、チャンネルが3つしかなく、深夜には放送が休止していた。X世代はプレミアムな（つまり高額な）ケーブルテレビ局が増えはじめた頃に育ち、親と一緒に視聴しているときにはテレビのところに行ってチャンネルを回す「リモコン」として使われた。ミレニアル世代の頃には動画視聴の選択肢が急増し、機器のコードレス化が進んだ。オンデマンド動画やYouTubeが始まったのもこの頃だった。

無料または安いストリーミングサービスがあるZ世代は、コンテンツの飽くなき消費者だ。ただし、個人に合わせたレコメンド機能があり、自分のデバイスに対応し、広告が控えめ、またはいっさいない（課金している場合は特に）サービスを期待している。

一方でZ世代は、上の世代のほとんどの人がなれなかったコンテンツ作成者でもある。特に

10代は、物心ついた頃からスマートフォンで動画を撮影できた。その結果、ただのデジタル視聴者から、時間と場所に縛られないデジタルコンテンツ・クリエーターになった。旧来型の芸能人より多くの視聴者を集めるYouTuberや、ジャスティン・ビーバーのようにYouTube出身のセレブも現れている。YouTubeチャンネル「ライアンズ・ワールド」でおもちゃを開封・使用する動画を投稿しているYouTuberのライアンは、2018年にわずか7歳で2200万ドルも稼いだ(14)。

一部のYouTuberがコンテンツ作成者として収入を得ている一方で、Z世代は消費者としてはコンテンツが無料であるべきだと考えている。それゆえ、Z世代が多種多様なオンラインコンテンツを享受している陰で、伝統的テレビ局は困難に直面している。多様性、ニッチなテーマ、パーソナライゼーションを熱望するZ世代により、企業にも大きな変革が起こるだろう。

心と体の健康問題

テクノロジーの波がZ世代の形成に影響していることと関連して、よく指摘されるのは心と体の健康の問題だ。思春期前から思春期の難しい時期を経て大人になるあいだ、多くのZ世代はメンタルヘルスを強く意識していると私たちの研究で明らかになっている。友人やクラスメートのような同年代の子供が絶え間なく投稿する写真や動画、記事に触れ、いかにも幸せそうな人生を見せつけられることで問題は悪化する。ソーシャルメディアに関する調査をするたびに、ソーシャルメディアは多くのZ世代の自己肯定感を下げ、ただでさえ難しい年代の心配や不安、ストレスを深刻化させるという結果が出る。

私たちの調査では、Z世代の42%はソーシャルメディアが自己評価に影響し、同じく42%はソーシャルメディアが他者からの評価に影響すると答えている(15)。39%はソーシャルメディアが自尊心に影響し、37%は幸福感に影響すると答え、55%は他者によるインターネットへの投稿に心配やストレスを感じている。さらに、46%はテクノロジー全般がメンタルヘルスに悪いと考えている(16)。

この結果は外部の調査でも裏づけられている。2019年に心理学専門誌『ジャーナル・オブ・アブノーマル・サイコロジー』で発表された論文によれば、思春期から成人初期までに重い心理的苦痛を感じる若者の割合は、2000年代後半から10年ほどで50%上がった(17)。ソーシャルメディアやネットいじめを含む、デジタルメディアの使用が主なストレス要因とされている。

中学2年生がクラスの中で人気者の序列をつけられるところを考えれば、上の世代には想像しやすいかもしれない。しかし、ソーシャルメディアは四六時中で、しかも画面越しに匿名で投稿できるからずっと悪質だとZ世代は言う。ネットいじめではそれが特に顕著だ。多くのZ

世代はとても若いときからネットいじめに遭い、ソーシャルメディアでは軽く避けたり露骨に仲間外れにしたりといったことがいつもどこかで起きている。写真にタグ付けしないとか、投稿や動画に「いいね」しないのは無視と見なされる。本当の友達かどうかは、ソーシャルメディアへの投稿に「いいね」やコメントをしてくれるか否かで見分けられると考えるZ世代もいる。彼らは、ソーシャルメディアの影響との付き合い方に常にストレスを感じながら成長する。〈Z世代の実態2019〉では、どうすればインターネット上の評判をうまく保てるかを学校で教えるべきだと考えるZ世代が61％いた(18)。

解決にあたり、ホットラインや専門家との面談といったような伝統的手法はZ世代の好みではない。一部の団体では、メールなどの、よりZ世代に合った支援策を提供している。この流れはZ世代が台頭するにつれ、とりわけ職場で広がっていくだろう。

また、Z世代は運動や健康状態をモニタリングできるデバイスをよく使っている。フィットビットやアップルウォッチのほか、スマートフォンの健康管理アプリ、インターネット接続型フィットネス器具などがある。いまや歩数や消費カロリーがカウントされ、食事を毎回記録し、前進も挫折もスマートフォンでグラフ化される時代だ。あるティーンエイジャーが「いつも動きまわっているからフィットビットを着けている。誰が一番多く歩けるか、母と兄と競争するのが楽しい」と言うように、多くのZ世代にとっては歓迎すべきことだろう。しかし、歩数と消費カロリーが管理されるのを、身体イメージや摂食障害などの関係でストレスに感じる人もいる。修整された作り物のような女性のイメージを使う広告に反抗することで知られるZ世代なので、それも当然だ。女性向け下着ブランドのエアリーはその声に応え、「すべての女性のために」と謳《うた》ってあらゆる体形やサイズに合う下着を販売している。

変化する世界

この章で見たトレンドは、今後数十年にわたって展開されるZ世代の大きな物語の一部である。そのすべてをティーンや幼少期のような重要な人格形成期に体験し、ダイヤルアップ接続のインターネットに待ちくたびれることもなかった。音楽をアルバムでまとめて買う必要もなく、いつも1曲ずつ気軽にダウンロードできた。新型コロナウイルスに学校や日常生活を破壊されたことは、Z世代の記憶に深く刻まれるだろう。

次の章では、Z世代のテクノロジー体験を深掘りする。労働者や消費者、トレンドセッターとしてのZ世代の期待や原動力、規範にテクノロジーはどう影響しているのだろうか。

第4章

スマートフォンの世界で生きる

どこに行ってもスマホを使っている。いつも手の中かポケットの中にある。学校の勉強も、ソーシャルメディアも、ノートも全部スマホの中。人生のあらゆる場面でスマホが顔を出す。

——クリスティーナ（21歳）

月曜日の朝。20歳のイザベラは、iPhoneのアラームで目を覚ます。8時半。1時間後にはテンプル大学の授業が始まる。

アラームを止めると、授業の課題をチェックしようとグーグル・クラスルームのアプリを起動する。先週休んだ講座の動画がアップされている。通学するバスの中で見ることにしよう。

スマートフォンのホーム画面に戻ると、スナップチャットを起動して6つのストリークをチェックする。つながっている相手は、高校の友達、サマーキャンプで同じ部屋だった人、猫カフェのアルバイト仲間、ボストン、サクラメント、ストックホルムにいる3人のいとこ。セルフィーを撮り、猫鼻のフィルターをかけてから各ストリークに送る。スナップチャット・スコアが23万3617に上がった！

今日の講義は正午までだ。午後にできる単発バイト《ギグ》はないかと、ＴａｓｋＲａｂｂｉｔ（タスクラビット）をチェックする。得意なのはＩＫＥＡの家具の組み立てで、需要が多いことは去年の夏休みにわかっている。午後4時に机と小物棚を組み立てる仕事があったので引き受ける。アプリの起動からここまで、ほんの数タップ。報酬の40ドルは金曜のお出かけ資金にしよう。

お出かけと言えば、スモーキーなアイシャドウの塗り方を覚えようと思っていたのだった。ＹｏｕＴｕｂｅの検索ボックスに「スモーキー・アイ」と入力し、4本の動画を見てからアマゾンのサイトに飛ぶと、2人のメイクアップ・アーティストがおすすめしていたペンシル型アイシャドウを注文する。

ああっ、またアマゾンでポチってしまった。もう今月の買い物予算を使いきっていたのを思い出し、銀行アプリを開いて口座残高を確認する。ほっ。使わなくなったｉＰａｄがフェイスブック・マーケットプレイスで１００ドルで売れたのを忘れていた。夜のあいだにＶｅｎｍｏから入金されていた。これでキャッシュフローは問題ない。

お金で思い出した。大学3年生だから、夏休みのインターンシップのことを本気で考えなければ。リンクトインのサイトで「グラフィックデザイン　インターン」と求人検索してみると、数十件もヒットして圧倒されてしまう。実績が弱いので応募資格を満たせる案件もなさそうだ。それならばと、フリーランサーのためのオンラインマーケットプレイス、Ｆｉｖｅｒｒ（ファイバー）に飛んでデザインの仕事を探す。ちょうどよく、ペンシルベニア大学ウォートン校を出たMBA取得者のグループが、最近起《た》ち上げたイベントプランニング企業のロゴ・デザイナーを募集している。10通りの案を作成し、コンペで採用されても報酬はわずか20ドル。時給換算すると切なくなるが、実績を積むために必要なのだ。指に念を込めて応募ボタンを押す。

ページを閉じようとしたところでショートメッセージが届く。

「おはよ、イザベラ！　今週末のおじいちゃんの誕生日には帰ってこられる？😘」

ママだ。あとで返事しよう。

スクリーンの上のほうに目をやって時計を確認する。9時13分。そろそろベッドを出て大学に行く時間だ。

常時接続のリアル

いまや誰しもスマートフォンが手から生えたようになっている。Z世代でない人も、化粧のコツを探していない人も、ある朝のイザベラの様子は他人事に思えなかったのではないだろうか。脳に指を操られ、やることリスト、アプリ、会話スレッド（一定以上の年代ならeメール）を次々にチェックしていく。インターネットバンキングや食料品の注文、運動中に聴くプレイリスト作成をする人もいる――体を起こしさえしないうちに。

これが多くの現代人の日常風景だが、Z世代より上の世代なら、こうなる前の生き方も知っている。かつては履歴書をeメール（またはファックス）で送り、紙の給与明細を手渡され、宿題を忘れたら友達に借りていた。Z世代はアプリで回す暮らししか知らない。

日常のあらゆる場面でスマートフォンに頼り、それを前提とした世界観ができあがっている。職場でのコミュニケーションや共同作業はどうあるべきか、教育とは何かについての見方も影響を受ける。企業やサービス提供者、将来の雇い主、さらにはカスタマーサービスとどのように関わりたいかも、スマートフォン抜きでは語れない。

上の世代の人々は、彼らのテクノロジーへの期待値が自分たちの期待値から段違いに高まったものだと解釈するかもしれない。Z世代は高望みが過ぎる、と。しかし、それは違う。Z世代は、初めから身のまわりにあり、体験し慣れているものに基づいた、まったく異なる期待を持っているのだ。Z世代のマインドセットがいかに強固なものかを認識すれば、従業員や顧客、トレンドセッターとしての彼らのポテンシャルを開花させることができる。自分の子供を理解しやすくもなるはずだ。

デジタルな人生を送るZ世代について語るうえで、スマートフォンの使用時間は大きな要素である。かなりの長時間なのは想像に難くないが、具体的には、Z世代の55%が毎日5時間以上スマートフォンを使用している。世代の半分以上が、その場にいない相手とつながるのに余暇の大部分を費やしているわけだ。さらに、〈Z世代の実態2019〉によれば、Z世代の84

%は週1回以上メッセージアプリを使用し、45%はテキストメッセージにほぼ毎回または必ず絵文字を使う(19)。友人とのコミュニケーションでは、たとえデリケートな話題であっても、文章より絵文字やネットミーム、GIF画像、アバター、フィルター、動画といったデジタルな表現のほうが安心するというZ世代が多い。これは世代研究者としては非常に興味深い。同じ絵文字が、使う世代によって異なる意味で使われ、混乱を招くことがままあるからだ。文章がなく絵文字を並べただけのメッセージをZ世代が送ってきたときはなおさらで、受け取った親はインターネットで検索して解読しなければならない。

Z世代の子供を持つダニエルは、仰天した出来事をグループ調査で話した。携帯電話の家族プランで利用状況を確認したときのことだ。直近4週間に送信したショートメッセージの数が、ダニエルは243通で、妻は76通。16歳の息子はなんと、1万184通も送信していた。「1日の睡眠時間を8時間としましょう。うちの子はもっと長そうですが、仮に8時間としますね。すると4週間、起きているあいだ1時間あたり22通以上送信したことになる。どうしたらそんなことが可能なんでしょう? ほかに何もできないじゃないですか」

新学年の始まりは、いつの時代もドキドキワクワクするものだ。しかし、これまでの世代では最初の登校日からが本番だったが、Z世代ではまったく事情が異なる。たとえば、12歳のケイトリンは、ダンスのレッスンを受けて戻ってきたところ、友達同士のグループメッセージが宿題や新学年のことで盛り上がっていた。その数、1時間で700件。自分がいかに長い時間、

1日のスマートフォン使用時間	Z世代
10時間以上	26%
5〜9時間	29%
1〜4時間	35%
1時間未満	3%
持っていない・使用しない	7%

＊〈Z世代の実態2018〉より

友達とスマートフォンでつながっているかを改めて痛感したという。

この体験談に関しては、Z世代がデジタルライフを過ごす時間の長さに男女差があることもポイントだ。私たちの調査によると、1日に5時間以上スマートフォンを使用するZ世代の割合は、女性が65％で、男性の50％よりも多い。これは全般的なスマートフォン使用の話であり、ゲーム機やゲーム・プラットフォームを含めたデジタルライフでは男女差が縮まる結果になった。

Z世代とスマートフォンの興味深い知見として、真夜中の使用時間もあげておこう。〈Z世代の実態2018〉において、Z世代の44％は週に1〜数回、深夜0時過ぎもスマートフォンを使っていることがわかった(20)。

さらに衝撃的なのは、毎晩0時過ぎまでスマートフォンを使用しているとの回答が29％もあったことだ。
Z世代のグループ調査でのやり取りを見てみよう。

ジョーダン：スマホで時間をかなりムダにしてる。10分だけのつもりが30分も使ってたり。

ケイティ　：1時間とかね。「あと5分」って思ったのに、気づいたら2時間もたってたこともあった。

ジャクソン：最悪なのは、寝ようとしてて、疲れてるのにトークしなきゃいけないとき。

ケイティ　：ゆうべなんて、「11時半にベッドに入ろう」って決めたのに、結局12時半までスマホをいじってた。別にしなきゃいけないことがあったわけでもなくて、ただなんとなく。時間のムダだったな。

この世代は常に「オン」状態で、常に「つながって」いる。大半のZ世代はスマートフォンがいつも手の届く範囲にあり、新着メッセージや通知が来ていないかと数分おきにスマートフォンに目をやる。

この常時接続状態の長期的影響を評価するには数十年にわたる研究が必要だが、Z世代の世界がかつてないほど「つながって」いることは現時点で明らかだ。オーストラリアのメイクアップ専門インフルエンサーがフェイスブックやYouTubeで新しい化粧のコツをライブ配信すると、それをアメリカの夜中に起きて見るZ世代がいる。オンラインゲームを一緒にする友人が、ソウルやアブダビに住んでいるということが起きる。

モバイル端末での常時接続状態という新たな現実を前にして、今後答えていくべき疑問がいくつもある。たとえば、これほど長時間のテクノロジー利用により、Z世代の睡眠やメンタルヘルス、学習、労働、人間関係にどのような影響が出るのか？　いずれも重要な側面であり、私たちは今後の研究の中で注視していくつもりだ。その答えが出るまでは、企業はZ世代とつながり、彼らに働きかけようとするときは常に、この世代のスマートフォン依存を念頭に置いておかなければならない。Z世代を従業員にするにしろ、顧客として獲得・維持するにしろ、彼らの手元のスクリーンに簡単、迅速、魅力的に映るのが成功の条件なのだ。

ソーシャルメディア依存

本当に悲しいことだと思う。ぼくたちの世代ではごく当たり前のことなんだけど。「いいね」をいくつもらえるかに、みんなすごい労力をかけている。「いいね」がつくと脳内にドーパミンが出るんだ。ぼくは意識的に距離を取るようにしている。理由は、体の魅力がものを言う世界だから。たとえば、ペットの犬の写真を上げても「いいね」は全然つかない。でも、シャツを着ていない写真を上げれば「いいね」が１４０はつく。ハマらないように気をつけているのは、そういうわけ。

――Ｚ世代の男性（20歳）

Z世代の情報やコミュニケーションに対する期待は、使っているアプリの種類と利用法から理解できる。ソーシャルメディアのアプリが特に人気だが、それを読み解けばZ世代をよりよく知るための有用な知見が得られる。

Z世代は、同世代や家族、ニュース、世界の出来事、エンターテインメントなどとつながるのにソーシャルメディアが生命線となる時代に生きている。それは、自分を他者や世界とつなぐデジタルな接着剤のようなものだ。そして媒介するのはやはり、手の中の小さなスクリーンである。

おかげでZ世代はスナップチャットで500人の友達と付き合いつづけることも難しくないわけだが、ソーシャルメディアには明白なデメリットもある。第3章で述べたように、自己肯定感や自尊心、身体イメージや自信に悪影響をおよぼす。〈Z世代の実態2016〉では、ソーシャルメディアが他者からの評価に強く影響するという回答は42%、ソーシャルメディアが自己評価に強く影響するという回答も同じく42%となった(21)。Z世代の10人に4人が、ソーシャルメディアに自尊心を左右されているのだ。

問題点や負の側面があっても、Z世代はソーシャルメディアに深く依存している。ソーシャルメディアはZ世代の期待や行動を促す大きな要素だ。素早い反応を欲しがったり(インスタグラムのリアクションがいくつあったか)、常に社会規範に照らし合わせたり(髪型や服装、タトゥー、休暇の写真が「いいね」されたかどうか）するのがいい例だ。Z世代は納得の1枚ができるまで何度も写真を撮り直し（インスタグラムへの投稿1件のために50枚以上撮影することも珍しくない）、フィルターをかけて編集し、プラットフォームや送信する友達を選び、投稿するのに最適な日時を吟味する。まるでメディアの人間のような行動に見えるが、実際、彼らはソーシャルメディアの人間なのだ。

Z世代にとっての「プライムタイム」は、テレビの視聴率とは関係ない。インスタグラムなら画像やストーリーを、TikTokなら動画を投稿して「いいね」やコメントを最大化させられる時間帯を指す。

Z世代の1人は言う。「友達が2日前、写真を投稿したんだけど、たくさん人がいるプライムタイムじゃなかったから一度削除した。それから2時間くらいして、今ならもっと〝いいね〟がつくだろうって再投稿していた」

〈Z世代の実態2018〉では、女性は男性よりもソーシャルメディアを重く見ていることがわかった(22)。一貫して女性のほうがソーシャルメディアは重要だと答え、積極的に使っていた。すべてが投稿のネタになるため、どこで買い物をし、いつ、誰と一緒に、何を買うかまでがソーシャルメディアを基準にして決まる。

プラットフォームの使い分け

私たちの調査によれば、Z世代がコミュニケーションに使うプラットフォームや方法は、そのときの状況に大きく左右される(23)。友人に学校のことを訊くのか、パーティーに招待するのか、お金のやり取りをするのかによる。コミュニケーションを早く、要領よく、スクリーン上で、できれば視覚的に行いたいとZ世代は思っている。

ソーシャルメディアの世界では、少数のプラットフォームがZ世代に顕著な影響を与えている。この世代と関わる際に知っておくべきプラットフォームを、なぜ重要なのかとともに紹介する。

スナップチャット

Z世代はスナップチャットが大好きだ。ユーザーがどれほど使い込んでいるかはスナップチャット・スコアを見るとわかる。これは原則的に、スナップチャットで送信・受信した「スナップ」の回数から算出される。

CGKのグループ調査でのやり取りを見てみよう。

アプリの使用状況

アプリ	用途	割合
フェイスブック	グループイベントの確認	39%
	グループイベントの作成	34%
	ニュースの閲覧	25%
	訪問場所の記録	23%
	就職先候補の情報集め	18%
スナップチャット	自撮り動画の投稿・送信	40%
	自撮り写真の投稿・送信	36%
	オモシロ自撮り動画の投稿・送信	32%
インスタグラム	好きなブランドのフォロー	41%
	偽アカウントの設定	19%
ショートメッセージ	友人との集合時間の設定	41%
フェイスタイム	友人とのビデオチャット	28%
レビューアプリ	購入商品の情報集め	27%

司会者　：スナップチャット・スコアはいくつですか？
Z世代1：ああ、すごく高いですよ。
司会者　：7万くらい？
Z世代1：えーと、20万を超えてたかと。
司会者　：20万？
Z世代1：28万3000ですね。
Z世代2：私は30万1000。
司会者　：あなたは？
Z世代3：19万です。
Z世代4：38万8000。
Z世代5：私は59万4000。
Z世代6：ぼくはたったの14万7000。

59万4000とはものすごい数値だ。これほど熱烈かつ継続的に利用されているスナップチャットは、彼らの信頼とエンゲージメントを最も集めているプラットフォームだ——これは主にアメリカの話で、国によってはWhatsApp（ワッツアップ）やWeChat（ウィーチャット）、Weibo（微博／ウェイボー）などがその座を占める。なぜZ世代に普及しているのか？　青年期のＺ世代にぴったりの内容と場所、タイミングだったことなど、理由はいくつもあるが、行動を促している主要素は、スナップチャットの投稿がより「即時的」で、リアルで、飾らない写真やストーリーだと受け止められていることだ。

　グループ調査のＺ世代はこう説明してくれた。「スナップは、くだけた感じ。自分の顔だけ送ると、友達からも顔が送られてくる、みたいな。今まで考えたこともなかったけど、そうだと思う。メールだと、きちんとした話題がないといけない。打つのに時間もかかる。わからないけど、写真だけだと簡単な感じがするかな」

　スナップチャットの写真、すなわち「スナップ」は、インスタグラムのような洗練された完璧さをあえて目指さない。遊び心と面白さ、リアルな見た目が好まれる。フィルターをかけたり、アバターをカスタマイズしたりすれば、数回のタップとスワイプですぐにユニークな画像ができあがる。

　ユニークで個性豊かな画像を素早く作れることが、Ｚ世代の視覚重視の規範に合っている。また、大幅に修整された完璧な見た目の画像、特に広告写真が多い世の中で、飾らない写真とメッセージが受け入れられる環境は安心感がある。グループ調査に参加した別のＺ世代はこう説明する。「スナップチャットは堅苦しさがない。父が軍隊にいて引っ越しが多いけど、スナップチャットならあちこちの友達と〝ストリーク〟でつながっていられる。友達の名前の前に絵文字をつけていて、毎朝ランダムにいろいろな写真を撮る。ただのシーツでもいい。それに

〝おはよう、ストリークのみんな〟ってメッセージをつけて100人全員に送信する。これを毎朝やっている」

ストリークでは、仲のいい友達や選択した友達のグループに1枚の写真を送ると、相手も24時間以内に写真を送り返してくる。このストリークを100日以上継続しているZ世代も多い。ストリークのリクエストに写真を送り返さないのは失礼で、そんな人はすぐに友達から外すという考えの人もいる。受け取ったほうには、どこにいても早く反応しなければと社会的プレッシャーがかかる。

ある母親がストリークの重要性について語ってくれた。

「春休みに家族でテキサス州のビッグベンド国立公園に行く計画を立てた。13歳の息子のエズラには、Wi-Fiを使わないよう提案した。乾いた岩肌の山々に抱かれ、見える光は月と星だけにしよう、と。すると息子は目を見開き、〝無理だよママ、ストリークが全部なくなっちゃう！〟と言った。そんなことで旅行をキャンセルするなんてと言うと、こう答えた。〝わかったよ、グリフィン（息子の親友）にアカウントのパスワードを教えて、ストリークを延命させてもらうよ〟」

スナップチャットは選択した友達にだけ写真が送られる。これは、リアルの友達以外のフォロワーもいるインスタグラムのように、世界中の人に向けて画像を投稿するリスクや不安、気まずさを軽減してくれる。

スナップチャットがZ世代にアピールした点としては、フェイスブックのあとに普及したこともあげられる。つまり、Z世代と同時代のソーシャルメディア・プラットフォームということだ。親はフェイスブックを使い、子はスナップチャットを使う、と言い換えてもいい。このプライバシーの感覚は、思春期の悩みを抱え、仲のいい友人と一緒に飾らないありのままの自分でいられる場所を求めている10代には重要だ。いずれはミレニアル世代などもスナップチャットに流入すると考えられるが、今はまだ、特にアメリカでは若い世代ばかりが集まっており、Z世代や若いミレニアル世代にうってつけのデジタルな居場所、プラットフォームになっている。

インスタグラム

Z世代がスナップチャットでは親密さや即時性、「舞台裏」を志向しているのに対して、インスタグラムでは世界に発信したいライフスタイルや体験、アイデンティティ、価値観、パーソナルブランドを見せるための洗練された写真を投稿する。Z世代の言葉を借りれば、「インスタグラムは世界から見られたい姿。スナップチャットは自分の世界の本当の姿」である。

その違いは投稿するときの準備にも表れている。インタビューした多くのZ世代によれば、スナップチャットでは1件のスナップにつき3〜4枚しか撮影しないが、インスタグラムのためには40〜50枚の中から1枚を選りぬき、さまざまな写真編集ツールにかけてから投稿する。

インスタグラムは、ソーシャルメディア・インフルエンサーという現象を引き起こしたプラットフォームでもある。カイリー・ジェンナーなどが1件の投稿で100万ドル以上稼ぐと言われているように、インスタグラムで華々しく活動するセレブの存在が知れわたるにしたがって、Z世代が投稿するハードルは否応《いやおう》なく上がった。フォロワーが少ないナノ・インフルエンサーでも、1件の投稿でお金や品物、ライブイベントなどの参加権を獲得できる。

いまや伝統企業にも新興企業にも認知されたマーケティングチャネルである「インフルエンサー」は、企業や商品、サービス、プランに関するZ世代の好みを形成する、重要なファクターだ。ソーシャルメディア・インフルエンサーはセレブの広告起用の新世代版と言えるが、従来のテレビや広告、その他の一方向チャネルと異なり、フォロワーがインフルエンサーの投稿に直接反応し（ときにはインフルエンサーや取り巻きからリプライをもらい）、ほかのフォロワーとも投稿へのリプライで交流することができる。これは、コメントやコメントへの反応を通じて元の投稿がより多くの人のフィードに現れ、より多くの目に触れ、エンゲージメントが高まる好循環を生む。伝統的な広告では不可能だったことがインスタグラムでは標準であり、それゆえ人目を惹《ひ》くインフルエンサーは企業からの引く手あまたである。インフルエンサーは認知と興奮を促すのはもちろんだが、より重要なこととして、元の投稿から時間がたっても直接販売のルートとなり、また顧客との持続的な対話を可能にする。

フェイスブック

フェイスブックはミレニアル世代みたいな年寄り向けだよ。
——Z世代

フェイスブックをやってはいるけど、それは両親が写真を上げるから。おばあちゃんが今ヨーロッパにいて、「〝いいね〟してね！」って言ってきた。傷つけたくないから、言うとおりにしてあげた。
——Z世代

フェイスブックがZ世代の中で何位に来るか、話し合いをしたらなかなか決まらないだろう——こんな発言をZ世代から初めて聞いたときの驚きをよく覚えている。私（ジェイソン）はミレニアル世代で、人とのつながりを築き、情報や写真、動画、体験談、ライフイベントを共有するためのプラットフォームはフェイスブック一択だった。今では赤ん坊の写真や学校の同窓会、日常の出来事を共有するハブともなっている。しかし悲しいことに、Z世代の目にはフェイスブックが「使っているユーザーと同じで古い」と映るらしい。

Z世代が使っているソーシャルメディア・ランキングにはまちがいなくフェイスブックもツイッターも入るが、重要性や信頼性、影響力の面では低く見られている。それに加えてZ世代から敬遠される要因は、フェイスブックには両親や祖父母がいることだ。しかも、誰でも読めるのに身内の会話のようなコメントをしてくる、とZ世代はよく嘆いている。実際、〈Z世代の実態2019〉では、親以上の年代の親戚が使っているからフェイスブックに登録していないという回答が41％あった(24)。フェイスブックが進化を止めずにサービスと顧客体験を改善しつづければ状況が変わる可能性もなくはないが、Z世代が今使っているソーシャルメディアを捨て、上の世代がひしめくプラットフォームに鞍替《くらが》えするとは考えにくい。2012年にフェイスブックがインスタグラムを買収したのは、この問題に対処するためだった。しかし、ソーシャルメディアの選択肢が増えているZ世代を引きつけるには、さらなる方策が必要だろう。

Z世代と対話するなかで、地元のイベントの情報を集めたり自分たちのグループイベントを企画したりするためなら、彼らもフェイスブックをよく利用することがわかった。Z世代の大学生は、サークルの活動やイベントを管理するためにフェイスブックページを作成したという。

Z世代の1人はこう言った。「フェイスブックは大学でなら比較的人気がある。高校ではフェイスブックを使ったことがなく、大学入学をきっかけにグループに入った。〝スピリット〟というグループが新入生勧誘のためにフェイスブックページをやっていて、2021年度入学者用のページは登録者がすごく多い。ルームメイトもそこで見つけた」

ツイッター

Z世代の年長層では、ニュース速報の入手をツイッターに頼っている場合が多い。政治活動や社会正義に関心が強いなら特に、ニュースの入手先として、あるいは情報集めや意見交換のためのコネクションハブとしてツイッターをよく利用する。ツイッターなら伝統的ニュースメディアを飛び越え、現場に居合わせたリアルな人々からリアルタイムの情報を得られるという考えなのだ。

グループ調査に参加したZ世代の1人は、ツイッターの速報性についてこう言った。

「それがツイッターの好きなところだ。世界のどこにいても、一般的なニュースが察知するより早く、人々がライブ中継したり動画を投稿したりする。それがものすごい勢いで知れわたる。ニュースを待たずに知れるのがいいと思う」

マスコミは自社の主義主張や広告主の思惑でニュースを歪《ゆが》めるが、ツイッターからの情報にはそのようなフィルターがかかっていないとZ世代は思っている。ただし、ツイッターのすべての情報が正しいと考えているわけではない。投稿者の勘違いや悪意に基づく誤情報もあることはZ世代も心得ている。それでも全体としては、より現場に近く、伝統的ニュースよりフィルターが弱い情報源に直接つながれるというイメージがある。それが動画ならなおさらだが、今後ディープフェイクのようなテクノロジーが人気コンテンツを侵食するようになるのが懸念点だ。ディープフェイクはたとえば、政治家が発言している動画を精巧に捏造《ねつぞう》することができる。探せば実例がいくつも見つかるので、Z世代が抱えることになるこの問題をビジネスリーダーも認識しておくといい。

ツイッターはZ世代活動家のためのプラットフォームでもある。ブランドや企業に方針を改めさせ、社会問題への姿勢を打ち出させるために利用している。「#WomensMarch」「#MeToo」「#BlackLivesMatter」「#LoveWins」といったハッシュタグを大規模な社会政治運動につなげたミレニアル世代やX世代に仲間入りしたのだ。また、Z世代が何を期待しているのか知りたければ、直接尋ねる以外に、ツイッターでトレンド入りしているハッシュタグを調べるという方法がある。Z世代の期待を示すツイートが見つかり、ツイートについているコメントのやり取りも参考になる。

コミュニケーションのこれから

Z世代のコミュニケーションがその他の世代と大きく異なる点として、生まれたときからインスタントメッセージ《IM》を使えたことと、IMをほぼスマートフォンだけで使っていることがあげられる。Z世代におけるコミュニケーションの標準と好みは、IMの影響を受けている。基本的にスマートフォンで電話やeメールはせず、IM（標準アプリのほか、WhatsAppやフェイスブック・メッセンジャーなど）、ショートメッセージ（SMS）、ビデオメッセージを使用する。最近では、後述するライブ・チリングも人気がある。

Z世代はパーソナライズされた即時のコミュニケーションを、チーム作業や買い物、カスタマーサービス、自動車購入、旅行など、あらゆる場面で行えることを期待している。Z世代につながり、働きかけたければ、マネジャーや経営者、マーケター、営業担当者（そして保護者）は、この新たなコミュニケーションの現実に適応しなければならない。Z世代がこれから生きる時代は、旅行に出かけてもホテルのフロントデスクに寄る必要はなく、問い合わせやルームサービスの注文をするのに部屋の電話は使わない。スマートフォンからショートメッセージを送るだけで事足りるのだ。（それもホテルに泊まればの話であり、実際にはすでにショートメッセージやWhatsAppでホストと話せるAirbnbのほうが好まれそうだ）

デジタルメッセージングおよびP2Pインスタントコネクションの有力サービスとしては、フェイスブック・メッセンジャーやWeChatといったものがある。フェイスブック傘下のWhatsAppは、アメリカ国外を中心に人気が高い。また、動画によるグループチャットをライブ・チリングと呼び、有名アプリにはHouseparty（ハウスパーティー）などがある。Z世代が当然視しており、職場でも期待することになるコミュニケーション形態の好例がHousepartyだ。このスマートフォンアプリでは、最大8人でビデオ通話をすることができる。参加者全員が顔を見ながら会話する様子は、まさに家でパーティーをしているかのようだ。Housepartyが長期的成功を収めるかはわからないが、ビデオチャットという概念はZ世代における標準的コミュニケーション形態の1つになるだろう。すでにメッセージングはソーシャルメディアやメッセンジャー・プラットフォームの枠を超え、スラックやマイクロソフト・チームズといったプラットフォームを通じて職場にも進出している。Z世代が伝統的な職場に進出するにつれ、デジタルでの協働スペースは拡大しつづけると予想される。スラックのようなソーシャルメディア風のプラットフォームでメッセージを即時に送受信するのはもちろん、チームやプロジェクトで一緒に働いている世界中のメンバーとビデオチャットでリアルタイムに会話する——それがZ世代の期待するコミュニケーションだ。

「スマホありき」の時代

すでにスマートフォンに依存しているZ世代だが、その若い層が成長するにしたがって、その依存度合はさらに深刻化する。ティーンエイジャー以上が配車サービスや職探し、フードデリバリーなどにスマートフォンを使っている一方で、小学生のようなほんの子供の生活にもスマートフォンは深く根づきはじめており、勉強や遊びなど、あらゆることを媒介している。

13歳のジジは中学2年生の半ばに差しかかっているが、従来では見られなかったような教育環境にいる。授業を受けるのも宿題を提出するのも、場所はグーグルの技術を使ったバーチャル教室だ。カバンに鉛筆を入れてはいるが、普段の勉強道具はiPhoneにインターネット、YouTube、グーグル・クラスルームを使っている。宿題のリマインダーは教師からスナップチャットで送られてくる。

ジジはまだ中学校の校舎にも通っており、そこではチャイムが鳴り、教室の移動もある。しかし、このようなデジタルの学習体験、交流体験は、新たなテクノロジーツールによる大規模な教育改革の始まりだ。グーグル・クラスルームはグーグル・ドキュメント、グーグル・スライド、生徒のオンラインコミュニティなどで構成されており、他社のオンライン教室管理システムの追随を許さず、教育体験を大きく変える主役と見られている。

ジジはこう説明する。「グーグル・クラスルームはここアリゾナ州の学区と連携していて、全部の授業がリスト表示される。それをクリックすると、〝宿題はこれこれ〟と教えてくれる。何かを書いたり入力したりしたときは、グーグル・ドキュメントを使って提出する。宿題を確認して提出するのには、基本的にスマホを使っている」

代数を習うときは反転授業を受けることになる。まずジジは自宅やバスの中など好きなところで授業の動画をスマートフォンで見る。動画で教師が例題を解くところを見たあと、提示された問題の答えをスマートフォンで入力して提出する。教室に行くと、まちがえた問題について生身の教師から指導を受ける。しかし、指導と実践の大部分は校舎の外で行われる。

校舎には、ソーシャルメディアがブロックされるといった制限つきのＷｉ－Ｆｉが飛んでいるが、ジジは使わない。データ通信プランに入れず、学校のＷｉ－Ｆｉを使わざるを得ない生徒に悪い気がするのだ。「だって学校のＷｉ－Ｆｉはものすごく遅いから」とジジは言う。

教師が作成した動画のほかに、ジジはＹｏｕＴｕｂｅでも硬軟織り交ぜた学習をしている。

本人が「YouTube大好き」と言うように、両親に許可されさえすれば、週末に動画を50本以上見ることもある。リラックスするために見る動画には「かなりうるさい」と認めるジジの好きなトピックは、「ゲーム理論」と「映画理論」だという。

「基本的に、人がゲームとか映画をとことん考察している動画を見る。すごく面白い。タイトルのとおり、ゲームとゲームのエンディングについての理論を語ったり、映画と映画のエンディングについての理論を語ったりする内容」

スマートフォンや新しいテクノロジーツールは子供に悪影響をおよぼすという考えにジジは反対だが、大人が心配する気持ちもわかるという。「いつもスマホをいじっているって言われるけど、実際に生活で使う情報を探しているってことをわかっていないと思う。何が必要になるか、人が何をしているのか、学校では教えてくれないから。まあ、それ以外のときはほんとに、ただ座って脳みそを腐らせているんだけど」

先進的な考えのビジネスリーダーは、Z世代の「なんでもモバイル志向」を批判せずに歓迎している。自動車教習のオンライン・プラットフォーム兼モバイルアプリ、Aceable(エーサブル)のブレイク・ギャレットCEOは、学習デバイスとしてのモバイルの将来性と、人生の転換点になり得る教育とを融合させたいとの思いから、事業のアイデアを思いついたという(25)。

「自分にこう問いかけた。〝モバイルで学習したいと思うのは誰だろう?〟」ギャレットが行き着いた答えは、10代の若者だった。そこからさらに考えを進めた。「〝幼稚園から高校までの教育のほかに10代が学習しなければならず、面白さに欠けているものはなんだろう？〟」

その答えが自動車教習だった。

「どこにいても自分の好きなデバイスでアクセスできる、魅力的なモバイルエクスペリエンスを提供して、10代と関係を築こうという考えだった。そうすれば、教育のライフサイクルが進んだとき、ほかの領域でも継続的に10代に必要とされるようになる」

ギャレット率いるチームは常に10代を意識し、Ａｃｅａｂｌｅの開発・改良に膨大な時間をかけている。教習アプローチが10代に刺さるよう、高校生や大学生のインターンの手も借りる。ギャレットが認めるように、「若者の意見を35歳の私よりずっとよく理解している」からだ。「エース」と名づけられたロボット型の教官アバターや、教習の面白さと競争性を高めるアプリ内ゲーミフィケーション要素など、あらゆる点が10代の手でテストされる。

２０１３年にサービスを開始して以来、新しいスキルを学ぶZ世代の真剣さや主体性に感銘を受けているとギャレットは言う。Z世代の顧客の半数以上は、教習費を自分名義の決済手段で支払い、カスタマーサポートへの問い合わせを親任せにせず、自分で電話してくる。

ギャレットが対応して印象に残っている顧客は、ハナという名前のティーンエイジャーだ。「教習を受けるのに使っていたｉＰａｄが壊れてしまい、買い替えられないので払い戻しをお願いしたいという手紙がカスタマーサポートに届いた。２０１４年のことで、その頃は１日の新規顧客が5人ほどしかいなかった。なので、100ドルの払い戻しはできれば避けたかった。私はハナに返事を書き、iPadを貸すと提案した。あまり使っていないのがオフィスに1台あったので、試してみる価値はあった。当時は従業員が7人で（今は225人になった）、全員が1台のテーブルについて働いていた。教習が終わったらハナがiPadを送り返してくるか、皆が投票したところ真っ二つに割れた。送り返してくると思うほうを〝ライフ・チーム〟、思わないほうを〝デス・チーム〟と名づけた」

果たして結果は？

「ハナはiPadを返してくれた。〝高価なものなのに、ちゃんとと大人として信頼してくれてありがとう〟と手書きの手紙まで添えて。iPadには〝ブルー〟というニックネームをつけた（青いケースがついていたからだ）ことや、Aceableでの体験に一生感謝したいとも書いてあった。そのiPadは今もオフィスにある」

Z世代が使いたいプラットフォームで学習ツールを提供することと、Z世代が約束を守ると信じること。その2つが完璧に融合した例だった。

Z世代における「教育」の本質とは何かが今、問われている。世界中の知識（少なくとも、グーグルやYouTubeなどで検索できる知識）がアクセス可能になり、学習は自主自律の傾向が強まる一方だ。しかし、世代全体で確かなことが1つある。Z世代の学習には、スマートフォンが深く組み込まれている。より正確に言えば、学習に限らずあらゆることに。

Z世代の若い層が成長すれば、すべてのコミュニケーションがスマートフォンでできるべきだと考えるにちがいない。単純に、それ以外の生き方を知らないのだから。

第5章

Z世代とお金

クレジットカードはスマートフォンに入れるのが普通だと思う。財布はなんだか古くさい。
——Z世代

タイラー・ランバートは、19歳の若さでカイリー・ジェンナーやソフィア・リッチーに衣装を提供したファッション・デザイナーだ(26)。ウィスコンシン州デ・ピアという小さな町に生まれたが、ファッション界への道を自らの手で切り拓《ひら》いた。来る日も来る日も、古着店で服を買ってきては仕立て直し、自分のデザインに作り替えつづけた。

タイラーのファッションセンスは、遺品販売会《エステートセール》に連れていってくれた祖母と、趣味で裁縫をしていた母親の影響を受けたものだ。美術教師と地元のアーティストからは美術史を学んだ。服作りの材料を買う資金は、家族で経営しているダイナーで働いて稼いだ。学校や仕事以外の時間はひたすらミシンに向かい、カーテンやレースマット、デニム、フランネルといった、古着店で仕入れたものをリメイクし、ブランドの創設を目指した。できあがった作品に注目を集めるのに利用したのは、ソーシャルメディアだった。

デ・ピア高校を卒業する頃には、法人化して利益を出すまでになっていた。

故郷を離れ、シカゴ美術館附属美術大学に入学したが、会社のことに集中するため間もなく退学した。現在はロサンゼルスを拠点に、セレブからも声がかかる自社ブランド、ランバートのクリエイティブ・ディレクターを務めている。

タイラーはZ世代では異質の存在のように思えるかもしれない。たしかに、ほとんどのティーンエイジャーはエステートセールで品物を漁《あさ》ったり、アパレル企業を起ち上げたりはしない。しかし、タイラーを成功に導いた資質は世代全体に認められる。Z世代は倹約家であり、経済的な自立を望んでいる。レベルと学費が高い学校に行くより、親の期待に反してでも、型にはまらない学びのチャンスをつかむことに価値を置く。

タイラーとはまったく異なる人生を歩んでいるZ世代も、お金の価値観は共通している部分が多い。16歳のアレッサンドロの話を聞いてみよう。

「自分の中では、お金を稼ぐのは将来の貯蓄のためにすごく重要だと思う。ファイナンスの勉強にもかなり真剣に取り組んでいる。将来、縛られずにいろいろなことができるように、お金が欲しい。今は、稼いだ金額の80%は貯金して、20%は投資に回している。

お金を稼ぐ方法について初めて意識したのは、14歳のときだった。人のためになる仕事をいくつもやった。落ち葉を掃いたり、植え込みを刈り込んだり。お金をもらって年下の子供にチェスを教えたこともある」

15歳のとき、自転車で地元の介護施設に行き、ボランティアをさせてほしいと頼んだという。まずは週2日ボランティアで働き、やがて16歳になると、配膳担当のパートタイム従業員として採用された。

介護施設で働く理由をアレッサンドロはこう説明する。「年配の人全体に強いつながりを感じた。一緒に話をするのが好きで、経験談や逸話がたくさん出てきて、すごく勉強になる。おしゃべりできる相手が必要だと強く感じたんだ。

ボランティアでは、ストーンさんとラミィキューブというゲームをよくやった。ストーンさんは90歳で、家族に施設に入れられて6年たっていた。ちゃんとした話し相手がいなかったから、ボランティアのぼくをいつも待っていて、2人で話しながら2時間もラミィキューブで遊んだ。

働きはじめた頃は、いつでもストーンさんのところに行って配膳し、ほかの入居者に配膳する合間にもときどきストーンさんと話しに行くという感じだった。とにかくたくさん話をしたよ」

人生とお金のことを学べたのはストーンさんのおかげだとアレッサンドロは言う。

「遠い未来のことを考えるよりも、今の自分の時間を楽しみなさいと言われた。今という時間はすぐに飛び去ってしまうから、この瞬間を感じなさい、と。それがぼくのお金の見方になった。入ってくるのも出ていくのも一瞬で、あっという間になくしたり手に入れたりする。未来のことを考えずに今日だけに感謝するのは難しい。未来のための貯金も少しはしておかなきゃ」

介護施設からの給料を貯めつづけ、高校1年生でその金額は5000ドルを超えたそうだ。好きなブランドはアップルで、その理由は「長く使えるのが気に入っているから」だという。「製品がすごく頑丈だと思う。シンプルだし、動きもいい」

投資はアプリで行っている。投資用口座には年齢制限があるため、親に開いてもらった口座で親の名義で取引している。

タイラーとアレッサンドロの人生は似ても似つかないが、2人ともお金に関して、自分の未来は自分で作ろうとするZ世代の好例だ。〈Z世代の実態2019〉によれば、18歳以上のZ世代の70%は自分が使うお金の少なくとも一部を自分で稼いでいる(27)。そのうち21%は半額以上を稼ぎ、23%は全額稼いでいる。一部のZ世代は、X世代やミレニアル世代の親が味わった家計の危機には陥りたくないという思いに突き動かされている。世界的大不況で親が失業に苦しみ、学費ローン返済の厳しい現実を目の当たりにした経験から、Z世代は別の未来を描こうと真剣なのだ。

収入獲得や貯蓄、投資、消費がモバイルテクノロジーのおかげで簡単にできる時代に生まれたのは、Z世代にとっては渡りに船だ。今ではアプリを使い、お金に関する人生の場面すべてを有利に進められる。銀行アプリやショッピングアプリを活用し、タイラーのように自社の認知度向上のためにソーシャルメディアを利用できる。

お金について、Z世代は確固たる意見を持っている。顧客や従業員の候補と見込んで彼らにアプローチしたければ、事前にお金に関する価値観と期待を把握しておくことが重要になる。

Z世代の収入源

両親から小遣いをもらっているけど、あまりいい気はしない。「ねえ、お金ちょうだい」みたいなのは嫌なんだ。人にもらうよりも、忙しく働いて自分で自分を養えるようになりたい。うちの家族はお金とかのこともオープンに話す。いろいろ聞いたおかげで貯蓄の大切さを学んだ。今の状況は嫌い。自分のものが持ちたい。生きるにはなんにでもお金がかかるから。

——Z世代

Z世代はどこから収入を得ているのか？　最年長の層である20代前半なら、企業から、保護者から、または起業しているのか？　これらの問いは、Z世代が何を自分の収入源と想定しているのかを知るためのカギになる。お金は労働や努力、功績によって獲得するものなのか、それとも家族などから与えられるものなのか？

14歳から22歳のZ世代を対象にした全米調査では、次ページの表に示すような意外な結果が

Z世代の収入源

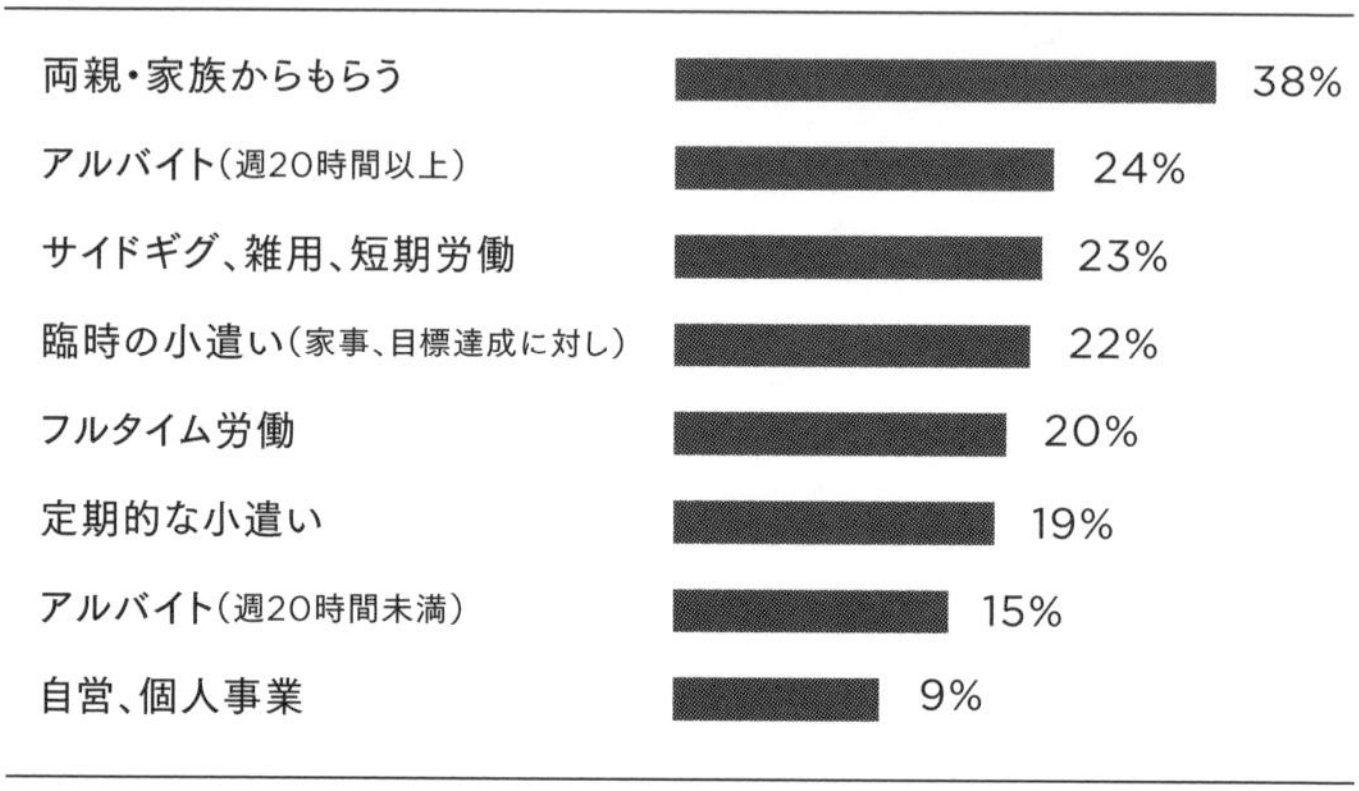

出た[28]。

もちろん、Z世代が成長するにつれ、働いて稼ぐ層は増えていく。しかし、現時点で興味深いのは、Z世代の若い層もお金を稼いでいるという事実だ。ただもらうのではなく、なんらかの方法で稼いでいるZ世代が多いことがわかった。いずれは労働者になり自活を求められることを考えれば、いい兆候だと思われる。

自分で稼ぎたいという熱意はZ世代全体に共通しているが、この世代特有のコミュニケーション姿勢が邪魔をすることがある。友人から聞いた話だが、彼の息子のウィルは13歳で芝刈りの会社を始め、近所の家にチラシを配った。連絡先はeメールアドレスを書いておいた。1カ月たっても問い合わせが1本もなかったため、父親はeメールにログインしてメッセージをチェックしたかと息子に尋ねた。ウィルは、していないと答えた。eメールをほとんど使わないので、eメールアカウントをチェックするという発想がなかったのだ。慌ててチェックしたところ、受信箱は問い合わせのメールであふれ返っていた。もっとも、1カ月前に届いたものばかりだったが。

起業家精神を持つZ世代が将来どうなるのか、今から興味がかきたてられる。10代の若者の一部は、すでに人気YouTuberとして収入を得ている。ただし、騒がれているほどは稼げないらしく、ドイツのオッフェンブルク大学による調査は、上位3%のYouTubeチャンネルが総再生回数の85%を占めており、一般的なクリエーターがそれなりの収入を得るのは難しいと明らかにした(29)。

X世代やミレニアル世代の親が経済的に苦しむ姿を見たZ世代は、安定した仕事、経済的自立、借金の回避を望んでいると、私たちの調査で繰り返し示されている。では、その目標をどのように達成するつもりなのか。オンラインスクールズセンターの調査によれば、Z世代の意向は割れている(30)。中学・高校に通うZ世代において、自分の会社を起ち上げたいという回答は41%にのぼった。たしかに大きな割合にはちがいないが、半数以上のZ世代は伝統的な仕事に就く考えだということでもある。どちらの道を選ぶにせよ、主要なゴールに設定している経済的安定をきっと実現することだろう。

財布が消える日

「5ドルだけVenmoしてくれますか?」

そう頼んだときの相手の顔には、こう書いてあった。「Venmo? 何それ?」

Venmo、そして競合のCash Appは、Z世代の通貨だ。

これらのモバイルアプリでは、口座間の送金を即時かつ無料でできる。1ドルのような少額送金にも対応し、送金理由の説明や気の利いた短いメッセージ(絵文字のみも可)を添える機能もある。

Venmoは絶大な支持を集めており、2019年には3カ月間で240億ドル以上が送金された(31)。ユーザー数は4000万人を超える。

その分野のパイオニアとして他社を引き離している要因は、Z世代をキャッシュレス生活に慣れさせたことにある。Z世代は食事会で各自のクレジットカードを使いたいときも、わざわざ会計を分けたりはしない。代表者がまとめて支払い、それぞれの金額を「Venmoする」、つまりひとりひとりに請求する。メキシコ料理のチポトレといったレストランや、フードデリバリーのGrubhub(グラブハブ)のようなアプリは、Venmoから直接支払える簡便な決済方法を導入しており、多くの同業他社もこれから追随しそうだ。

Ｖｅｎｍｏがにわかに台頭、市場を席巻《せっけん》し、伝統的な銀行が猛アピールしているＺｅｌｌｅ（ゼル）などP2P決済サービスが活気づき、Ｃａｓｈ Ａｐｐが急成長したことで、Z世代は現金を持ち歩かないのが普通になった。これはアメリカの話だけでなく、一部地域限定のサービスから全世界で人気のものまで、さまざまな決済アプリが広がっている。

私たちが大手金融企業のクライアントと行った調査では、Z世代が上の世代よりも現金を持ち歩くことに不便さを感じていると明らかになった(32)。Z世代は、あえて触れようとしないかぎり現金に触れる機会がないまま成人を迎える初めての世代になる。キャッシュレス化の波を起こしている主要因には、アプリ内決済もある。たとえば、スターバックス・アプリで事前に注文・決済しておけば、店舗で長い列に並ばずに、準備されていた飲み物を受け取ることができて便利だ。

アップルペイ、ペイパル、フェイスブックペイなどのモバイル決済の普及により、現金や小銭への依存度は下がっている。〈Z世代の実態２０１９〉では、すでにZ世代の59％が送金アプリを週1回以上使っており、18～23歳の層だと69％にまで高まることがわかっている(33)。

以上のことからわかるように、Z世代のお金との距離感は、これまでにない興味深いものだ。お金とは、「財布の中の現金」よりもむしろ「スクリーン上の数字」として存在するかのような感覚だ。現金を持ち歩かないZ世代の影響は、すでにさまざまなサービスの現場に表れている。たとえば、ホテルの駐車係や荷物係にチップを渡そうとしてもできない。レストラン経営者は、ウェイターにチップの分配をしようとしても現金が足りず、そのためだけに取り寄せなければならない店も出ている。

Z世代のデジタルな支払い習慣は、そのニーズに応えようとする新たなテック・プラットフォームのチャンスを生んでもいる。フランスのスコット・ゴルドンは、ヨーロッパのZ世代における消費の70％がデジタルチャネル経由なのに、自己名義の決済方法による支払いはそのうち10％しかないことを知り、そのギャップを埋めるべきだと考えた(34)。そこで、Z世代が世界中で買い物できるよう、12歳からの口座開設を可能にした挑戦的な銀行Kard（カルド）を共同設立し、CEOに就任した。18歳未満のユーザーが口座を開設したい場合、保護者に認証用URLが送られる。口座への入金も、保護者が銀行またはクレジットカードから振り込む。「Z世代が自分のお金をコントロールし、ひいては自分の人生をコントロールできるようにする1つの方法だ」とゴルドンは言う。Kardは2つの面でZ世代に特化したつくりになっている。まず、非効率なデジタル・プラットフォームはイライラを招くので、口座の開設が2分で終わるようになっている（保護者が認証URLをクリックする時間を含む）。また、ソーシャルメディア人気への対応として、ユーザーが買った商品をシェアできる機能もついている。

Z世代に人気のコミュニケーション手段であるショートメッセージに着目したのは、ラリー・タリーが創業したEveryware（エブリウェア）だ(35)。クレジットカード会社をはじめとした決済関連企業と提携し、あらゆる買い物や請求書の支払いにショートメッセージ決済を広めようとしている。カスタマーサービスの課題もショートメッセージで解決することができるという。

タリーがＥｖｅｒｙｗａｒｅを起ち上げたのも、Ｚ世代が好む決済方法と現実の選択肢にギャップがあると感じたからだった。「調べてみたところ、Ｚ世代は請求書払い自体を嫌っているわけではないとわかった。問題は、ウェブサイトにログインしたり、小切手を郵送したり、フリーダイヤルにかけたりする手間なんだ。Ｚ世代は請求書が来ていないか、郵便受けを確認したりしない。説明文を読むこともない。すべてを超高速ですませたい世代だ。ショートメッセージはその利便性を提供でき、彼らが使い慣れたスマートフォンを通じてＺ世代とつながる手段になる」

今のところＥｖｅｒｙｗａｒｅの主な導入事例は、教会と非営利団体だという。「小銭を持ち歩かないＺ世代も、教会で牧師に〝献金はこの番号にショートメッセージで送るように〟と言われれば、お金を出す可能性がぐっと上がる」

キャッシュレス化はメリットがデメリットを上回ると考えられるが、テクノロジーが起こす変化の例に漏れず、さまざまな課題や予期せぬ副作用は避けられない。それを新たな対策で乗り越え、また課題が現れることの繰り返しだろう。それでも、Ｚ世代はいつでも財布を開かずに（極端な人は所有もせずに）送金し、スマートデバイスをスワイプ、あるいは好きなモバイルオーダーアプリやアップルペイをタップして買い物できることを素直に期待する世代になる。

現実的な経済感覚

ミレニアル世代みたいに借金を背負い込みたくない。
——グループ調査に参加したZ世代

お金全般についてのZ世代の考えはどのようなものなのか。

アメリカのZ世代は、世界的大不況、学費ローン問題、所得の伸び悩みという、国全体の経済を揺るがす事態に強い影響を受けている。

大不況のときには、両親やその友人、地域の人々が苦しむのを見た。大勢の人が仕事と住む家をなくしたという記事を読み、大人たちが自尊心を失う姿を目の当たりにした。どうしても仕事が見つからないという話を耳にし、生活に最低限必要な賃金《リビングウェイジ》や最低時給15ドルを求めるデモを目にした。また、ミレニアル世代にのしかかる莫大な学費ローンは常にZ世代の口の端にのぼり、一生逃れられない経済的足かせとのイメージが固まった。

人格が形成される思春期や青年期に起こった、お金にまつわる数々の困難や事件。その結果、Z世代が金銭や借金、仕事、将来に向ける視線は上の世代と異なるものとなった。

これはアメリカに限ったことではない。日本やギリシャといった国々でも、両親や祖父母ほどの成功は得られないのではないかと話す若者は多い。国内外の問題に苦しむラテンアメリカ諸国も同様だ。さらに、アメリカをはじめとした全世界的な景気後退が、Z世代の金銭観や職業観、リタイアについての考えなどを形作った。その影響は、最近のブレグジットをめぐる議論にいたるまで、諸処に表れている。

Z世代の最年長の層については仕事や貯蓄、消費の行動データが追跡できており、分析の結果からいくつかのトレンドが見えはじめている。追跡データ以外にも、私たちの調査チームではZ世代の金銭や借金、消費などに特化した研究をいくつも実施してきた。そこで出てきた意外な結果には、上の世代とは一線を画する志向と思考が表れている。ビジネスリーダー必見の内容だ。

ローンに頼らない大学選択

――志望大学はどう選んだ？

単純に、自分が入学できて、全額支給の奨学金がもらえるところ。

――つまり、入学した大学より有名で、格も高い大学を4校とも辞退した？

そう。借金を山ほど抱えて有名大学を卒業するよりも、借金ゼロで大学を卒業するほうがずっと大事だから。

――Z世代

どちらかといえば学費が安い学校に行きたい。選択肢が2つあったら、格が高くて学費も高い大学より、自分が狙える一番高いレベルの範囲で、格は落ちても出費が少ない大学のほうがいい。レベルが高い大学に行ったら、成績が真ん中ぐらいで悩むのが目に見えている。それなら、高いローンで成績が低くなるよりも、少ないローンでクラスのトップになるほうを選ぶ。
——Z世代

Z世代に大学への願望があることは、調査のたびに証明されている。〈Z世代の実態2018〉では、中高生（13〜17歳）の大学進学志望者は86％にのぼった(36)。しかし、学位を得るためであっても学費ローンを借りることには非常に慎重で、その傾向はZ世代の親にも同じく当てはまる。

一方、アメリカの私立大学は総授業料の半分以上を値引きせざるを得なくなっている(37)。2019年には、新入生の約90％を経済的に援助し、総授業料の6割近くを還元した。

この「大学に行くなら借金を背負わず卒業したい」という考え方は、Z世代全体に広がりつつある。それも経済的に豊かでない層だけでなく、富裕層の家庭でも学費の高騰や、教育の費用対効果に不安を感じている。大学進学前（13〜17歳）のZ世代は、半数が学費ローンを1万ドル以下に抑えよう、27％がまったく借りずにすませようと考えていることは第3章で述べたとおりだ(38)。

Z世代も親世代も、大学の授業料が大きく値上がりし、若い頃の借金が数十年にわたり重くのしかかるのを見てきた。その経験ゆえに、入学から卒業まで地に足ついた経済状況を保とうと努めている。

これは長期的にはどのような影響をおよぼすだろうか。大学卒業時の借金が少なければ、就職やキャリア形成のために別の町に移り住み、緊急時や退職後に備えて貯蓄し、よりよい経済的選択をして収入と負債のバランスを保ち、信用力を育てるのが容易になる。借金に対する現実的な考え方が今後も続けば、Z世代は経済的足かせに苦しまずに学位を取得でき、長期的によい結果を生むと考えられる。また、やむなく抱えた負債をできるだけ早く返済したいとZ世代が考えているのなら、企業は学費ローンを肩代わりするプログラムを提供すれば、人材を採用・維持する貴重で有効なツールになる。

〈Z世代の実態2017〉で、大学に支払う授業料をどう工面するつもりかを尋ねたところ、主な回答は次のようになった(39)。(複数回答)

奨学金をもらう	54%
在学中に働く	38%
親や家族が負担する	32%
学費ローンを組む	30%
貯金から支払う	24%

Z世代の大多数は、奨学金か在学中のアルバイトで授業料をまかなうことがわかる。学費ローンと保護者負担がそれに次ぐ結果となっている。

フィンテックの活用

クレジットカードの広告に惹かれて気軽に申し込み、あれこれ買い物していたら、いつの間にか遅延損害金や金利が膨れ上がっていた――そんなX世代やミレニアル世代の恐怖体験は珍しくない。

借金にまみれたX世代やミレニアル世代を親に持つZ世代は、そうならない見識を持っている。親が苦しむ姿を直接見なくとも、よその家庭の話として聞いており、同じ過ちを繰り返すまいと考えている。私たちの調査では、借金はなんとしても避けるべきだとの回答が23%、少数の高級品にだけ使うべきだとの回答が29%を占めた。最後の手段に取っておくべきだとの回答も18%あった(40)。

ただし、クレジットカードを完全に排除しているわけではない。信用調査機関のトランスユニオンによる2019年の調査によれば、適格年齢に達したZ世代の770万人がクレジットカードを保有している(41)。これは初期のデータであるため、このトレンドについて結論を出すのはまだ早い。Ｚ世代がクレジットカードを（特に不景気のときに）どう使うのかを理解するには、さらなる調査が必要だ。クレジットカードの作成前に手数料や金利を比較できる状況をどう活用するのか、比較を踏まえて高価な買い物にどういった決済方法を選ぶのかも調査に値する。今のところ断言できるのは、Ｚ世代の年長層はクレジットカードに慎重な姿勢を取っているということだ。〈Ｚ世代の実態２０１９〉では、18～24歳のＺ世代の36％が、自分の信用格付け《クレジットスコア》を一月に一度以上確認すると回答した[42]。

　消費関連の借金をめぐる状況に、まちがいなく起きる大きな変化が1つある。高価な買い物による借金には清算方法のバリエーションを、信用情報の算定には透明性を、Ｚ世代が望んでいることだ。それを叶《かな》える企業も出はじめている。たとえば、手数料・金利ゼロで支払いを4分割できるＳｅｚｚｌｅ。手数料のリスクを負わずに、クレジットカードの利便性と自由度を手に入れられる。ほかには、利率を明快にしたうえで決済プランを選択できるＡｆｆｉｒｍがある。これも、今買って、あとで支払い、リスクを把握したいＺ世代の要望に応えるものだ。

　銀行をはじめとした金融サービスを提供するフィンテックアプリは、教育の領域でもＺ世代を助けている。学費ローンの借り換えを可能にするＳｏＦｉは、すでに37万5千人以上の学生に利用され、３００億ドル以上の借り換えを実現させた。Ｖａｕｌｔは、社員が抱える学費ローンを雇用主が立て替える仕組みを提供する。借金から抜け出したい世代に向けた、強力な採用戦略になる。

借金への忌避感が強いZ世代だが、個人向けローンや借り換えサービスへの門戸は広く開かれている。

仮想通貨とブロックチェーン

Z世代とお金に関する議論に、仮想通貨とブロックチェーンは欠かせない。

2018年に暴騰と暴落を起こしたことでビットコインは広く認知されたが、より広い概念として、既存の通貨を代替するという思想がZ世代を捉えたのはまちがいない。ただし、ビットコインバブルが弾《はじ》けたとき、ほとんどのZ世代は年齢が低すぎたか保護者に禁止されていたなどの理由で投資できなかった。

ビットコインに飛びついたのは主にミレニアル世代で、値上がりしつづけるという過信や、リスクに対する過小評価から判断を誤った。それを横目に見ていたZ世代は、マネーや投資、リスクへの新たな向き合い方を見つけるだろう。

上の世代のようなゴールドラッシュ思考に陥らず、伝統的な価値の媒体に代わるものとしてブロックチェーン技術を有効活用することも十分に考えられる。

もう始まっている老後計画

社会保障を受けられないなんて、想像するだけで怖くなる。両親が受けている社会保障とかがもらえないなら、もっとがむしゃらに仕事をしなきゃいけなくなる。

――Z世代

驚いたことに、Z世代の12％はすでに老後資金を貯蓄しはじめている(43)。

これは〈Z世代の実態2017〉で明らかになった数字で、回答者の14～22歳という若さを考えればショッキングとさえ言える。Z世代を貯蓄に向かわせているものは、本章ですでに述べた要因と同じ。世界的大不況、保護者からの助言、ミレニアル世代の負債、不測の事態に対する経済的な備えの必要性である。アメリカのZ世代は、社会保障が受けられず、希望どおりの老後を過ごす資金を自前で確保することになる可能性にも気づいている。大多数はまだ貯蓄を始めていないとはいえ、状況が許せば最優先で取り組むべきだとZ世代の69％は考えている(44)。

貯蓄以外にも、Z世代は老後を考えるうえで変化とイノベーションが激しい時代に生きている。資産形成の助言にはロボアドバイザー（Ｗｅａｌｔｈｆｒｏｎｔ、Ｂｅｔｔｅｒｍｅｎｔなど）が登場し、投資には医療貯蓄口座《HSA》が利用でき、老後資金には過去の遺物である年金以外の自己資金が求められる。

とりわけZ世代に好影響を与えそうなのは、ロボアドバイザーだ。少額で口座を開設でき、一度に投資するのも少額だが、長く続ければ目に見える成果が出てくる。ロボアドバイザーは通常、ユーザー体験がコンシューマー向けアプリに近いため、使いやすく、親しみやすく、視覚的な魅力を感じやすい。これらの要素は、お金を画面上の数字やビジュアルとして管理し、バックグラウンドで「あとはよろしく」と自動的に運用したいZ世代の好みに合致している。

アメリカの社会保障制度のような、政府によるセーフティーネットが自分たちの老後にはなくなっている可能性があることをZ世代はよく認識している。

現役生活を引退したければ、自分で勝ち取る必要がある。Z世代の9人に1人がすでに貯蓄を始めているように、リタイア後の生活への関心は高いが、ここでは若さが有利に働く。老後に向けた投資は、20代のような若いうちに始めれば、目標達成の見込みが大きく高まるからだ。

20代で貯蓄を始めようと考えているZ世代は35％もいる(45)。続く問題は、資金を銀行口座に預けただけで投資したつもりになるのではなく、実際に老後に向けた投資に踏み出すかどうかだ。この懸念には根拠がある。ミレニアル世代を対象にした最近の調査で、老後資金を貯めるためにしている行動の第1位が普通口座への預金だったのだ。それでは安心して引退するのに十分なリターンを得ることは難しい。

現実のZ世代には、今から消費を抑えて貯蓄を継続していく心積もりと時間的余裕がある。

雇用主が提供する確定拠出年金を利用するなど、預金から投資に移行することができれば、理想のライフスタイルを叶える経済的基盤作りに向けて、良いスタートダッシュを決められる。

第2部

最強世代を顧客化する

第6章

Z時代のブランド構築

運動するのが好きで、サッカーの大ファンだから、ナイキとかアディダスとか、大手スポーツブランドをフォローしている。SNSの広告が気に入っているんだ。80歳のファンも、ぼくみたいにインスタを見てる16歳のファンも、画像で魅せてくれるから。

――Z世代のシーハン

2018年、ナイキが公開した広告が人々の話題をさらい、物議を醸した。これは、アメリカンフットボールのサンフランシスコ・フォーティナイナーズでクオーターバックとして活躍したコリン・キャパニックをアップで写したモノクロ写真に、白抜きで「何かを信じろ。たとえすべてを犠牲にするとしても」と書かれたものだが、キャパニックはその2年前に有色人種差別に抗議して試合前の国歌斉唱で片膝を突き、リーグから事実上追放された選手だった。

メディアで批判の嵐が起き、直後にナイキの株価は下落した。ナイキのスニーカーを燃やし、靴下からナイキのロゴを切り取る人も現れた。しかし、数週間後に四半期決算が発表されると、ナイキの株価は9・2%も急騰した(46)。広告によって消費者からのエンゲージメントは大幅に上昇し、エイペックス・マーケティングによれば、1億6350万ドル相当のメディア露出が実現した(47)。

ナイキが批判を受けることも厭《いと》わなかった理由は、数日のうちに明らかになった。Z世代から絶大な支持を受けたのだ。

この広告は、現在や過去の顧客ではなく未来の消費者に向けたものだった。Z世代はダイバーシティやインクルージョン、社会正義を購買行動の決め手にする。この傾向は、Z世代から企業への信頼を調査した私たちの研究で繰り返し確かめられている。

老舗ブランドのナイキがターゲットにしていたのは、既存のブランドイメージを持つ古い世代ではなく、社会正義と社会運動に強い関心を持つ新世代の消費者だった。マーケティングメディア誌の『アド・エイジ』は、「文化的対話への参加を目標に掲げながら立場を表明することに及び腰のマーケターが多い世の中で、ナイキは大胆な行動に出た」と評した(48)。

ナイキの広告キャンペーンはテレビより先にソーシャルメディアで公開されたが、これも未来の消費者をターゲットにしたからだった。その狙いどおり、Z世代からのエンゲージメントは急上昇した。

18歳のノーランは言う。「あの広告のインパクト。それと、マーケティング戦略的にあんなの一度も見たことがなかったから、みんなすごく気に入っていた。ぼくと同じ年代にウケたのは、堂々と主張していたから。内容すらどうでもよくて、ナイキの大胆さが心に響いた」

市場調査会社のYパルスは、Z世代とミレニアル世代におけるナイキ広告への反応を調べた

(49)。ブランドイメージの投票でナイキは競合4社を抑え、人気があるブランド、社会正義を支持しているブランド、話題になっているブランド、購入したいブランドのトップに立った。2位と20〜30%の大差がついた項目もあった。

キャパニックを新たな広告塔にすればどのような結果になるか、ナイキは理解していた。ロイヤルティの高い貴重な長期顧客の一部が離れることを承知で、批判を恐れずに、文化と関わりを持つブランドとして自己定義する道を選んだ。きわめて重要な購買層であるZ世代のパートナーになれるのは、日々現れる新ブランドではなくナイキだと証明するためだった。

Z世代向けソーシャルメディア・プラットフォーム、Odysseyのブレント・ブロンクビスト社長が共有してくれた調査結果では、関心事を共有し、イデオロギーがぴたりと一致する企業のために購買力を行使すべきだと考えるユーザーが79%にのぼった(50)。

Z世代は巨大な購買力を持っており、それは彼らが自ら稼いで消費するようになるにつれて増大していく。Z世代を顧客化し、数十年にわたって維持したければ、スニーカーを売るだけでなく、Z世代を取り巻く文化的対話に積極的に参加する必要があるのだ。

足跡を残す消費者

Z世代は、今後10年は市場で最重要の地位を占める世代だ。多様性に富み、高度につながり、気移りしやすいインフルエンサーの層を形成し、さまざまな業界やブランド、デジタル・プラットフォームで急速にトレンドセッターとしての存在感を増している。

市場での主導権が製品やサービスを生産・販売する側から、それを購入および拡散する側へとシフトした時代に成人するのは、Ｚ世代が初めてだ。モバイルショッピング、ソーシャルメディア、ｅコマースの台頭が、この状況を生み出した。Ｚ世代は、ソーシャルメディアを拡声器にして企業に直接働きかけることも、スワイプ・タップ・クリックであらゆる商品をわずか数秒で買うことも簡単にできる。

すでにＺ世代はデジタルとリアルを合わせて年間数十億ドルを消費し、製品やサービスは社会正義を擁護する立場を取るべきだという風潮を作りつつある。また、特にアパレルや個人用ＩＴ機器のような流行に敏感なカテゴリーで顕著だが、Ｚ世代の消費習慣は、どの製品やサービスを買うのがクールでスマートかの価値観を、世代を超えて変化させている。アパレルやコスメ、音楽業界などでは、成人した若い層がトレンドの重要な原動力であることは昔も今も常識だ。それゆえ広告で猛アピールするのだが、ソーシャルメディアで広範囲に影響をおよぼせるＺ世代に対しては、アピールの熱量がかつてないほど高まっている。実例としては、Ｚ世代を引きつけやすい動画コンテンツで自分の外見の受容《ボディ・アクセプタンス》を打ち出した女性用カミソリのビリーや、学割登録のツールとして大学生と企業をつなぐカスタマーエンゲージメント・プラットフォームのＵＮｉＤＡＹＳなど、さまざまなものがある。

20代中盤から後半のZ世代が増えれば、勢いは加速する。それゆえ自動車や保険、不動産、テクノロジー、旅行といった高額商品を扱う業界では、すでにZ世代が重要な位置を占めはじめている。消費の波を今まさに起こそうとしているが、Z世代は製品やサービスがボタン1つで買える時代しか知らない。

消費層におけるZ世代の急速な台頭と優れたトレンド創出力は、世の企業に目覚めを迫っている。多くのビジネスリーダーや経営者はミレニアル世代が現れたとき、X世代とは購買の仕方も、情報発信やショッピング、ロイヤルティ構築の仕方も異なることに気づくのが遅れた。従来のマーケティングや広告、セールス戦術は、ミレニアル世代には効果が薄かった。ミレニアル世代に適応し、長期顧客としてエンゲージできなかった企業は、売上も株価も落ち込み、最悪の場合には事業が立ちゆかなくなった。そのときの苦い教訓を胸に刻み、積極的にZ世代への理解と適応を進めるべきだ。もはや行動開始が早すぎることはない。

企業はこの機会に、認知やブランド・ナラティブ、購買体験、ブランド・ロイヤルティ、顧客間紹介《リファラル》の一連の流れを刷新することができる。なぜならZ世代は、コミュニケーションやショッピング、買い物、シェア、返信、紹介、評価、反応する際に、大量の消費データを発生させるからだ。このデータは、決済処理やロイヤルティプログラム、ソーシャルメディア、ウェブサイト、各社プラットフォームに足跡として残されている。まさに宝の山だ。それを世代研究者のレンズを通して分析すれば、マーケターや経営者、起業家がZ世代のロイヤルティを勝ち取るのに役立つ、予想のきっかけとなる。Z世代は行動や態度を通じて、何が望みなのかをはっきりと語っている。その声に耳を傾けるのだ。

企業への3つの期待

ここでは、Z世代がブランド認知や初回トライアル、決済、紹介、ロイヤルティについて何を望んでいるかを解説する。

CEOやCMO、取締役、起業家といったリーダーと仕事をしてきた経験から、私たちは消費者世代としてのZ世代が見ている世界を知るのが最適なスタート地点だと考える。調査では一貫して、次の3点がZ世代という購買層を引きつけるカギであると示されている。①価格、②パーソナライゼーション、③社会的責任である。

① 価格 ―― 出費に値するか

Z世代は世界的大不況の余波という世代の決定的時期に大人になり、若者らしくない保守的で現実的な経済感覚を身につけた。それゆえ、有用性、耐久性などに相応の価値がなければ財布のひもを緩めず、値段設定に敏感だ。たとえば、長く使えるものを吟味して選ぶ（ジーンズでさえも)、アマゾンや実店舗で大幅値引きを受ける、古着店で95%引きになっている有名ブランドの服を買うといった具合だ。

実際、Z世代への聞き取り調査では、古着店で買い物するのが大好きだという声がよく聞かれる。主な理由としては、服を大幅に安く買えること、どんなものが見つかるか楽しみなこと、ショッピングモールのような売りつける感じがないこと、商品のバリエーションが豊富であることなどがあげられる。

あるZ世代は言う。「友達はよく古着屋に行っている。友達にコスプレイヤーがいて、古着が好きなのもコスプレのためみたい。2週間前は週末ずっと古着屋に行って、『シャーロック』の緩いコスプレのためにいろいろ買った。そんな感じでよく使っていて、友達は学校にも着ていっている」

古着はX世代やミレニアル世代の典型的な趣味のように思われがちだが、Z世代は古着が一時的な流行ではないと教えている。過去数年間だけでも、中古衣料の世代別購買額の伸びはZ世代が群を抜いている(51)。2017年と比較した2019年の中古品購買額は、ミレニアル世代が37%増、X世代が18%増、ベビーブーマー世代が15%増だったのに対し、Z世代は46%も増加した。購買額が伸びていることは全世代共通だが、Z世代は特にその傾向が強い。

しかもこれは、ショッピングモールやアマゾンで買い物する経済的余裕がない層に限った話ではない。裕福でも古着店をよく使うZ世代の多さは、驚くべき調査結果の1つだ。衣料品の価格が信じられないほど上がっており、古着店ならクールな服を手頃な値段で買えると彼らは言う。そして、いくらまでなら買えるのかを繰り返し語る。彼らが口にするのは、社会経済的に低い層の思考をなぞったかのように、値段、値段、値段、である。

しかし、Z世代が価格にこだわるとはいえ、品質が低くても許されるわけではない。安物買いをするよりも、しっかりした古着を買うか、高級品のために貯金するという考えだ。10代をメインターゲットにしたファストファッションのフォーエバー21が2019年後半に経営破綻したのは、Z世代への訴求に失敗したからだった。破産が公表されると、アメリカ郵便庁とのコラボをはじめとしたおかしなデザインや品質の悪さ、布地が狭すぎるチューブトップなどを笑いものにするネットミームやジョークが、Z世代の手で拡散された。

Z世代が意を決して贅沢《ぜいたく》するときには、ナイキやアディダス、グロッシアー、エアリーのような、価値志向に合致するブランドを選ぶ。

② パーソナライゼーション――コンテンツも広告も

Z世代の目には、製品やサービス、ブランドに関連するコンテンツと広告が、これまでの世代とは比べものにならないほど大量に飛び込んでくる。スマートフォンやタブレットをはじめ、より大きなものまで、さまざまな画面が常に視界に入り、高校の校舎の壁や大学の学食など、いたるところに広告や販促イベントがあり、カーナビアプリにさえ広告がポップアップする。

ただし、ほとんどのZ世代は新聞広告やクーポンつきチラシのようなものには、まったく興味がない。私たちの調査では、13～17歳のZ世代の24％が紙の新聞を一度も読んだことがないと答えている(52)。彼らが目にするのは、友人や家族、思い出の写真に挟まれてソーシャルメディア・フィードに流れてくる広告のように、個々に合わせて高度にカスタマイズされた広告だ。ターゲティング広告が出はじめた頃には、靴や旅行、ミキサーなど、何かをグーグル検索した数秒後には関連する広告がウェブサイトやソーシャルメディア・フィードに出現し、リターゲティング技術によってインターネット中をつけ回してくるのが不気味に感じられたものだ。しかし今のZ世代は、高度にパーソナライズされた広告を当然視しており、むしろターゲティングされていない一般的な広告には目もくれない。

Z世代の44％は、自分の探しているものを事前に理解していないウェブサイトから離脱するということが、CGKとWPエンジンの共同調査で明らかになっている(53)。WPエンジンはWordPress（ワードプレス）のデジタルエクスペリエンス・プラットフォームとして、顧客数12万、サービス提供先のウェブサイトは60万以上を誇る。定期的にソートリーダーシップ研究を実施し、顧客データから、消費者が企業とどう関わりたいかを分析している。CMOのメアリー・エレン・ドゥーガンは、「Z世代は〝不安あり〟から〝不安なし〟へのシフトを起こしている。過去の世代は個人情報をオンラインで共有するのを不安に感じていた。その点、

Ｚ世代は不安なく個人データを共有し、それと引き換えにパーソナライズされたエクスペリエンスを強く期待している」と指摘する(54)。

高度にターゲティングした広告でも、表示する場面をまちがえないよう注意する必要がある。インテグラル《I》・アド《A》・サイエンス《S》のリサ・アッツシュナイダーＣＥＯに話を聞いた(55)。ＩＡＳはデジタル広告を追跡・解析しオーディエンスとの適合性を測る広告検証企業で、アッツシュナイダーは過去にヤフー、アマゾン、マイクロソフトの経営に携わり、現在はＩＡＳの言う「ブランドリスク」を回避する方法を企業に指南している。

「こんにちのインターネットは、かつてないほど巨大化している。これは幅広いオーディエンスにリーチする機会が増えたと同時に、大量のリスクが潜んでいるということでもある。たとえば、クルージングの広告を旅行関連のウェブサイトに出稿するのはいい考えだけれど、旅行産業のせいでカリブ海の汚染が進んでいるという記事のそばだと、話はまったく違ってくる。広告は知名度を上げるベストの方法だけれど、まずいコンテンツの横に並んでしまうリスクがつきまとう」

Ｚ世代はターゲティング広告とともに成長し目が肥えているため、ミスマッチな広告はなおさら目立ってしまうとアッツシュナイダーは指摘する。

Ｚ世代は幼い頃から、ＹｏｕＴｕｂｅで検索すればレゴの最新セットやディズニープリンセスのドレスの広告、あるいはその競合商品の広告がウェブ検索履歴をもとに追従してくるのに慣れている。リターゲティング広告につけ回され、アマゾンに商品を勧められるのは当たり前の体験なのだ。

買い物するたびに自己のデータを生成することにもZ世代は慣れている。過去の購買行動の履歴（ブランドごとの服のサイズなど）を残し、スターバックス・アプリでの最新注文から飲み物のレコメンドを受ける。衣料品のスティッチ・フィックス、犬用グッズのバークボックス、サンプル化粧品のバーチボックスなどのサブスクリプションサービスを利用し、届いた商品が気に入らなければ無償で返品して理由をフィードバックし、翌月にはより好みに合ったものを受け取る。

買った商品を返品する際のリスクも、かなり小さくなってきている。最近はシャツ1枚から車まで、お試しで送ってくれるからだ。たとえばカーバナでは、試乗した車両が気に入らなければ返しに行くか回収を依頼することができ、顧客に費用はかからない。さらに、マットレスブランドのキャスパーやタフト&ニードルは、好みに合わなければ返金対応しており、その商品はチャリティーや非営利団体に寄付する。顧客は家に引き取りに来てもらうだけでいい。

Z世代は広告や決済手続き、返品まで、顧客体験全体が好みに合わせて完璧にカスタマイズされることを期待している。それに応えられない企業は、相手にされない。

③ 社会的責任――利益追求だけでなく

企業は利益以外のものにも心をくだき、自社が世の中の役に立つことを示すべきだとZ世代は考えている。この期待を新時代の常識へと押し上げる動きが加速しており、2019年8月、大手企業200社近くのCEOが集うビジネス・ラウンドテーブルは、企業の目的を再定義する声明を発表し、今後は株主《シェアホルダー》だけでなくすべての利害関係者《ステークホルダー》のために奉仕すると誓った(56)。具体的には、顧客に価値を届け、従業員に投資し、仕入先と公平・公正に取引し、活動の場となるコミュニティを支援する。株主への価値に言及するのは最後で、それも長期的価値に重きを置いている。

この企業の新常識は非常にタイムリーだ。Z世代は社会的立場を表明するブランド広告を見ながら育った。生活に困っている人々に企業が食料や水を援助したり、自社製品を寄付したり(眼鏡のワービー・パーカー、靴のトムス)するのをいつも目にしてきた。ミレニアル世代の頃には、企業が社会的価値を重視する動きはまだ新しく、単なるスローガンとして聞き流されることも多かったが、Z世代はそれが当然と見なしている。企業にお金を使う前に、その企業が商品よりも大切なものを追求しているかどうか知りたいと思っている。

この期待は、企業が顧客や働き手としてのZ世代にリーチする手がかりになると、IASのリサ・アッツシュナイダーは見ている(57)。「Z世代は企業理念に真剣な眼差《まなざ》しを向けており、企業が理念に真剣に取り組んでいるところを見せてほしいと願っている。自分たちのことを尊重し、より高い次元の価値観を擁護する企業を望んでいる。企業に挑戦することへの不安はまったくない」

ナイキがコリン・キャパニックを広告塔に抜擢《ばってき》したのは、このことを理解していたからだった。社会問題に関与する企業というイメージは上の世代にはなかったが、Z世代の頭には進化したナイキ像だけが刻まれている。一方、社会問題に元々熱心だった老舗ブランドは、理念を形にする新たな道をまだ模索している。たとえばパタゴニアは、1985年から「1%フォー・ザ・プラネット」という寄付運動を続けているが、2018年にはそれに加えて、企業税から減税された1000万ドル全額を、大気・土壌・水質の保護と気候変動問題の解決を目指す団体に寄贈すると発表して世界的ニュースになった。従業員の社会参加にも協力的で、同年の中間選挙の日には店舗を休みにして投票を促した。

利益より大切なものを追求する姿勢を見せるために、社会正義や環境活動に常に取り組むのは難しいし、その必要もない。しかし、まだ何もしていないのなら、日々の業務以外にも世の中に貢献することはできないか考えるべきだ。小さな衣料品店を営んでいるなら、地域の女性保護シェルターに商品を寄付したり、困窮者のためにコミュニティで古着寄贈運動をしたりするのはどうだろう？　ペットトリマーなら、地元の譲渡会のスポンサーになるのは？　中堅マーケティング企業なら、地域の非営利団体が計画している資金調達イベントに協力してはどうだろうか？　世の中の役に立ちたいという願望がそのまま企業理念に組み込まれている場合もあるが、そうでなければ、どのような社会的責任を果たすのかを自由に選ぶチャンスと捉えよう。通常のビジネスにだけ執着するのが、Z世代の目からは一番の悪手だ。

ブランドをプラットフォーム化する

私たちが企業経営者や起業家、取締役と仕事をするときには、そのブランドがZ世代に人気のプラットフォームになる方法はないかを丁寧に探るようにしている。ただのブランドにとどまらず、プラットフォームになるとはどういうことか。それは、ここまで述べてきたように、理念や課題、あるいはブランドで表現しているライフスタイルなどを追求し、複数のチャネルを通じて命を吹き込むことをいう。物理的な製品や覚えやすいネーミングばかりにとらわれず、ブランド自体がコンテンツやコラボレーション、目的や信頼、消費者の日々の生活へのより深い配慮などをつなぐ橋渡し役になるのだ。これは、モバイルに最適化したウェブサイトの開設だけでなく、適切なソーシャルメディア・チャネルでの活動、対話やリアル対デジタルのつながりを強める体験やイベントの提供も指す。

ブランドをプラットフォーム化することにより、生産や業務、マーケティング、広報など、すべての部門が自社のビジョンに貫かれる。特に生産部門は重要度が増していくが、それは製品がどこでどのように生産されたか、責任ある原料調達がなされたかをZ世代が知りたがっているからだ。食品の原材料、公平な賃金やインクルージョンへの取り組み、環境への責任などにも透明性が求められている。業務部門はマーケティングや広報と連携を取らなければならない。動画が流行して需要が高まりサプライチェーンがパンクしないようにするため、あるいは反対に、自社のメッセージに反した行動（水質汚染など）の動画が炎上して長年のブランディングが水の泡になったりしないようにするためだ。

デジタルプライバシー保護の透明性も大きく関わってくる。すでに述べたように、Z世代は個人データを企業と共有する気はあるが、それには個人情報が安全に保管されることが条件になる。

デジタルプライバシーについて企業の透明性を高めるサービスを提供している企業に、オサーノがある。オサーノの「プライバシー・モニター」は、細かい字で長々と書かれた企業の利用規約の文言を刈り込み、一般人でも理解できるよう要点をわかりやすくまとめるという、消費者思いのサービスだ。

創業者のアーロ・ギルバートは言う(58)。「誰でも毎日のように同じ嘘《うそ》をついている。のちのち影響してくるような嘘を。それは、〝利用規約を読みました、同意します〟だ。みんなやっている」

たしかに、「同意する」をクリックするのに利用規約をきちんと読む人は少ない。しかし、マーク・ザッカーバーグやジェフ・ベゾスのようなビジネスリーダーが個人データの無責任な利用をしているのではないかと疑惑を向けられるようになり、消費者の意識は高まっている。子供の頃からデータに基づく意思決定をしてきたZ世代は、とりわけ意識が高い。自分のデータを預けてもいいと思えるほど信頼できれば、そのプラットフォームを愛用する可能性がぐっと上がる。

「いわばソフトウェアとサービスのサプライチェーンに対する監視だ」とギルバートは説明する。「どこで生産されたか、児童労働は行われていないか、化学物質は入っているかを気にするのと同じく、自分のデータがどう使われているかをZ世代は把握したい。いい企業と悪い企業を見分けたい。だから、Z世代のデータで何をしているのかの透明性を確保し、注意してデータを取り扱っていることを示せば、マーケティングの好機になる。クレジットカード決済であれeメールや健康状態のデータ収集であれ、〝信頼していただいて大丈夫です、必ずやご期待に応えてみせます〟と胸を張れるのだから」

プラットフォーム化を突きつめると、顧客、とりわけ目の肥えたZ世代からの信頼の問題になる。企業がこれからの行いについて約束を守り、現在していることも包み隠さず発信するという信頼。企業のメッセージと製品を友人と共有し、自分の個人情報を提供したくなるほどの信頼。企業が追求しているものを自分も支持するほどの信頼である。

Z世代に認められるブランド・プラットフォームとなるためには、3つの要素がある。1つ目は、オーディエンスに最も効果的にリーチできる各チャネル同士の一貫性。ウェンディーズのツイッター・アカウントの印象的なキャラクターは、店舗内のディスプレーと統一感がある。2つ目は、データドリブンで行われる迅速なトラッキング。計測データはすべて、可能なら顧客ごとに結びつける。3つ目は、顧客のライフステージと優先事項に合致する、有意義なつながりの構築だ。

Z世代への適応はスピード勝負

Z世代は消費者としての存在感を増し、重要な購買をするようになりつつある。初めての車やアパートメントの契約、仕事用の高価な服の購入、マッチングアプリで知り合った相手とのデートに向けた華やかなレストランの発掘など、行動はさまざまだが、1つ確実なのは、Z世代が消費者体験にまったく新しい「常識」を持ち込むことと、それにブランディングのリーダーとセールスのリーダーは今から対応しなければならないことだ。Z世代の期待値が単純に高すぎるとこぼすリーダーもいるが、私たちはそうは思わない。Z世代はただ、ほかの世代と異なる期待を抱いているのだ。自分たちの常識を持ち、それを消費行動のすべての段階で適用している。

Z世代が生きている時代は、企業と消費者とのあいだに透明性が確保され、常にインターネットに接続でき、トレンドの移り変わりが激しい（ハンドスピナーやホバーボードの熱狂と鎮火ぶりを考えればわかるだろう）。アメリカンイーグルやZARA、H&Mに行けば新作がほぼ毎月出ているので、季節ごとの商品の入れ替えを待つ必要はない。そうかと思えば、スマートフォンの最新モデルのために並んで待つのはごく普通の行為で、それが新型iPhoneならなおさらだ。しかし、レストランの注文やホテルのチェックインで列に並ぶのは、非効率で破綻したプロセスだと見なされる。

また、店で欲しい品物を見つけたらスマートフォンを取り出し、レビューを確かめて他店と比較し、そのままスマートフォンで注文して店を出れば、帰宅する前に商品が届くことをZ世代は知っている。この購買アプローチはショールーミングと呼ばれ、ミレニアル世代の頃に現れて多くの店舗を悩ませたが、Z世代には当たり前の行動だ。さらにこの世代では、購買意欲が湧いたらYouTubeに行き、その品物の「開封動画」を見るステップも加わった。これは人気の動画ジャンルで、購入物の開封を専門にして大金を稼いでいるYouTuberが大勢いる。

Z世代の時代に消費者が発しているメッセージは複雑で、矛盾してさえいる。上の世代のような不況が再来するかもしれないからと質素で堅実なお金の使い方をするかと思えば、上の世代よりも高度にパーソナライズされた広告やソーシャルメディアの影響で買い物に意欲的・積極的でもある。

Z世代は年を追うごとに購買力を大きく高めていき、あらゆる領域でデジタルチャネルを通じてほかの世代への影響力を急激に伸ばしていく。Z世代の購買力とインフルエンサーとしての影響力を活用したければ、彼らの新たな常識を認め、適応することが不可欠だ。規模や業界にかかわらず、あらゆる企業が肝に銘じなければならない。

第7章

Z世代の消費行動

たぶん化粧品に150ドル使った。スナップチャットで見かけたから。
——テイラー（16歳）

2020年の時点で、Z世代の最年長は24歳だった。教育やキャリアの計画によって大学を卒業して働きはじめたばかり、あるいは大学に行かずにすでに数年フルタイムで働いていることが多い。Lyftでのライドシェアや、TaskRabbitでのサイドギグを経験している場合もあるだろう。

Z世代の若い層は10歳前後で、トランポリンパークで誕生日パーティーを開き、夕食のテーブルでは一足早く食べ終えてモバイルゲームをし、YouTuberのジョジョ・シワ・ブランドの服をそろえ、テレビ番組をアマゾンプライムで視聴し、スマートフォンやWi-Fi接続のタブレットを小学生のうちに持つようになる。同じ世代でもライフステージに幅があるため、今は購買のパターンや優先順位にも幅が出ている。お金の使い方や、「推し」にする製品・サービスの選び方も多様だ。

ここでは、Z世代の購買習慣により長年の商売のやり方が破壊されている主要な業界をいくつか紹介する。うまく回っている事業を組み立て直すと聞いただけでパニックになる企業は多いが、すでにZ世代との関係構築を進めている企業のアプローチを知れば、若い消費者とつながるアイデアの種が見つかるだろう。

アパレル

Z世代は衣服を自己表現と捉え、社会集団への所属や社会問題への立場を示す自己主張にもなると考えている。ファッション業界のお得意様である20代に達したZ世代はまだ少ないが、すぐに激増する。彼らの購買行動により、伝統的なショッピングモールやアパレルメーカーはすでに大きな影響を受けている。従来の服飾店の客足が減り、短いサイクルで安く売るファストファッションが好まれ、古着店の販売が伸びている。

第6章でも述べたように、古着店の人気は注目すべきトレンドだ。ブランド品が安く手に入り、新しい発見があり、友人との付き合いが深められるところがZ世代に刺さっている。中古衣料の購買自体は今に始まったことではないが、Z世代では裕福か否かにかかわらず支持を伸ばしているのは見逃せない。この「古着店志向」に対応するには、耐久性や価格、その他のセールスポイント――キャッシュバックアプリのＤｏｓｈのような還元策など――を打ち出し、なおかつ流行から外れないことが必要になる。企業は従来のアプローチを変え、経営スキルを見直さなければならない。

店舗内の体験についても再検討する必要がある。たとえば試着室は、着替えてすぐソーシャルメディアに投稿できるよう、照明と背景に気を配る。店員とスムーズにやり取りできることも重要で、たとえばメッセージアプリで別のサイズや色を試着室まで取り寄せられれば、いちいち出て店員を探す手間をなくせる。

検討するべきことは、まだある。来店から次の来店までのあいだ（あるいは次の来店がないとき）のデジタルコミュニケーションをどうするか。社会問題への立場をどう示すか。カスタマイズ広告、カート画面でのおすすめ商品、コーディネート代行者《パーソナルショッパー》からの提案など、接点ごとにショッピング体験をどうパーソナライズするか。

それを理解しているのがエアリーだ。下着メーカーとして旧来の美の基準から離れ、顧客層である10代から大学生までの女性との接点において「多様な体形の肯定《ボディポジティブ》」を前面に出すことでディフェンシブ・ディファレンスを構築した。「エアリー・リアル」をモットーに掲げ、モデルの写真にはまったく修整をかけない。しみ、肉割れ、輪郭など、ありのままの姿を尊重する。モデルの体形やサイズ、肌の色も非常に幅広い。ソーシャルメディアでは「#AerieREAL」のタグで投稿し、１５０万人を超えるフォロワーに向けて「リアル・イズム」の共有を呼びかけている。

この取り組みにZ世代は関心を持ち、賛同している。それはエアリーのインスタグラムに寄せられた、「こんなに多様性と受容性がある衣類ブランド、ほかにある?」という大学生のコメントにも表れている。

エアリーを後押しするZ世代は、スリムで完璧なモデルを使うヴィクトリアズ・シークレットには明らかな逆風だ。ランジェリー業界の先頭を走っていたが、2018年には売上が45%も落ち込み、次の1年をブランドの再構築に費やすことになった(59)。今はセルフアクセプタンス、オーセンティシティ、インクルージョンが求められる時代であり、Z世代ではなおさらその傾向が強い。世界有数の購買力を持つZ世代に背を向けられるようなことは、してはならない。

コスメ・美容

Z世代はメイクのトレンドを追いかける側と発信する側の両方で主役になっている。インフルエンサーが自分と同世代という夢のある世界だ。カイリー・ジェンナーはカイリー・コスメティクスを大企業に成長させ、ソーシャルメディア・チャネルを通じて億ドル単位の売上を実現しているが、彼女自身がZ世代であることも勝因の1つにちがいない。

一般論として、化粧品業界はリーダー格の企業のほとんどが古いマーケティング戦略に囚われており、継続的な破壊がいつ起こってもおかしくない。ブランドの透明性、社会的責任、シェアに値する購買体験など、Z世代が望むつながり方に適応しなければ、彼らは自分たちの価値観に合う新興ブランドに乗り換えてしまう。

その対策には、コンテンツ主導のマーケティングが重要な要素になる。Z世代はハウツー動画が大好きで、どのコスメをどう使えばいいかわからない初心者が頼るのは、ＹｏｕＴｕｂｅとＴｉｋＴｏｋだ。化粧品店に行って無料でメイクしてもらう時代は終わった。それぞれの肌に適した色合い、アイライナーの引き方、口紅を歯につけずに塗るコツ、ニキビをきちんとケアする化粧水の使い方などを、ＹｏｕＴｕｂｅやＴｉｋＴｏｋのようなソーシャルメディア・チャネルで発信しよう。そして適切なプラットフォームから自社製品にリンクさせるとよい。

コスメブランドのグロッシアーは、単なる商品以上の存在になることでZ世代の支持を得ている。成功の秘訣《ひけつ》は、Z世代が多数を占めるオーディエンスに有用なコンテンツを提供することだった。グロッシアーを生み出したブログ「イントゥ・ザ・グロス」では、自社を「美の体験」と定義している。このブログを有名にしたのは「トップ・シェルフ」「トップ・シェルフ・アフター・ダーク」というインタビューシリーズで、キム・カーダシアンなどのセレブやモデル、レストラン経営者、医師、ＤＪが、「さまざまな製品やキャリアについて語り、現代の女性にとって美とは何かを説く」ものだと説明している。製品レビューやハウツーのほか、面白くて誰かに話したくなる美容のアドバイス、たとえば「気温100万度の外出前にすべき肌の準備」や、グリッターの使い方、そばかすの活かし方、ニキビの対処法なども掲載されている。

ソーシャルメディアに寄せられたコメントを新商品の開発に取り入れたり、ブログでメイクに関する不安に応えつつひとりひとりの美の定義を大切にするよう説いたりと、グロッシアーはZ世代の読者と深いつながりを築いている。

同じく、単なる商品以上の存在としてZ世代に支持されている美容ブランドには、LUSH（ラッシュ）もある。LUSHは気候変動への問題意識をビジネスのあらゆる部分に織り込んでおり、美容業界のパタゴニアとも言える企業だ。2019年9月20日には、新たな全世界的対策を求めて若者が主催したグローバル気候マーチに従業員が参加できるよう、全店休業に踏み切った。自社通販サイトまで休止する徹底ぶりだった。
「地球を救うためのコスメティックレボリューションを起こす」と謳い、動物性原材料を使わず、動物実験をせず、ハンドメイドにこだわっている。ソーシャルメディアへの投稿では、自社製品の使い方のほか、化粧品の容器を「付加価値を高めるリサイクル《アップサイクル》」するアイデア、生産現場の舞台裏などを発信している。

ゲームとテクノロジー

いつも友達とフォートナイトで遊んでいる。オンラインに誰もいないときはやらない。友達と一緒にプレーするのが楽しいんだ。プレーしながら、いろんなことを話す。人生のこととか、学校のこととか、なんでも。直接会って話すときと同じことが話せる。同じ学校の6、7人とこのゲームで友達になったし、世界中に友達ができた。殺したり殺されたりして、「うまいね」「一緒にやる?」って言い合って、そのまま一緒にプレーしはじめる。またいつでもお互いに誘い合ったりもする。フィンランドやオーストラリアに友達がいて、このあいだはシカゴ、コネティカット、カリフォルニア、ニューヨークの友達ができた。

——ウィル(13歳)

スマートフォン、アレクサ、eスポーツなど、Z世代はテクノロジーをいち早く取り入れ、ヘビーユースする。生活のあらゆる場面で、テクノロジーに頼りきっている。

とりわけゲームは人気が高い。消費調査会社のウィスルによる研究では、Z世代の男性の68%がゲームはアイデンティティの重要な位置を占めると回答している(60)。

私たちの調査では、Z世代の男性の88%と女性の65%がゲーム機を所有し、毎日3・2時間もプレーしていると明らかになった(61)。しかもこれには、1日6・6時間のスマートフォンゲームは含まれていない。男女合わせたZ世代のゲーム利用者の70%は、ゲームに中毒性があると感じている。

テレビゲームは長いこと非社交的だと思われてきたが、Z世代のゲーム体験はじつに社交的で、プレーヤー同士のつながりが強い。ゲーム機にカセットを差し込んで接触が悪ければ端子に息を吹きかけたり、CPU相手かせいぜい友達1人と一緒に遊んだりする光景は、今は見られない。Z世代のゲームはプレイステーションネットワークやXboxネットワークなどのプラットフォームにあるオンラインコミュニティに接続されており、違う町や国、大陸に住んでいる友達と一緒に遊ぶことができる。ウィスルの調査によれば、ゲームは友達とのつながりを維持する手段だとみているZ世代は74%にのぼる。

では、Z世代はゲームにいくら使っているのか？　サブスクリプション、ゲーム購入、ゲーム内課金を合わせ、月間平均92ドルというニールセンの調査結果がある(62)。Z世代のほとんどはフルタイムの収入を得ていないことを考えれば、かなりの金額だ。

Z世代のゲーム熱は、あらゆる業界に大きなチャンスとなる。アライ・ファイナンシャルの最高マーケティング・PR責任者を務めるアンドレア・ブリマーに、2018年のスーパーボウルに合わせて開発したゲームについて話を聞いた(63)。「資産を大切にお預かりしますと顧客には言いながら、スーパーボウルのスポット広告に大金を費やしたのでは、筋が通らない。でも、ビッグ・ゲームと呼ばれるこの試合の人気に乗りそこねたくもない。そこで、〝ビッグ・セーブ〟というゲームアプリを作ることにした」

ビッグ・セーブは、説教くさくならずに貯金を呼びかけるためのツールだった。プレーヤーはダウンロード時に、貯金したいと思っている大きな目的を申告する。既存客や見込み客を楽しませながら関係を作ると同時に、貯金の目的についてデータ収集できる一挙両得の手法だ。アプリをダウンロードした3万1224人が選んだ主な目的は、住宅の購入（9362人）と緊急時の蓄え（8909人）の2つだった。

ビッグ・セーブは、スーパーボウルのテレビ中継でCMが流れているあいだにプレーする。拡張現実《AR》技術によりスマートフォンの画面には部屋に紙幣が降り注いでいる様子が映し出され、プレーヤーはその紙幣をキャッチしてバーチャル貯金箱に入れる。中継が終わると、25万ドルの賞金が分配された。スポット広告に数百万ドルかけるのではなく、ゲームで遊んでくれた人々に目標達成のための資金を贈ったのだ。

参加者の年代はさまざまだったが、Z世代とミレニアル世代が49%を占めた。若い顧客の心をつかんだことはまちがいない。

ゲームに加え、Z世代はIT製品が生活の隅々まで入り込んでいる。勉強するにも家でくつろぐにも、友達や家族とつながるにもIT製品だ。Z世代の若い層に特に当てはまることだが、家庭内のコネクテッドデバイスによってコミュニケーションと購買が変わるところに、もう1つの大きなチャンスがある。この世代は物心ついた頃からアレクサがあり、メールやフェイスブックを古くさく感じ、人と一緒に何かをするときに対面で話すのが最善だとは思っていない。

これはミレニアル世代が起こしたトレンドで、彼らは雇用主に承認される前から職場でコミュニケーションツールやビジネスチャットツールを使いはじめた。プラットフォーム管理企業のユニファイ・スクエアがオスターマン・リサーチと共同実施した調査によれば、スラックのようなビジネスチャットアプリを会社の許可なく使っているミレニアル世代は、週2〜4回だと28%、年数回以上では71%にのぼる(64)。

業務上のコミュニケーションのデジタル化を望む声は、Z世代が職場に入ればさらに強まる。Z世代はグループでの連絡や仕事にテクノロジーを使いたいと強く思っている。私たちの調査では、若い世代が就職先を決めたり転職すべきか考えたりするときには、職場のテクノロジー環境をよく検討するという結果が出ている。

Z世代のあらゆる行動がテクノロジーを中心に回っている。それを理解し、うまく活用する必要がある。どこの業界かは関係ない。Z世代と企業とのすべての接点で、新技術を導入できないか検討しよう。

エンターテインメント

Z世代は、可能な限りすべてのものをストリーミングする。YouTubeで新しい歌を見つけたらSpotifyに飛んでストリーミングし、お気に入りのプレイリストを作りあげる。

おすすめ動画を見て、評価をつけ、時間やデバイスの縛りなく視聴するようネットフリックスとYouTubeに勧められる。自分のiPadで見はじめた動画でも、親のiPhoneで続きを再生し、本当にいい作品ならスマートテレビで最後まで視聴する。同じ動画を違うデバイスで、しかも続きから見ることができ、つけた評価に基づいて次の動画がおすすめされる。ネットフリックスやアマゾン、YouTubeプレミアムには映画やテレビ番組、ドキュメンタリーなど無限の選択肢があり、YouTubeに行けばケーキ作りやサーフィン、ダンスを習ったりハプニング動画を見たりできる。TikTokは短い動画を新たなレベルに押し上げた。コンサートやライブイベントは、Z世代の期待に応えて双方向的で没入感のある生の体験を提供しはじめている。チケット販売やイベント更新、画面を通じた観衆との交流、フォートナイト内でのバーチャルライブなどがそれにあたる。

エンターテインメントの発信者と交流したいZ世代の願望は、アーティストにとっては、自分の投稿すべてに「ハート」や「いいね」するようなファン層を構築する原動力になる。テイラー・スウィフト、レディー・ガガ、BTS、セレーナ・ゴメス、ドウェイン・ジョンソンのようなセレブは、インフルエンサーとしてソーシャルメディアにZ世代フォロワーを集め、広告プラットフォーム化した。有名人を核としたソーシャルメディア・プラットフォームは、伝統的な広告に代わってZ世代とつながる手段として企業も注目している。たとえば映画業界では、ドウェイン・ジョンソンが出演契約とは別に、作品のプロモーション契約を結んだ例がある。インスタグラムに2・5億万人を超えるフォロワーがおり、撮影の舞台裏の写真や現場での自撮り動画などをジョンソンが直接投稿することで、作品への期待感を広く醸成できるのだ。その効果は屋外広告やゴールデンタイムのテレビCMを優に超える。

世界的な有名人でもニッチな人気者でも、アーティストはブランドの強力な擁護者《アドボケイト》になり、プラットフォームによってはソーシャルメディアの投稿や動画、イベント告知を通じて売上を直接的に伸ばす可能性を持っている。探すべきは、市場におけるブランドの立ち位置に合致し、エンゲージメントが測定できる適切なフォロワーを抱え、一定期間でZ世代に最大限のインパクトを与えるよう関係性を深められるエンターテイナーやインフルエンサーだ。この方面に特化した広告代理店が多数生まれており、プロモーションのためにエンターテイナーとブランドを適切につなげることを主業務とする専門部署を作る企業も現れている。エンターテイナーとブランドとのつながりには、企業への出資者や経営協力者という形もある。ジャスティン・ビーバーとSpotify、アシュトン・カッチャーとUber（ウーバー）、ジェシカ・アルバとオネスト・カンパニー、タイラ・バンクスとザ・ミューズ、ゲイリー・ヴェイナチャックとスナップチャットなど、先進的な考えのセレブとブランドのあいだでは、それが普通になりつつある。

さらにエンターテインメントに踏み込んだ企業では、ブランドを直接ゲームに登場させる方法を探っている。マーベルはフォートナイトとコラボし、アイアンマンの着せ替え《スキン》を提供した。

覆面DJのマシュメロは2019年2月2日、フォートナイトのゲーム内でライブを開催し、1000万人以上の観客を集めた(65)。

ほとんどのZ世代にとっては、エンターテインメントそのものがエンゲージメントの媒体になっている。そのエンゲージメントは、好きなデバイスで好きなエンターテイナーと24時間365日つながれるものでなくてはならない。たとえば、観客が早い時間にスタジアムに来ると大きな投資対効果《ROI》が見込めるバスケットボールのようなプロスポーツでは、ショーやセレブとの交流といった説得力あるきっかけづくりが重要だ。そうすれば、早く来るつもりのなかったZ世代や、試合に興味がなかった層まで呼び込めるかもしれない。また、そうしてできたつながりを維持するため、試合のない日やシーズンオフには舞台裏の様子や選手主導のコンテンツをインスタグラムなどで配信し、Z世代の興味をつなぎとめることができる。

Z世代と食

私たちは食品・飲料・飲食店の分野で膨大な調査を行い、Z世代と他世代を比較対照してきた。Z世代は「食のメッセージ戦争」の時代を生きている。つまり、非遺伝子組み換え、オーガニック、地産地消、簡単・時短、アレルギー表示、新手のダイエットなど、さまざまな特徴や謳い文句があふれる世の中だ。また、10代までの子供向けに作られた料理番組（講師まで10

代のこともある）は、伝統的なテレビ局だけでなく、YouTubeでより人気が高い。Z世代は料理を楽しんでおり（それもあって私たちは「先祖返り」世代とも呼んでいる）、レストランやデリバリーアプリのメニューには、フラペチーノでもフローズンヨーグルトでもハンバーガー（店によってはビヨンドミート印の代替肉バーガー）でも、カロリー表示が必ずついている。

　私たちが調査している分野の中でも食品製造・販売やレストランは、Z世代の台頭とテクノロジーの発展による影響が特に大きい。いまやどこにいてもレストランの料理を取り寄せられ、調理が始まってから配達が終わるまで追跡することもできる。デリバリーアプリにはUber EatsやGrubhub、DoorDashなどがあり、取り扱っているレストランや価格帯は多種多様で、基本的に24時間対応している。一見するとレストランに恩恵がありそうだが、実際には多くの店の収益にマイナスの影響をもたらしている。なぜか？　デリバリーだと前菜やデザート、アルコールのような、メイン以外のメニューがあまり注文されないからだ。さらに、デリバリー・プラットフォームへの出店コストの一部を店側で負担することが多い。ピザやバッファローウィングのお供にビールやワイン、カクテルが売れるから経営が成り立ってきたのに、デリバリーでの売上が実店舗を追い越し、利益は落ちてしまった。

　ここにさらには、ハイブリッド型の業態も参入している。たとえば、食料品店《グローサリー》とレストランの合成語である「グローサラント」は、ホールフーズのような食品スーパーの中にある飲食店であり、昔ながらのレストランから顧客を奪うほど人気がある。また、実店舗を持たず、アプリやウェブサイト上にのみ存在して料理をデリバリーするゴーストレストランは、消費者に新たな選択肢を与え、シェフを核とした従来的なレストランの概念を打ち破ろうとしている。Z世代は、ここにあげなかったものも含めた数多くの選択肢の中から、出かける店や取り寄せる料理を選ぶことができる。私たちが気に入っている言い方をすれば、Z世代も食事をするが、どこに行き、どう注文し、どう支払い、どうおすすめするかは、ほかの世代とはまったく異なっている。しかも、変化はまだ始まったばかりだ。

食事の選択肢と体験を変えているものには、フードトラック・ブームもある。ミレニアル世代の支持を受けて人気を高めたフードトラック（キッチンカー）は、今のZ世代にはすっかりおなじみの存在になっている。地元の料理人やコンセプトを応援し、美しい太陽の光や地元らしさがある開放的な場所に座り、飼っていれば犬を連れていくというアイデアが、Z世代（とソーシャルメディア投稿者）を引きつける。デベロッパーによっては、オフィス街ならビジネスパーソンを相手にし、住宅街なら簡易な設備で食事の選択肢を提供するというふうに、地域開発のビジョンにフードトラックを取り入れているところもある。

Z世代の購買行動には、1つの根底的なトレンドが影響している。実店舗で買い物する機会が少ないことだ。食事やアルコール、衣料品、家電など、買い物の目的がなんであれ、店を訪れる回数が減っている。その結果、店内を見て回ったりレジ待ちの列に並んだりしているときに衝動買いする機会も減った。

そんなＺ世代を相手に成功するには、飲食業界はどうすればいいのか？　多くのテストケースから今のところ見えてきたのは、初回利用時もリピート時も、Ｚ世代の琴線に触れるのがきわめて重要ということだ。たとえば、食の多様なニーズに応え、地元コミュニティを応援し、社会的な大義を後押しする料理を提供する。実店舗を活かすなら、まず、いい音楽や照明。料理や飲み物だけでなく壁を背景に自撮りしたくなるようなビジュアル的魅力（地元の名所を撮った写真や地元のアーティストが手がけた壁画など）。公共交通へのアクセスがよく、徒歩で来店でき、駐車場があること。ほかにも、顧客への理解度の高さを示せる、ちょっとした工夫が店舗の魅力になる。また、ウェンディーズやチックフィレイといったレストランチェーンは、「真っ先に思い浮かぶブランド《トップ・オブ・マインド》」でありつづけるために、「どこのチキンサンドが一番おいしいか」といったＺ世代向けのコンテンツをソーシャルメディアで継続的に発信して成功している。

新しいショッピングモールや開発業者はＺ世代の支持を勝ち取るため、実店舗の体験性を高めている。たとえば屋外の娯楽スペースの設置、店舗内や施設全体でのデジタル化、適切な客層を引きつけるよう練られた店舗の配置、無料Ｗｉ－Ｆｉの完備などだ。つまるところ、Ｚ世代は快適に買い物や食事、散歩、探検できる場所を望んでいる。90年代で止まっているようなところは嫌なのだ。

消費のこれから

Z世代がすでに消費トレンドを牽引《けんいん》している分野は、枚挙にいとまがない。学用品やペット用品も当てはまる（調査会社のパッケージド・ファクツによれば、Z世代はペットに関する情報源として獣医師に頼る傾向が他世代よりも強い（66））。ここまで述べてきた業界は、Z世代の今の消費習慣をよく表している。

では、今後増えていくZ世代のお金は、どこに使われるのだろうか？

ここからは、Z世代の成長により経済的な影響を強く受けることになる分野を見ていく。私たちの調査では、Z世代の影響で10年以内に勢力図が塗り替えられる可能性のある業界もいくつか浮かび上がっている。その頃にはベビーブーマー世代が引退し、支出を現状維持かそれ以下に抑制するため、多くの業界ではなおさらZ世代の影響が色濃くなる。最大30兆ドルとも言われる富がベビーブーマー世代から若い世代に移転するとも言われる。また、Z世代が就職・昇進していけば当然、今とは比べものにならないほどの所得を得るようになる。

今すぐ行動してZ世代の台頭に備えれば、チャンスをつかめる（ただし残り時間が少ない）業界を紹介しよう。

銀行

Z世代が節約志向であることはすでに述べたが、浮いたお金はスマートフォンの決済アプリや銀行アプリに入金している。自動車ローンや老後貯蓄まで、あらゆる銀行サービスを店頭に行かずにできる未来をZ世代は期待している。

今は金融関連テクノロジー、いわゆるフィンテックのさまざまなサービスでお金を貯めることができる。その中には、伝統的な銀行が提供するバンキングアプリや、口座から自動的に振り替えて緊急時の資金を積み立てるアプリなどがある。VenmoやCash Appのアカウントに大金を預けておくZ世代もいる。そうして貯金していると、クレジットカードや自動車ローン、その他の金融商品の案内が届く。Z世代のテクノロジー志向と貯蓄習慣の両方に応えられれば、銀行とフィンテック企業は成功を約束されたようなものだ。ただしそれは、モバイル・オンリーな上質の体験を生み出した場合に限る。たとえば口座開設、友人への送金、請求書の支払いのほか、支出と貯蓄のデータを分析して見える化（さらには同年代との貯蓄額比較も）し、Z世代ユーザーの経済的な目標を達成する一助となれるかがカギとなる。

投資アプリのRobinhoodやAcorns、Bettermentなどを素早く使いこなしたミレニアル世代の頃から、この分野における変化の速さは示されてきた。ミレニアル世代は今のZ世代よりも大人になってからフィンテックに触れたが、Z世代ではこうしたソリユーションの人気が本格化し、もっと若い頃から選択肢として期待されるようになる。

それを先読みしていたのがアライ・ファイナンシャルだった。アライは2009年、リーマンショックの直後に、世界的にも珍しかったオールデジタルのオンラインファイナンスサービス企業として設立された。こんな世の中で銀行を増やす必要はないと言われたと、アンドレア・ブリマーは回想する(67)。「今までと同じ銀行を増やす必要はなかったけれど、よりよい銀行なら必要とされていた。そこで、店舗を脱ぎ捨てる賭けに出た」

オーセンティシティに焦点を当てたことがアライのディフェンシブ・ディファレンスとなり、顧客との関係構築における切り札となった。「金融リテラシーを楽しく魅力的に教えることを目的に、驚きやワクワクをたくさん届けている」とブリマーは言う。2018年のスーパーボウルのときにARゲームを発表したことはすでに述べたが、2016年にはラッキー・ペニーというキャンペーンで顧客をワクワクさせた。

「ちりも積もれば山となるという諺《ことわざ》とは裏腹にアメリカ人が1セント硬貨《ペニー》に無関心になっていることに着目した、一種の借り物競走だった。ペニーについての豆知識を発信したり、1枚1000ドルと交換できるアライ印のラッキー・ペニーを街のあちこちに置いたりした」

ほかにも、パートナーとざっくばらんにお金の話をしてインスタグラムに投稿する「コンフェッショングラム」や、感謝祭《サンクスギビング》の時期にカスタマーサービスに電話した顧客にプレゼントを贈る「バンクスギビング」といったキャンペーンを実施している。

こうした銀行の殻を破る行動の結果、毎年20万人を超えるミレニアル世代とZ世代の新規顧客を獲得している。これは年間の新規顧客全体の65％近くに相当する。

同業他社はZ世代への対策に苦労しているのに、なぜアライは順調なのか。ブリマーは3つのキーポイントをあげた。

① 今は資産が少なくても近い将来に莫大な富の移転を受けることが確実な層に、果敢にアプローチすること。多くの企業は取締役会やCEOからの短期的なプレッシャーのせいで、この長期的視点を持てていない。

② Z世代は口先だけの企業を見抜くと心得ること。やると言ったことを実行し、偽りなくありつづけることが企業にオーセンティシティを与える。

③ 適切な情報源を身のまわりに置くこと。Z世代の子供、若い取引先、顧客の声などに耳を傾け、刺さりそうな施策を試して効果を確かめる。

Z世代は貯蓄に無関心という誤解があるとブリマーは指摘する。実際には収入の半分近くを貯蓄に回す倹約家であり、金融リテラシーを貪欲に学ぶ勉強家でもある。

既存企業かスタートアップ企業かに関係なく、すべての銀行にとってＺ世代は大きなチャンスだ。この世代の未来に賭け、使いやすいデジタルツールと価値あるコンテンツを提供しよう。さもなければ、Ｚ世代が間もなく受け取る莫大な富をみすみす逃すことになる。

技術的な面では、シームレスなデジタルバンキング体験の創出が課題になってくる。具体的には、プラットフォームのビジュアル化、情報にたどり着くまでの操作数の削減、問い合わせの音声入力対応、即時送金、支出と貯蓄の分析などだ。

最新の貯蓄・投資ソリューションへの対応も優先度が高い。新方式の決済手段やクレジットカード不要の決済オプション（Ａｆｆｉｒｍ、Ｓｅｚｚｌｅ等）、未入金分を含む資金管理をできるツールなどだ。カスタマーサービスの進化、たとえば人工知能《AI》チャットボットの導入やクレジットスコア向上に関する問い合わせへの回答の整備も、競争での生き残りとＺ世代の顧客獲得のための最低条件になるだろう。

自動車

Ｚ世代は自動車業界全体を破壊する「ニューノーマル」の始まりになるかもしれない。私たちが行った全米調査では、Ｚ世代は自動運転車への乗車意向が非常に高いという結果が出ている。自動車メーカーがこぞって開発を進め、ラスベガスではＬｙｆｔが部品メーカーのアプテイブと共同で実証実験をするなど、機は熟しつつある。

すでに、運転免許を急いで取らないという選択はZ世代で普通になっている。『ウォール・ストリート・ジャーナル』によれば、10代で運転免許を取得する割合は1980年代から2割近く減少している(68)。多くの地域で車の購入・維持コストが高くつくこと、大学生や都市住民には車が必要ないこと、UberやLyftのようなライドシェアサービスが郊外や田舎にまで普及したことが原因だ。公共交通機関がスマートフォンでの決済・利用に対応して使いやすくなったこともある。

それでも車に乗ると決めたZ世代は、どう考えているのか。私たちの調査では、環境に優しいイメージがある高品質な電気自動車を望む傾向が見られた。また、そう遠くない未来に自動運転車が当たり前になると彼らは予想している。いまやカーディーラーから直接購入、リースするのは多くの選択肢の1つでしかなく、Z世代は定期的に乗り換えるサブスクリプション・リースサービス(フレックスドライブ、クラッチ、ブランド直営サービス等)や、ハイウェー沿いに建てられた「クルマの自販機」(カーバナ)も利用できる。

過去10年のあいだ、ミレニアル世代やテスラの出現、ディーラー統合、大不況、技術開発、シェアリングエコノミーなどにより、メーカーやファイナンス、アフターサービスも含めた自動車業界全体がすでに激動期に入っているが、ここからZ世代はさらに大きな変化を巻き起こす。今の破壊はZ世代の常態だからだ。つまり、変化はまだ始まったばかりなのだ。

メーカーやディーラー、リース企業、サービス業者がどのように対処するかによって、その変化は大きなピンチにもチャンスにもなり得る。

Z世代では車の買い方、ディーラーとの連絡の取り方、借金・ローンの考え方などが変わる。すでに、新車よりも中古車、SUVよりもセダンを好む傾向が浮き彫りになっている(69)。中古セダンはコストパフォーマンスがよく、友人を多く乗せられるところがZ世代に支持されている。また、大型車よりも燃費がよく、都市部で駐車しやすいこともポイントだ。

通常の買い物の例に漏れず、Z世代はディーラーに行く前にインターネットで店舗を徹底的に比較し、レビューを熟読する。さらに、来店してからもスマートフォンの画面を何度も見るので、営業はアイコンタクトが取れず会話に苦労するかもしれない。

自動車関連の企業グループやディーラー、ブランドが全世代の消費者とつながるのを手助けするマーケティング企業のフォース・マーケティングは、テクノロジーを駆使して急成長している。消費者が最近閲覧した車の物件情報を埋め込んだ、カスタマイズ可能なターゲティング動画広告を生成する「ドライブ」というプラットフォームが人気商品だ。

プラットフォームを通じて顧客のデータを綿密にトラッキングしたところ、自動車ブランドが若い購買層につながろうとしている方法が、驚くほどターゲットの実態に合っていないことが明らかになったという。

CEOのジョン・フィッツパトリックは、最大のチャンスは動画にあると説く(70)。「フェイスブックとＹｏｕＴｕｂｅは、車の購買層の85％と92％にリーチしている。しかし、これらのプラットフォームで積極的に動画戦略を打っているカーディーラーはせいぜい３～４％しかない。動画広告の視聴が若い購買層で年々増加しているのはイメージどおりだが、わが社のデータでは、もっと上の世代でも動画を視聴する機会が増えている。２０１８年から２０１９年にかけて、18～24歳の動画広告視聴は57％上昇した。だが、この数字はほかの年齢層でも急激に伸びている。25～34歳は60％増、35～44歳は90％増、45～54歳は92％増、55～64歳は１４０％増、65歳以上は１３１％増だ」

フィッツパトリックによれば、消費者はオーディオシステムとｉＰｈｏｎｅとの接続方法や40分乗車したときの体験など、あらゆることを動画で見たいと思っている。

また、データ利用に関する若い購買層の期待と、企業による利用実態にも乖離《かいり》があるとフィッツパトリックは指摘する。

「よく言うように、データは新時代の石油であると私も思うが、きちんと行動に移している人は少ない。そのギャップを生んでいるのは、所有データの誤用だ。ひとりひとりに多様なメッセージを送らなければならないのに、多くの人に同じメッセージを送っている。消費者とつながるには、考え方を逆転させないといけない。テクノロジーを駆使してパーソナライゼーションを促進し、消費者が望むタイミングや方法、トーンで語りかけなければ、とんだ的外れになってしまう。以前はデータを収集すると消費者が不安がるのではと考えたものだが、今の消費者はそれを承知の上だ。なので、データの適切な利用に対する期待がかつてないほど高まっている」

　これは一般の交通手段に関するマーケティングにも、その他何にでも当てはまる真理だ。しかし、動画やパーソナライズ化メッセージで差別化するチャンスは、自動車業界では格段に大きい。

住宅の賃貸・購入

　多額の住宅ローンを抱えて大不況に見舞われ、差し押さえと立ち退《の》きを迫られた親の姿をZ世代は目にした。それでも私たちの調査では、91％のZ世代がいつかマイホームに住みたいと回答している[71]。しかし、資金的に背伸びせず、自分の身の丈に合った家を買う可能性が高い。

　興味深いことに、Z世代はすでに住宅を購入しはじめており、上の世代の若い頃との差もあまりないというデータが出ている。Z世代のニーズに合ったエントリーレベルの物件の建設業者や、次世代の顧客が必要な販売業者には朗報だ。トランスユニオンのデータによれば、Z世代の住宅購入者は２０１８～２０１９年に15万人から31万９０００人に倍増した[72]。

　多くのZ世代は、集合住宅（あるいは戸建て）を借りるべきか買うべきかを慎重に吟味する。

賃貸と住宅ローンを比較検証するサービスがウェブサイトなどに数多くあり、住宅購入の適齢期に入るZ世代を手助けしている。

長期的に見れば、お金に保守的で学費ローンなどの借金やクレジットスコアに敏感なZ世代は、借り手と買い手のどちらでも不動産業界にはありがたい存在になると私たちは予想している。

Z世代が不動産に求めるキーポイントがいくつかある。自然がそばにあること、理想のライフスタイルに近いこと、家の中のすべてがモノのインターネット《IoT》に対応していることだ。また、子供ができるまでは家の広さよりも立地を重視する。

こうしたトレンドに素早く対応している企業もあるが、学生用住居の業界ではミレニアル世代よりも期待のハードルが上がり、期待の内容も変化したZ世代に手を焼いている。これまで集合住宅に期待されるものといえば、まずすてきな内装、それにフィットネスセンターや屋外エリア、近隣店舗との提携といった快適性だった。しかしZ世代は、そこにはあまりこだわらない。マイクロ・アパートメントのような狭い物件でも安くて立地がよければ、そちらを選ぶ。この傾向をアメリカン・キャンパス・コミュニティーズのような学生用住宅の大手斡旋《あっせん》企業は真剣に受け止めており、投資家は中古物件を購入・修繕して低価格でZ世代の期待に応えようとしている。

学生用住居に対するZ世代とミレニアル世代の好みの大きな違いを、『ニューヨーク・タイムズ』が報じている(73)。ミレニアル世代は屋上プールや日焼けマシン、クライミングウォールなどのリゾート風設備に惹かれたが、Z世代は上がりつづける学費を有効活用するために、生活に必要な手段を利用できるかどうかを考える。つまり、アマゾンの宅配ロッカーや共用学習スペース、UberやLyftの乗車スポット、フードデリバリーの受け取り場所などの有無だ。

Z世代は高級住宅を毛嫌いするわけではないが、家の中のものよりも立地とライフスタイル、価格のほうに重きを置く。部屋は広くなくとも飲食店や娯楽施設、公共交通機関、職場に近い、あるいはフリーランスやギグエコノミーの仕事のための専用スペースを備えたアパートメントなどが当てはまる。狭いアパートメントなら設備が簡素で家賃が安くすみ、立地がよければ交通関連の費用がかからない。また、働き、暮らし、楽しむ場所がすべて近くにあるという、Z世代の望みが叶う。(ドッグランが近くにあればペットの望みも)

Z世代が住宅と車を購入するかどうかは、住む場所に大きく左右されることになる。上の世代にならって仕事やライフスタイルなどのために都市部に住むなら、車の保有は面倒も多いため必要性が下がり、住宅購入も難しくなる。しかし、人口密度が高くなく車通勤できるところに住むなら、住宅と車の購入が視野に入ってくる。

この点に関連して明らかになっているのは、Z世代がコネクテッドカーとコネクテッドホームを欲しがることだ。より多くの家庭用品がインターネットに接続されてほしいと、Z世代の

53％が思っている(74)。

家の中のすべてが配線・設定され、監視カメラ（ｒｉｎｇ等）、スマート温度調節器（グーグル・ネスト等）、その他のスマート機器・照明といったＩｏＴソリューションをフル活用できる環境をＺ世代は期待する。同じ期待は車にも向けられる。価値と耐久性を求めるＺ世代なので、もちろん頑丈で長持ちする車を好むが、それだけでなくＩｏＴの機能も重要視する。たとえば、すぐにスマートフォンとシームレスに接続できること、ＳｐｏｔｉｆｙやＰａｎｄｏｒａから音楽をストリーミング可能なこと、ポッドキャストの再生機能や運転やナビに関する各種補助センサーが搭載されていることなどだ。

さらに言えば、今後5年のうちに、そもそも何が必要かをインターネットが予測してユーザーに予告してくれるようになることを、Ｚ世代の3分の1以上が期待している(75)。

住宅と車で問題になるのはローンの金利と融資へのアクセスだが、その分野については現状ではまだ観測を続ける必要がある。

投資・保険

第5章で述べたとおり、14～22歳を対象にした２０１７年の全米調査で、Ｚ世代の12％がすでに老後の貯蓄を始めていることが明らかになった(76)。将来のために貯蓄や投資をする傾向は金融サービス業界にとって歓迎すべきことだが、コミュニケーションやテクノロジー、資産運用に対するZ世代の好みに適応することが前提条件だ。今はロボアドバイザーが登場し、休みなく問い合わせに答えるAIチャットボットが導入されている。銀行サービスとの連携や少額資金での口座開設がスマートフォンだけでできる、オンラインオンリーで超低コストな投資ソリューションも広まっており、伝統的な金融アドバイザーには強い逆風と言える。

多くのミレニアル世代が学費ローンの返済や収入に見合わない支出のせいで老後の貯蓄を後回しにしてきたことを考えると、Z世代の貯蓄・投資志向は対照的で興味深い。また、間もなく受ける富の移転で、Z世代は老後の貯蓄のスタートダッシュを決める可能性がある。規模や時期には諸説あるため断言はできないが、いずれ起こることはまちがいない。

口座残高が少しずつでも増えていく様子が可視化され、手軽に友人に紹介しやすいモバイル・ベースのテクノロジーソリューションを提供している金融会社には、明るい未来が待っている。老後に向けて今から投資と貯蓄を始めることは、Z世代にも金融業界全体にとっても利益になる。これは特に、Z世代が実際に引退する頃には、政府の経済的・医療的セーフティーネットに期待できないことを考えると重要だ。

伝統的な投資会社は、Z世代にリーチできるよう研修を実施する必要がある。現代アメリカの金融アドバイザーの年齢は51歳が中央値なので、顧客は子供や孫と同じ年代ということになる。この研修は「今の若者は」的なエピソード紹介ではなく、Z世代のデータに基づくもの、テクノロジーをフル活用してズレを除去するものでなければならない。金融アドバイザーのチャンスとなるのは、Ｚ世代は信頼している製品・サービスを積極的に友人に紹介することだ。今からＺ世代を顧客基盤にできれば、将来にわたり顧客紹介が続く可能性が高い。

次は保険業界。Ｚ世代が成長し、親の医療保険や自動車保険から外れるにつれて保険の重要性は高まっていく。すでにＺ世代はオンラインで自動車保険や家財保険に加入しはじめている。就職すれば団体保険という選択肢が増え、いずれは生命保険を検討するようになる。

しかし、銀行がフィンテックで破壊されているように、保険業界もインシュアテックの荒波に揉《も》まれている。ポリシージーニアスやザ・ゼブラといった企業は、Ａｉｒｂｎｂでの予約と同じシンプルさで、自動車保険と生命保険の比較・購入を透明化・簡素化した。ほかの保険領域でも新興テクノロジー企業が参入してきており、伝統的な保険会社には大きなプレッシャーがかかっている。Ｚ世代の保険の購入はほぼ必ずインターネット検索から始まるので、新興インシュアテック企業は検索した閲覧者を見込み客から契約者へとコンバートする最速の道を提供し、優良な体験を得られるよう腐心している。ミレニアル世代までは当たり前だった、職場や家、ランチタイムでのセールストーク（パンフレットのおまけ付き）のような対面での体験ではないのだ。

金融サービスと保険は規模が大きく、ミレニアル世代が変えたトレンドをＺ世代がさらに大きく変化させようとしている業界だ。今後は迅速な見積もりと審査、複数の支払い方法と払い込み期間、動画のQ&A、優良行動（健康維持のための運動など）に対する割引・特典、モバイル端末からの手軽な保険金請求などが期待される。それも営業員を介さずに、である。Z世代の働き手が増えて金融サービスと保険の新たなトレンド牽引者になり、莫大な富の移転を受けて経済的プレゼンスが高まるにつれ、この流れは加速していく。

旅行・宿泊・観光

ミレニアル世代は有名ブランドのホテルや会員特典にこだわらず、イベントに参加するときはAirbnbで見知らぬ人の家に泊まり、旅行プラン作りはエクスペディアやカヤックのようなアグリゲーターサイトで行い、型破りな部屋とユニークな料理を提供するブティックホテルに滞在するようになった。こうした変化は、旅行業界には破壊を、Z世代には恩恵をもたらした。宿泊施設の評価やレビューが過去10年で急増したことにより、今では視覚的で多面的な宿探しと地元住民のような滞在体験ができる。旅行者コミュニティサイトのLocaleur（ローカラー）が好例だ。

Localeurで調べれば、地元住民が集まり、遊び、食べたり飲んだりパーティーしたりする場所がわかる。そのようにオーセンティックな旅行体験をZ世代は望んでいる。彼らの消費パターンを考え合わせれば、より簡素な旅行が伸びていくと考えられる。その旅行スタイルは、シェアリングエコノミーと手軽なモバイル予約サービスとの親和性が高い。言い換えれば、ミレニアル世代とシェアリングエコノミーが伝統的な旅行・宿泊の障壁を打ち破り、Z世代は若いうちからその変化の恩恵を受けるということだ。Z世代特有の期待には、より簡単なチェックイン・チェックアウト手続きと決済方法（ショートメッセージでクレジットカード決済するEveryware等）や、地元のイベント・食文化・溜《た》まり場・体験との距離感がより近い立地などがある。

ジュエリー・アクセサリー

Z世代が20代に入るにつれ、ジュエリーやアクセサリーは自己表現と自らのブランディングのために重要な存在になっていく。今のところ、宝飾品に対するZ世代の態度は両極端のようだ。一方には、選択肢を増やすために安いアクセサリーを買い集める層がいる（ソーシャルメディアに多くの写真を投稿するのに適した行動）。もう一方には、上質な品物のためなら金に糸目をつけず、有名ブランドの指輪や財布といった高級品を購入する裕福な層がいる。しかし、Z世代がジュエリーで最大級の買い物をするのは、収入が増え、婚約などのライフイベントを迎えるようになってからであることは明らかだ。

今後も継続しそうな2つのトレンドがある。1つ目は、Z世代が価格は控えめだがスタイリッシュなブランドを好んで買いつづけること。たとえばケンドラ・スコットは、非常に洗練されたジュエリーを高すぎない値段で提供し、信頼と品格の両立を成し遂げている。ミレニアル世代が社会的責任とコストパフォーマンスへの意識から、エシカルなダイヤモンドを求めた流れは、全体的に実用本位の消費パターンをもつZ世代でも続くと考えるのが自然だ。2つ目のトレンドは、Z世代の年齢とライフステージでは、ソーシャルメディアやインフルエンサーを使ったキャンペーンで新しいブランドに触れる機会が多いこと。これは大金を投じて伝統的な店舗を開くリスクを軽減してくれる。ソーシャルメディアのようなデジタルチャネルでネット上のエンゲージメントと興味をまず構築し、次に実店舗にも展開するというジュエリーブランドは実際にある。それらは、セレブとのタイアップをしている場合が多い。

これからZ世代は収入が増え、衣料品やIT製品、食料品など、すでに買っているジャンルの消費も増える。長期的には、私たちのアンケート調査で出ているように、家を買い、結婚し、子供を1人は持ちたいと大部分のZ世代は考えている。しかし、結婚と子供は10年以上先のことになる。それゆえ近い将来におけるZ世代の消費は、家族を養うよりも自分の体験やニーズ、ウォンツを満たすためのものが中心になると予想される。20代という購買意欲の旺盛な時期をZ世代がどう過ごし、どのように自立した消費者、市場のインフルエンサーになっていくのか。しっかりと注目していきたい。

第8章

Z世代を優良顧客にするには

広告から服を買うことはあまりない。学校で着ている子を見て、気に入ったら買う感じ。
——Z世代の男性（15歳）

携帯電話会社のスプリントは、2016年度の決算数字が出たとき、経営方針の転換が必要だと悟った。ベライゾンとAT&Tがアメリカのモバイル通信市場で覇を競うなか、沈没しないだけで必死のスプリントは12億ドルの純損失を計上した(77)。このままのやり方でいいわけがない。

ビジネスの未来がZ世代に握られていることはわかっていた。ナイキが良質なスニーカーを発売したように、信頼される携帯電話サービスを提供しなければならない。しかし、それだけではダメだ。モバイル端末を1日6時間以上使っているZ世代のことを理解していると印象づける必要がある。

Z世代には夢があり、元気な個性がある。個人的にも職業的にも、政治的にも社会的にも、生活のあらゆる側面で限界を突破したいと思っている。それはわかっていた。あとは、スプリントの回線を使うことが夢の実現につながるとZ世代に伝えればいい。

しかし、ここが12億ドルの赤字と並ぶ大問題だった。Z世代にどうアピールすればいいかがわからない。

それを自覚したスプリントは、まずZ世代マーケティングの専門家チームを結成した。「キャンディー・バー」と名づけられたチームは、「#LiveUnlimited（リブ・アンリミテッド）」というキャンペーンを発案した。

これは、ソーシャルメディアやYouTubeのような、Z世代が集まっているプラットフォームでZ世代の目線に立って語りかけるものだった。まず、企業の広告塔を変えた。数年前までベライゾンのテレビCMに出演して知名度を上げていた俳優を、この年から「寝返らせる」形で起用したものの、Z世代は興味を示していなかった。Z世代が興味があるのは、プリンス・ロイスやレレ・ポンズ、ブラッドリー・マーティン、レイチェル・クック、ジェラード・アダムズといった、インスタグラムやYouTubeのインフルエンサーが語る言葉だった。Z世代を理解して引きつけるには、こうしたインフルエンサーをよく把握していて、実際に彼らの言葉に接している人物を雇うとよい。

スプリントのリブ・アンリミテッド・キャンペーンでは、ここにあげたインフルエンサー全員が出てくるYouTube動画を公開した。データプランや5G回線、ダウンロード速度、ローミング料金などにはいっさい触れず、Z世代のロールモデルが視聴者に自分らしく生きるよう語りかけるものだった。その内容は――

Z世代の若者がソファでスマートフォンを見ていると、各種ソーシャルメディアで5000万以上のリーチを誇るレレ・ポンズが「自分らしい人生を送れるようインスパイアしてあげる」と言い、画面の中から飛び出してくる。振り向くとブラッドリー・マーティンもそこにいて、「次のレベルに自分を押し上げることだ」と持論を述べる。同じようにインフルエンサーたちが次々とリビングに現れ、勇気を与える言葉をくれる。

このキャンペーンのスローガンは「人生は一度きりでも、自分次第で日々を無限に生きられる」で、動画をはじめとしたソーシャルメディア・プラットフォームで展開された。

各インフルエンサーも2017年の夏に動画をフォロワーにシェアした。その評価は、掲示板プラットフォームのRedditに投稿された次のコメントを見れば明らかだ(78)。

「すべての企業のフォーカスがこうあるべき。倒産をミレニアル世代のせいにするんじゃなくて、ぼくたちがビジネスの未来だと気づかなきゃ(Tモバイルとか、今ならスプリントみたいに)。ぼくたちを受け入れてマーケティングするのがベスト。これからお金を持つのはぼくたちだからね。スプリントの行動は賢い」

好意的な評価は経営上の数字にも表れた。

12億ドルの純損失が1年で74億ドルの純利益に転換し、スプリント史上最高益を達成したのだ(79)。

もちろん、このキャンペーンだけがV字回復の要因ではないが、貢献したことはまちがいないし、変化に適応してZ世代とつながりを築くために他社が学べることは多い。

なにより重要なのは、Z世代がブランドに求めるものは手頃で信頼できる製品にとどまらないことだ。WPエンジンのメアリー・エレン・ドゥーガンは、「Z世代はブランドを買うのではなく、ブランドと絆《きずな》を作る」と指摘する(80)。Z世代にとってブランドを愛用することは自分のアイデンティティの表現であり、上昇志向の表れであることも少なくない。ブランドに期待されるのは、そのブランドの特質である体験や感覚をデジタルでもリアルでも一貫して生み出すことだ。リブ・アンリミテッド・キャンペーンは5G回線の品質や人口カバー率でZ世代に訴求しようとはしなかった。それはあえて言葉にせず、Z世代の願望に寄り添った――夢を叶え「日々を無限に生きる」ためのツール(信頼できる端末と安定した回線)を提供し、限界を突破する力を与えてくれるブランドとつながりたいという願望に。

Z世代がブランドと絆を結ぶかどうかを検討する前提条件として、そのブランドの立場への共感がある。共感のしどころは、商品をどのように製造しているか、その商品を使うと何が達成できるのか、企業がどれほど真剣に社会的責任に向き合っているのかなど、あらゆる側面におよぶ。自分の望む生き方が反映されたブランドの出現をZ世代は期待している。

Z世代のケイトは言う。「個人的にアウトドアブランドをたくさんフォローしている。RE

Ｉとかナショジオとか。とにかくアウトドアが好き。ＲＥＩのギアはどれもアウトドアの美しさがあって気に入っている。眺めながら思いを巡らせることもある。今は、大学を卒業したらアパラチアン・トレイルにハイキングに行く計画だから、その旅のことを考えながらギアを手に取るだけで楽しい。ＲＥＩをインスタグラムでフォローしているのは、ちょっとした逃避のようなもの。学校でいっぱい使った脳みそが休まる。メンタルの休暇みたいな。いい感じにリラックスできる」

ブランドの機能に対するケイトの見方は、今までの世代とはだいぶ異なる。モノとしての商品は、ＲＥＩやナショナルジオグラフィックのようなブランドに惹かれる理由の１つでしかない。それよりも、ソーシャルメディア・プラットフォームで表現されているライフスタイルが魅力なのだ。

アウトドアが好きになったきっかけをケイトに訊いた。「スマートフォンでネットフリックスの『ギルモア・ガールズ』のリバイバルを見てたときに、登場人物がパシフィック・クレスト・トレイルへのハイキングを計画していて、それがなんなのかわからなかったから調べてみたの。それで火が点《つ》いて、アウトドアの沼にはまった。それからは、好きなハイカーをＹｏｕＴｕｂｅでフォローして、おすすめに上がってきた面白そうな動画を見たりしてる。このハイカーはトレイルハイキングをしながら週一度ブログを更新してて、もう動画は何百本も見た。嘘じゃないよ。なにしろ１つのトレイルにつき数百本の動画が上がっているんだから」

Z世代とつながるには、まず初めにZ世代がいつ・どこで・どのようなコンテンツを消費しているのかに注目することだ。これまで何度もお伝えしたとおり、Z世代はスマートフォンを眺めている時間が長い。学校のウェブサイトにわざわざ行って宿題を確認することはないが、教師がスナップチャットでリマインドすると真面目に勉強しだす。屋外広告やテレビCMには見向きもしないが、好きなYouTubeやTikTokの有名人が使っている商品や、インスタグラムの投稿で心を奪われた商品はすぐに欲しいものリストに入れる。

Z世代にはオーセンティシティがすべてであり、売りつけられることは望んでいない。同年代のインフルエンサーが大勢いて、お互いのレコメンデーションをなによりも信用している。

これは朗報だ。若い消費者とつながる機会が大きく増えるということだ。Z世代が欲しがっているものを彼ら自身の声から探り出し、Z世代の生息場所であるスマートフォンからつながりを築こう。

Z世代版カスタマージャーニー

営業やマーケティングに携わったことがあれば知っているかもしれないが、カスタマージャーニーとは消費者が購入を決断するまでに経由する一連のステージを指す。

その基本は、人間が物々交換していた時代からあまり変わっていない。消費者が長期的な顧客になるには、何が売られているかを知り、それが自分に合っていると感じ、それを買うと決め、二度三度と買いつづける必要がある。他人にも同じ行動を促すようなら、さらに理想的だ。

顧客にこれらのステージを進ませる方法は常に移り変わる。かつては新聞広告やテレビCM、ラジオCM、電話帳広告などでブランド認知を高めたものだが、Z世代に対しては重要度が落ちる。潜在顧客のZ世代を引きつけるには、10年前の戦略さえもう通用しなくなっている。私たちの経験から見えてきた新世代のカスタマージャーニーは、次のようなものだ。

ポジショニング ―― どんなナラティブがあるか

自社のファンになってほしいなら、顧客にアプローチする前に、ブランドの本質を自覚しておく必要がある。Z世代とつながるならなおさらで、彼らは商品を検討するより先にブランドの立ち位置を知りたがる。どんなストーリーがあるのか？　理念は？　解決しようとしている問題は何か？　会社の代表である経営陣はどのような考えを持っているのか？　世の中に対する見方と関わり方はどうか？

ラブ・ユア・メロンはミレニアル世代のザカリー・クインとブライアン・ケラーが創業したアパレル企業で、ミネソタ州セントポールにあるセントトーマス大学の起業家養成講座のプロジェクトとして2012年に起ち上げられ、2017年には収益が3150万ドルに達した。

小児がんの闘病をサポートすることをミッションに掲げ、売れた帽子と同じ数の帽子を小児がん患者に贈ることから始めた。トムスが靴で、ワービー・パーカーが眼鏡で行って有名になった仕組みだ。ラブ・ユア・メロンはそのモデルを発展させ、今では純利益の50％を提携する小児がん患者支援NPOに寄付している。創業からの累計は、831万3239ドルと帽子22万2333個にもなる(81)。

すべての企業がこれほど明確な慈善的目的を持ち、利益の半額を寄付できるわけではないことはZ世代もわかっている。しかし、企業がなんらかの社会貢献をし、経営者が利益以外のことも考えるよう彼らは望んでいる。

エンゲージメントと認知 ―― 何が買え、何が得られるか

カスタマージャーニーのこのステージは、セールスファネルの最上部であり、実際に購入するかは別として、商品が自分に合っていると顧客に納得させることが目標になる。

繰り返しになるが、屋外広告や出版物広告、テレビCMといったような、上の世代には有効な古典的マーケティング戦略ではZ世代に無視されるため、ブランド認知を構築することができない。Z世代に響くのは友人からのレコメンデーションであり、この「友人」には、直接は知らないが、その意見を信頼しているネット上の有名人も含まれる。

ブランドがZ世代の目に触れたとしても、それだけではエンゲージメントにならない。この世代は価値に重きを置き、それは消費するコンテンツにも当てはまる。ハウツー動画、ソーシャルメディアの写真コンテンツなど、購買を度外視して関係を構築する活動もエンゲージメントに含まれる。ワービー・パーカーはインスタグラムで継続的・娯楽的なエンゲージメントを続けており、2019年にはニューヨーク公共図書館と提携して「ライブラリー・トリビア」ゲームをインスタグラムのストーリーで展開した。フォロワーは同図書館に関するクイズに答えると、眼鏡が当たる抽選会に参加することができた。

エンゲージメントと認知は、Z世代の願望とつながる最初の機会でもある。REIはトレイルハイキングの美しい写真で注意を引くたびにエンゲージしており、それは顧客がまだ幼く、同社のボトルさえ買えないうちから始まる。

オンライン広告や店舗内プロモーション、即時発行される初回購入者向けクーポン、コンテンツマーケティング、評価・レビューなども、このステージに含まれる。

エンゲージメントと認知をZ世代に根づかせることが絶対に欠かせない。このステージは多くの企業が大改革しなければならないところであるため、次の章でさらに詳しく解説する。

初回トライアル――いつ買う気になるか

これは顧客が初めての購入を決めるステージだ。手軽でリスクの低い購買体験が大事だとZ世代は口をそろえる。商品の購入と返品をシンプル化することが企業には求められる。

オンライン商品のカスタマージャーニーではワンクリック決済がZ世代の常識であり、その選択肢がなかった頃を知らない層も多い。初回購入はきわめて重要であり、実現する可能性は購入・決済のステップが少ないほど高まる。アマゾンの「今すぐ買う」ボタンが代表例で、それ以外の企業でも、手軽なアカウント作成によるチェックアウトの迅速化・簡素化が当てはまる。また、あらかじめ設定した決済用アカウントを使いたいともZ世代は思っている。これはブラウザやスマートフォンに保存しておくと、新しいサイトで注文するたびにクレジットカード番号などの決済情報を手入力しなくてよくなるサービスだ。商品を探し、選び、買うのに手間がかかるようならZ世代は離脱してしまうため、手続きの簡素化は必須である。

小売業ではVenmoやCash Appのような、Z世代がすでに使っている個人間送金アプリでの決済を導入することになる。これはオンライン取引だけでなく、決済アプリに対応した実店舗での購買にも当てはまる。すでに述べたように、ほとんどのZ世代はクレジットカードをまだ作れないか持つ気がなく、現金を持ち歩かず、ときには財布さえ携帯しない。企業はこれに適応し、オンラインと実店舗での決済をできるだけ簡単にしたほうがよい。

購買体験と同じく、返品もシンプルで簡単にすることが必要だ。手軽にリスクなく返品できるようにするのは伝統的な小売業のアプローチに反するが、Z世代はオンラインで初回購入することにも、試した経験のない商品を買うことにもあまり抵抗がない。買ったときと同じ箱に入れて送り返し、送料を含めて全額返金を受けられるなら、顧客は面倒もリスクも避けられる。それはすべてのオンライン購入者に当てはまることだが、Z世代の購買力が伸びるにしたがい、簡単・無料の返品はどこでも当たり前になり、対応していない企業は後れを取ることになる。配送・返品管理プラットフォームを提供するナーバーの消費者調査によれば、いい返品体験をしたショップでまた購入したくなるという回答が96％にのぼった(82)。逆に、次回の購入をしたくなくなるショップの返品ポリシーとして、返送時の送料が購入者負担（69％）、返品手数料の請求（67％）があげられた。

マットレスや車、ジーンズなど、どんな商品でも手軽に返品できれば、購入するZ世代はストレスなく安心して注文ボタンをクリックできる。この非常に重要なきっかけづくりについても、次章でさらに深掘りする。

ブランド・ロイヤルティ――なぜ買いつづけるのか

リピート顧客になる理由は何か？　Z世代に尋ねると、究極的には品質や体験のよさよりもブランド・ロイヤルティが重要だとわかる。品質と体験は、いかなる場合にも期待される基本にすぎない。Z世代のブランド・ロイヤルティはブランドの理念や社員、影響力に共感することで育まれ、リピートの購入、注文、食事などを促す（キャッシュバックアプリのDoshなどで利益還元も受けやすくなる）。検索すればいくらでも安い選択肢が見つかる昨今では、とりわけ重要である。では、リピート顧客になるよう背中を押すにはどうすればよいか？ ブランドの立ち位置を定め、それを表明し、ブランドが世の中に与える好影響を明示することだ。このメッセージの発信はポジショニングから始まり、エンゲージメントと認知へ続く。一貫性と透明性を持たせ、上質のコンテンツをもって発信すれば、顧客ロイヤルティが構築される。

より多くのZ世代が購買力を発揮し、最大の生涯価値を持った顧客層になると、ロイヤルティがますます重要になる。ブランド・ロイヤルティの創出とは、Z世代がいつも期待する有形の体験（価値、手軽な購入・返品等）と無形の感覚（商品にとどまらないポジショニング等）を整合的に届けることを意味する。

上の世代にのみフォーカスしていたのでは、成長はおろか生き残ることさえおぼつかない。既存企業からスタートアップ企業まで、あらゆる企業はZ世代のロイヤルティ構築のため、今すぐ自社の製品・サービスを見直す必要がある。

紹介《リファアラル》――どれほど他者に勧めるか

クチコミマーケティング、とりわけ直接紹介の促進は、直接売上を伸ばす最有力の方法であり、それはZ世代が相手でも変わらない。では、望ましいクチコミを誘発するためには何を押さえておけばいいのか。まず、Z世代は購入も体験もせずに製品・サービスについて話すことがある。インスタグラムやスナップチャットでの「ナイキの新モデルすごくいい」「この場所すてき!」といったコメントは売上促進に効果的だが、投稿主は実際にその靴を買ったりその場所に行ったりしているとは限らないのだ。もちろん、直接紹介が最大の効果を発揮するのは、実際の顧客からソーシャルメディアで仲間に伝達されたときだ。そのような紹介やレコメンデーションを促すには理論と感性が必要になる。

一番簡単なのは、お願いすることだ。製品・サービス、ブランドの立ち位置や目標を気に入ってくれたら、友人に紹介するようZ世代に頼む。実際に紹介してくれたら、たとえそれが絵文字や炎、宇宙船のアイコンだけだったとしても、気づいた印としてすぐに反応する。ただし、テンプレートやビジネスライクにするのは避けたほうがいい。紹介する気にさせるコツは、新規顧客につながったら値引きする、次回使えるクーポンを発行する、レコメンデーションに対して特典を付与するなどがある。最高のクチコミは最高の体験から生まれるものではあるが、まずは手早くスナップチャットで友人に話すよう軽く背中を押すことは、Z世代の溜まり場であるデジタル・プラットフォームで紹介の波を起こす良策だ。

紹介を自然発生させる別の方法としては、デジタル・プラットフォームで上質のコンテンツを展開し、シェアされるのを待つやり方がある。グロッシアーは、セレブや美容系編集者が出演する「ゲット・レディ・ウィズ・ミー」という動画シリーズや、眉毛を整えるハウツー動画を投稿している。エンゲージした視聴者はコンテンツをシェアするが、それは同時に、ブランドを自然に紹介することにもなる。ここではエンゲージメント、認知、紹介の線引きは曖昧になる。

シェア向きのコンテンツにブランドを織り込む方法は、いろいろと考えられる。自前で制作するほか、パートナーシップを組むという手もある。自転車修理用具を設計・製造するパークツールは、ウェブサイト「セスのバイク・ハック」を運営するマウンテンバイク界のインフルエンサー、セス・アルボとのコラボレーションを通じて、エンゲージメントと認知をオーガニックな紹介と融合させた。パークツールが自社製品を定期的にセスの自宅兼店舗に送ったり、ミネソタ州にある本社の見学に招待したりすると、セスはそれに応じて動画を配信する。パークツールの特徴である青い取っ手の道具がセスのハウツー動画に必ず登場するようになり、本社の舞台裏動画は200万人超のフォロワーのおかげで再生回数を増やした。パークツール自身もYouTubeチャンネルを開設して60万人のフォロワーがおり、自転車修理講座の動画を投稿している。この動画がシェアされるたび、それはオーガニックな紹介となり、購入にいたる前からブランド認知、エンゲージメント、信頼、ロイヤルティのすべてが醸成される。そして実際に購入する頃には、動画を見た自転車乗りはパークツール製品に引きつけられるようになっている。

カスタマージャーニーは5つのステージがそれぞれ重要だが、特に企業戦略を大きく変える必要があり、最も苦労が多いのはエンゲージメントと認知だ。しかし、そこには大きなチャンスも隠れている。Z世代の消費者は、このステージに入ってから購入意思を固めるまでに数カ月を要することもあり、その間に消費するコンテンツによってブランドへの評価は揺れ動く。ブランドへのエンゲージメントを結実させる要素は何か。そして、どうすれば購入に至るか。次の章で詳しく見ていこう。

第9章

エンゲージメント・認知・購入

最近買ったものは全部、ＹｏｕＴｕｂｅに出てきたおすすめ動画がきっかけだった。ダーマロジカの洗顔料も、ジャッキー・アイナがＹｏｕＴｕｂｅで使っていた。
——Ｚ世代

２０１８年のこと、ベイラー大学のＣＭＯに就任して間もないジェイソン・クックは、受験生を呼び込む新戦略の立案という大仕事に取りかかった(83)。ベイラー大学は数年前から、フットボール部員による性的暴行のスキャンダルが全米に知れわたっていた。キャンパスの安全・安心を改善する取り組みは進んでいたが、大学のブランドを立て直し、Ｚ世代からの信頼を取り戻すにはさらなる努力が必要だった。

マーケティング戦略会議の中で、２人組のＹｏｕＴｕｂｅｒがベイラー大学を話題にしているとの発言があった。ブルックリン・マクナイトとベイリー・マクナイトという双子の姉妹で、チャンネル登録者が６００万人もいた。

マクナイト姉妹は大学受験の年で、どの学校を受けるか検討する動画を投稿していたのだが、ベイラー大学も第一候補のグループに入っていた。うまくいけばマーケティングに絶好の機会になりそうだ。

クックは言う。「およそ7カ月後、2人は正規のルートで本学の試験に合格した。そのまま入学するらしいと聞いたので、2人の協力を得てベイラー大学への関心を高める方策を考えた」

このように出発点は大学の宣伝だったが、最終的にマクナイト姉妹との協力関係はよりダイナミックなものになる。Z世代とのつながりを強めるための助言役を、2人が買って出たのだ。「高等教育機関のマーケティングは時代遅れなところがある。何をしても似たり寄ったりで、他校との差別化が困難だ。多くの大学が使っている伝統的なマーケティング手法では、本当の意味でZ世代にリーチできそうになかった。そこにマクナイト姉妹とのパートナーシップが実現し、Z世代とうまくつながるためのノウハウを学べるというのだから興奮した」とクックは言う。

2人からクックが学んだ、Z世代に響くツボが2つある。個人的なエンゲージメントを得るには動画が有効であることと、Z世代が新しい体験への興味を持っていることだ。

マクナイト姉妹はベイラー大学で日々体験することを動画にした。学生寮の部屋に入り、女子友愛会《ソロリティ》に入会し、同窓生を招いたフットボール観戦に興じる2人。その目線を視聴者も共有した。個人的で、体験に基づいたアプローチであり、クックはこれを学生向けコミュニケーションの多くの側面で取り入れることにした。

「キャンパス内では、学長から学生へのコミュニケーションを見直した。重視しているのは体験だ。今年の新学期初日には、キャンパスを歩く学生に学長自らアイスキャンディーを配った。学生会館でコーヒーを飲みながら面談しようと声がけするのではなく、学生が普段からいる場所でエンゲージメントを築こうとした」

文章によるコミュニケーションも見直した。前期、後期に一度ずつ学長から送っていた堅苦しい長文メールを廃止し、大事な5つのニュースを箇条書きで毎週木曜日に配信しはじめた。そのほうが個人的になり、スマートフォンの画面でも読みやすく、学生と継続的な関係を築くことができる。

大学に限らずレストランやスポーツメーカーでも、Z世代のエンゲージメントと認知を構築する最善策は、率直で個人的なつながりを作ることだと多くの調査で証明されている。その方法は非常に多岐にわたる。友人（リアルの知り合いから好きなインスタグラマーまで）による誠実な紹介は「率直」の一例で、潜在顧客の望みを言い当てた高度なターゲティング広告などが「個人的」なアプローチにあたる。

クックも確信したように、あらゆる行動に率直さとオーセンティシティを込める機会を逃さなければ、Z世代との関係を強化し、彼らをロイヤルティあふれるフォロワーに変えることができる。自分が目にするところに現れ、自分の暮らしに適した体験でつながろうとする企業が相手なら、Z世代は聞く耳を持ってくれる。

購買行動の決定要因

何か買うときは、スナップチャットで友達を巻き込むことが多い。いつだったかワービー・パーカーの眼鏡が欲しくなったんだけど、けっこう高くて。試着してからにしようと思って、ネットで注文せずに店に行ってみた。たくさん試して友達にスナップチャットした。好評だったの写真を撮ったら、いったん家に帰って買うかどうか考えた。わりと大きな買い物だったから。

――Z世代の大学生

製品・サービスの選択肢が無数にある現代、Z世代の顧客を獲得・維持するための最重要な要素が私たちの調査で明らかになっている。これらの決定要因を理解すれば、自社の商品と主要販売チャネルに適したブランド・セールス・マーケティング戦略がデザインできる。

〈Z世代の実態2018〉では、Z世代の購買意思決定を左右する最大の要因は、友人や家族のような個人的インフルエンサーだとわかった(84)。2番目に重要な要因は企業のプラットフォームそのもので、実際に購売につながったブランドではアマゾン、ナイキ、アディダスという回答が多かった。継続的にデータ分析し、顧客に先回りして商品を勧めるアマゾンのAIの功績と言えるかもしれない。3番目の要因は、ソーシャルメディア、セレブ、オンライン・イ

過去半年間で、購買のきっかけとなった要因トップ3

1. 個人的つながり(家族や直接の知人)からの紹介
2. ブランドやプラットフォームへの信頼
3. ソーシャルメディア、セレブ、インフルエンサーからの情報

Z世代の意見

フォローしてるインフルエンサーが発信するコンテンツにはもちろん興味ある。そうじゃなければフォローしない。いいインフルエンサーは、本当に好きなものだけ宣伝する。買い物はそうやってすることが多いよ。

「問9:過去半年間に製品やサービスを購入する決定要因となったものを3つあげてください」への回答(総回答数2,580)

ンフルエンサーからの情報だった。

Z世代は初回購入する前にアドバイスを求めることが多いため、企業は友人や家族が自社製品・サービスについて話すよう仕向ける必要がある。アパレルや飲食のように同世代から影響を受けるものなら友人、銀行や高額IT製品などを選ぶなら両親からのアドバイスが重要になる。広告だけでは効果は望めず、Z世代に影響を与える人々にもブランド、製品、サービスの形成や支援に一役買ってもらわなければならない。

オンラインでのクチコミを促進するには、テクノロジーを駆使するのが最適だ。これには評価とレビュー、ソーシャルメディアの投稿と交流のほか、購入者にレビューの投稿と購買体験のシェアを促す仕掛けなどがある。5つ星で手早く評価し、希望者のみコメント

や写真、動画をつけ加えるというのが基本型だ。ミレニアル世代の要請で広まった評価とレビューは、Z世代ではもはや製品・サービスに最低限必要なものになっている。初回購入のときは特にそうで、Z世代の70%が欲しいものでも悪い評価やレビューを見て購入を見送ったことがあると回答したことでも、その影響力がよくわかる(85)。

レビューやコメントを促すときのポイントは、簡単に投稿できるようにすることと、シェアがあったら間髪いれずに投稿主に感謝のレスポンスをすることだ。それにより、Z世代が望む高回転のフィードバックが実現する。ブランド側がきちんとコメントを読み、汎用テンプレートではない個人的なトーンで返事していることを、投稿主と閲覧者に示す機会にもなる。感謝のレスポンスに反応し返してくるZ世代も多く、そうなれば好意的なレビューやコメントにさらに勢いがつく。言うなれば、Z世代の好意的なレビューには「ハイタッチ」しに行き、体験をシェアしてくれたことに「ありがとう」を届けるようにしよう。

それに加え、製品やサービス、体験をZ世代とインフルエンサーがシェアしたくなるような刺激を与えることも重要だ。レストランでの予想外のオブジェや演出、使うと寄付につながるハッシュタグ、地域運動を支援する週末のポップアップイベントなどがある。

商品を届ける際にシェアを促す施策としては、YouTuberやインスタグラマー、VIP購入者といったキー・インフルエンサーに、ややオーバーな「贈呈式」をすることが考えられる。あるいはTikTokなどの利用者向けには、開封動画の撮影意欲が湧くクリエイティブな梱包《こんぽう》をしたり、面白い記念写真が撮れる小道具のようなものを用意したりするのもいい。

サービス体験も、ソーシャルメディアでの会話を喚起する余地が大きい。たとえば賃貸マンションの見学会なら、楽しい驚きや特徴的な心地よさを示してはどうだろう。見込み客がキッチンに入ると、インスタ映えするカラフルなデザートの食べ放題が待っている。室内を見てまわると、「リビングの窓から中心街が眺められます」「上をご覧ください。改装したブリキの天井が20世紀半ばのモダンな暖炉と絶妙にマッチしています」など、物件の特長があちらこちらに掲示されている、というふうに。Airbnbで部屋を貸し出すなら、「探してみよう・試してみよう――これであなたも地元民」と題した地図にトリビアクイズを添え、泊まり客にチャレンジしてもらうのも一案だ。

意外性とビジュアルにこだわること、そしてスマートフォンを体験に組み込むことがカギとなる。スマートフォンがZ世代のポケットやバッグに収まったままになっているなどありえないのだから。

Z世代の中でも12歳以下の最若年層の場合、認知と会話の出発点としては、オンラインでの広告や学校との提携により、保護者とつながることが今でも効果的だ。若いZ世代の保護者はX世代から年長のミレニアル世代までであり、この層の紹介・購買行動に影響を与えたければ、すでに定着したメディアやマーケティング、デジタルチャネルが最も有効だからだ。ソーシャルメディア・フィードに流れてくる短いターゲティング広告動画はとりわけ効果的で、そのコツはコンテンツとコンテクストを提示し、製品・サービスについて詳しく知りたくなる知見や観点を一瞬で伝えることにある。

成長してもなお保護者の影響力は大きいが、やがてZ世代は自分の買い物を自分でする自由を徐々に獲得する。

モバイル・ファースト

Z世代にリーチするチャネルの中では、モバイル端末が群を抜いている。Z世代は手からスマートフォンが生えているのかと思えるほどで（たった15分でも触れていないと不安になるという調査結果もある）、その深い精神的依存を考えれば当然、この世代と関わりやすい経路と時間を狙うにはモバイル・ファーストとなる。モバイル依存はZ世代にとっては「普通」であり、彼らは職場やビジネスの現場にも登場しはじめているため、B2B企業ですらモバイル・ファースト戦略を導入する必要が出てきた。これについては第3部で詳しく解説する。

デジタルエクスペリエンスが大きなスクリーン上での展開や上の世代向けに限定されている既存企業は、モバイルという新たな複雑性に直面することになる。モバイル・ファーストに移行するには相当なコストと時間が必要だが、それに見合う効果がまちがいなく得られる。私たちが仕事をした企業には、モバイルから自社サイトへのトラフィックが驚くほど増えたり（50

%を優に超えたケースもしばしば）、実店舗に訪れた顧客のモバイル端末の使用が激増したりする企業が多い。私たちの調査ではZ世代とミレニアル世代の7割が、商品を手に取りながらスマートフォンで相場をチェックすると回答している。しかし、トラフィックの過半数がモバイル経由になった企業でも、まだ単にウェブサイトが「モバイル・フレンドリー」であるだけのことが少なくない。

もはやフレンドリーでは不十分だ。これからは「モバイル・ファースト」でなければならない。

自社の現状がモバイル・フレンドリーかモバイル・ファーストかを確認するには、ウェブサイトをはじめとしたデジタルチャネルを一度も利用したことのないZ世代を集め、きちんと使えるかを観察するとよい。きっと驚くはずだ。世界中の企業に試してもらったが、既存企業だけでなくＩＴ企業の担当者もわが目を疑っていた。自社のウェブサイトやプラットフォーム、アプリを過去に使っていないZ世代で実験することがポイントで、彼らのフレッシュな目は、ほかの世代（とりわけ全体の仕組みや使うときの勘所を知っている層）が見過ごす多くの不備や欠落、非最適性を浮かび上がらせる。Z世代が期待する簡単さと直感性を備えていないデジタルチャネルは、他社に乗り換えられてしまう。

モバイル・ファーストが重要な理由には、検索エンジンが伝統的な大きいスクリーンよりもモバイル端末での使いやすさに重きを置くようになったこともある。検索で出てきたウェブサイトが見づらかったときのイライラは、スマートフォンだといっそう強まると彼らは気づいた。そこでユーザーや、コンテンツ提供者、消費者のすべてがより良い検索結果を得られるよう、動きはじめたのだ。

動画とビジュアルの最大活用

Z世代は幼い頃（早い人は親のiPhoneで初めてYouTubeを見たとき）から、視覚的に学習・購買することに慣れている。家ではことあるごとに両親が子供の写真を撮り、外に出れば必ず誰かが何かにカメラを向けている。情報収集にグーグル検索はせず、YouTubeに答えを求める。両親が撮影した写真やフェイスブックでシェアされた写真、YouTubeで学べる動画やTikTokで楽しむ動画などに触れる機会が無限に増えたことで、動画とビジュアルはZ世代にリーチする重要なチャネルになった。

WPエンジンのメアリー・エレン・ドゥーガンCMOによれば、「インターネットの使用目的で娯楽が1番目にくるのはZ世代が初めてだ。情報収集は2番目になっている。その差は大きく、ベビーブーマー世代の73％、X世代の69％、ミレニアル世代の59％が情報のためインターネットを使うのに対し、Z世代は72％が娯楽のためだと回答した」という(86)。

Z世代がインターネットと「娯楽第一」の付き合い方をするなら、企業はZ世代のEQ――

エンターテインメント指数――を史上初めて考慮する必要があるとドゥーガンは指摘する。「ほとんどの企業は、自社コンテンツが興味深いかどうかや、ターゲットオーディエンスの設定をまちがえていないかに目が行きがちで、受け手を楽しませる視点が抜け落ちている。これはZ世代には大きな要素です。ブランドは楽しげか堅苦しそうか。どのようなエンターテインメントの要素があるか。Z世代を楽しませ、夢中にさせる方法を理解しておかないと、あっという間に離れていってしまう」

リブ・アンリミテッド・キャンペーンを実施したスプリントは、まさに情報からエンターテインメントやインスピレーションに重心を移し、Z世代が見ているYouTubeやソーシャルメディアに展開を切り替えた好例だ。アディダスはスポーツウェアの新ラインを発売するにあたり、イギリス人ラッパーのストームジーとコラボした。シャツからシューズまで全身アディダスで固めたストームジーにフィーチャーしたオリジナルミュージックビデオだった。広告としてのエンターテインメントを見事に体現し、Z世代から絶大な支持を得た。

Z世代向けの広告には、刺さる動画とビジュアルが不可欠の要素であり、チャネルよりも重要だ。スキップされないよう、冒頭の1秒間でZ世代の心をつかむ必要がある。意外なことに、目にした動画広告が気に入ればZ世代は積極的にコメントをつけ、シェア、転送をする。これは彼らが刺さる広告をエンゲージすべきコンテンツの一形態と捉えているからであり、感情に強く訴える広告でしばしば見られる現象だ。たとえば身体イメージをテーマにした広告や、Z

世代が直面しているライフステージや体験における気持ちの浮き沈みをうまく表現した広告が当てはまる。最近の成功例は、教育に数百万ドルを寄付すると宣言した起亜《キア》自動車のＣＭ「グレート・アンノウン」、男らしさの呪縛から逃れて互いの個性を称《たた》え合おうと呼びかけた男性化粧品のアックスによる「#PraiseUp（プレイズ・アップ）」キャンペーン、Ｘｂｏｘの障害者向けコントローラーでゲーム体験のインクルージョンを高めてみせたマイクロソフトのＣＭ「ウィー・オール・ウィン」などがある。Ｚ世代の顧客を獲得・維持しようとするなら、複数のプラットフォームで横断的に使える動画・ビジュアル広告戦略が必須だ。ターゲティング精度が高く測定が容易な戦略なら、なおさら望ましい。

重要なのは、Ｚ世代の象徴であるダイバーシティを明示・歓迎すること、Ｚ世代のカスタマージャーニーの最適な時期・場面で広告を届けること、ブランドの背景とそれにつながるべき理由を視覚的に強化することだ。

信頼性の構築と興味の促進を速めるには、文字情報を減らす一方で、Ｚ世代の顧客とインフルエンサーが自社製品を使っている動画と画像を増やし、メッセージのビジュアル性を高めるとよい。Ｚ世代をストーリーに一気に引き込むため、広告にはエンゲージメントとエンターテインメントの即時性、即効性が必要となる。

ビジネスとカルチャーの融合

Z世代を研究していると繰り返し浮かび上がってくる興味深いトレンドの1つに、アパレル、スポーツ、音楽、飲食等のビジネスとZ世代カルチャーとの融合がある。アパレルでは1985年にエアジョーダンが発売され、飲食では1983年にマイケル・ジャクソンがペプシのCMに出演するなど、セレブがブランドの広告塔になるのがこれまでの手法だったが、Z世代まで時代が下った今、確かな変化が起きている。Z世代の認知を得るのに、大物セレブとのコラボや百万ドル単位の広告費は必要ない。楽しく新しい体験を創出し、近しい領域で発信しているYouTuberと協働するだけで十分な場合もある。

このコンセプトで尖《とが》りを見せたのは、ファストフードのタコベルが繰り出したタコベル・ホテルだ。これはカリフォルニア州パームスプリングスに2019年8月8~12日限定で開業したポップアップホテルで、タコベル体験にどっぷりと浸かれる内容だった。クッションやプール用エアマットはホットソース袋を模して作られ、部屋の壁には特徴的な燃える色の絵が描かれるなど、すべてがインスタグラムを意識していた。Z世代に属するアーティスト（ワロウズ、フレッチャー、ウィーサン）が週末に音楽を披露した。サロンコーナーでは料理をイメージした編み込み、タコベルカラーのマニキュア、タコベルロゴの刈り込みを提供し、さらにはタコベル・ブランドの服が詰まったタンスを丸ごと売り出しもした。

用意した70部屋は予約開始2分で全室が埋まった。タコベルのより大きな目的として、Z世代のインフルエンサー、特に人気YouTuberに宿泊体験をシェアしてもらうことがあったと思われる。実際、宿泊者の中には、1700万人のYouTubeチャンネル登録者を持つジェフリー・スターがいた。メイクアップ・アーティスト、起業家、インフルエンサーであるスターは、タコベル・ホテル滞在中の一部始終を30分弱の動画にまとめて投稿した。この動画は6週間で1000万回以上再生され、若い視聴者の頭にタコベル・ブランドを刻みつけた。

ホテル業界向けeラーニングを提供するeホテリエは何年も前から、ソーシャルメディアとの親和性を高めるよう提言してきた。独創的な照明、こだわりの装飾、高級感ある内装、テーマルームなどを設《しつら》え、写真の撮影とシェアを促進することを推奨している(87)。IKEAのホテルビジネスでの動きも面白い。実は1964年からスウェーデンでホテル事業を営んできたことはあまり知られていないが、新たに手がけるビジネスホテルでは太陽電池やLEDランプ、リサイクル素材にこだわることで、写真撮影の機会を増やすとともに節約意識の高いZ世代にアピールしている。

このような没入感ある体験はすべてのブランドで提供できるものではなく、どうしても必要というものでもない。だが、自社のブランドプロミスを誰かしらのライフスタイル、価値観、人生哲学と絡め、1つの形として見せることで、Z世代と感情や感覚でつながる方法を検討してみてはどうだろう。

アマゾン戦略をどうするか

アマゾンはZ世代の検索エンジンだ。彼らが幼い頃から、アマゾンは創業当初の非効率性を1つずつつぶし、アマゾンプライムやワンクリック注文、当日配送、アレクサでの音声操作などのイノベーションを進め、よりシームレスなモバイルエクスペリエンスの創出に取り組んでいた。シンプルさを追求し、検索機能を拡張し、商品レビューを充実させ、最近ではフルフィルメント《F》・バイ《B》・アマゾン《A》事業やホールフーズ買収を行うことにより、着実にZ世代の生活に根を張っている。音声操作でエンゲージメントを拡大・改善するなど、顧客が抱える問題をアマゾンが次々に解決してきた結果、Z世代は優れたショッピング体験を謳歌《おうか》している。アマゾンがなかった頃のことは覚えていない。

それゆえ、ブランドや製品がZ世代のアンテナにかかるようにするには、アマゾンは絶対に欠かせない存在だ。Z世代はグーグル検索などせず、アマゾンのサイトに直行して欲しいものやおすすめ商品を見ることが、多くの証言で明らかになっている。アレクサがあれば、文字を入力することなく、単語のつづりも学ばないうちから音声で注文できるため、アマゾン検索はさらにZ世代に浸透していく。

少なくとも消費者直接取引《D2C》企業はアマゾン戦略を立てる必要がある。製品をアマゾンで直接販売するという簡単なものでも構わない。個人事業や小企業でサービスビジネスを手がけているなら、配管工事であれウェディングケーキであれ、同業者向けの電子書籍を執筆・出版してその分野のエキスパートであることを示してもいいだろう。覚えておきたいのは、製品をアマゾンに出品せずに直販チャネルのみで販売する場合、アマゾンに出店しているブランドだけでなくアマゾンそのものが競合相手になるということだ。そのすべてと競合・差別化するには、市場状況を理解し、カスタマーサポートの充実や企業理念の洗練、オンラインコミュニティでのファン醸成といった独自性を探さなければならない。

オンライン・インフルエンサー

オンライン・インフルエンサーはZ世代における「信頼の媒介者」だと言える。ドウェイン・ジョンソン、ポスト・マローン、カーダシアン家といった有名なセレブやアーティストはもちろんのこと、知名度ではおよばないが影響力では勝るとも劣らないインフルエンサーたちが製品やサービス、ライフスタイルについて、日々発信している。セレブのインスタグラムやYouTubeで製品やサービスが取り上げられれば、記事になり、売上も伸びる。実際のところ、インフルエンサーは企業から多額の見返りを受け取っており、これはソーシャルメディアの成り立ちからすれば逆説的ともとれる。ところがZ世代は、明らかに金銭ずくで製品・サービスを紹介しているインフルエンサーを購買の指針として信頼・追従している。興味深い現象であり、不可解でさえある。それでもインフルエンサーが企業の売上に貢献しているにはちがいなく、その効果ははっきりと測定できるようになってきている。Z世代にリーチしたければ、インフルエンサー戦略を真剣に検討すべきだ。いまやインフルエンサーの商業活動を仲介するエージェンシーまである。

フォロワー数5000～1万5000ほどの小規模インフルエンサーは大勢おり、その中で自社に適した属性のフォロワー層を持つ人と連携すれば、ROIを高められる。ナノ・インフルエンサーと呼ばれるフォロワー数1000人台のインスタグラマーですら、スポンサー契約する企業が出てきている。分野は衣料品やカー用品、料理器具、サプリメント、最新ゲームソフトなど多岐にわたる。適切なインフルエンサーの力を借りることで、Z世代からの認知と信頼を急上昇させる道が拓ける。雰囲気やミッション、活動内容が好きでインフルエンサーを追いかけているZ世代のフォロワー層に、コスト効率よく継続的にアクセスすることもできる。

インフルエンサー・マーケティングの今後の展望として、より高い透明性が求められると私たちは予想する。成長するにしたがい、Z世代は高額商品の購入についてのアドバイスを探すようになるからだ。インフルエンサーに勧められた化粧品や衣料品だけでなく、銀行や保険、車も買うようになる。そういった高額商品や顧客生涯価値の高いサービスを提供する企業は、すでに主要なインフルエンサーと提携しはじめている。たとえば投資アプリのＡｃｏｒｎｓとＲｏｂｉｎｈｏｏｄには、それぞれビヨンセとスヌープ・ドッグが出資している。

初回購入の5つの要素

企業がエンゲージメントを構築し、セールスを上げ、グロースを実現するためには、カスタマージャーニーの一連の流れの中で、なんとか購入に導かなければならない。この初めての購入――初回トライアルは、Ｚ世代の消費者が購入ボタンをタップし、デビットカードをスワイプし、アップルペイで決済し、タッチパネル上でサインするほどの確信を製品・サービスに感じていることを示す真実の瞬間だ。では、この重要な瞬間に持ち込むにはどうすればいいのか？〈Ｚ世代の実態２０１８〉ではこの点について調査し、初めての購入を決意させる５つの要素を特定した。

１つ目は価格。Ｚ世代の保守的で現実的な金銭感覚を考えれば当然とも言える。Ｚ世代は、あらゆる商品の価格を手早く比較するよう習慣づいている。それは同じ商品を別の店で探すパターンと、同じ機能を持つ別の商品を試すパターンがある。

２つ目は購入の容易さ。具体的には、ネットや実店舗での商品の見つけやすさ、購入手続きのスムーズさ、都合に合った受け取りのしやすさなどだ。容易でわかりやすく、一貫性ある購買体験が重要だが、初めての購入を完了するまでの必要手順が多すぎるオンラインショップは少なくない。手順が多ければ多いほど、Z世代が最後のチェックアウトボタンにたどり着く可能性は低くなる。これは実店舗にも当てはまる。わかりづらい売り場、レジ待ちの長い列、決済手段の少なさなどは、Z世代の顧客を無意味に遠ざけてしまう。ただし中古品店だけは例外で、発見の楽しさと価格の安さが顧客体験の一部になっており、独自のオーセンティシティと価値をZ世代に届けている。

3つ目はネット上の評価とレビュー。これについては次の節で解説する。

4つ目は返品の容易さ。Z世代の時代には、インターネットで買った品物をなんでも箱に戻して送り返すことができる。第6章で述べたように、届いたマットレスが気に入らなければ寄付して返金を受けられる企業や、車の返品を受け付けるサービスまである。以前なら考えられなかったことだが、今後は高額商品にも普通の商品と同じような返品しやすさが期待されるようになる。新しい製品・サービスを初めて購入する際、期待外れの品物を持て余すリスクを心理的にも実際的にも取り除けるため、これは目立たないが大事な要素だ。

5つ目は、商品を購入・使用したことがある知人の存在。知り合いに勧められることはオンラインレビューを読むことに似ているが、個人的な信頼があるためインパクトはより大きい。初めての購入にともなうストレスも軽減される。これは特に、Z世代が成長し、ソファやホテル、住宅のようにライフステージとリンクした出費をするときに重要になる。購入・レンタル・使用経験がある知人からの個人的なレコメンデーションには、購買のリスクを軽減し、確信を高める効果がある。

評価とレビューで信頼を得る

> YouTubeの商品レビューで何か見つけて、それが聞いたこともないものだったら、必ずグーグル・チューブして、ほかにも同じように評価している人がいるか必ず確かめる。
>
> ――グループ調査に参加したZ世代

製品・サービスを購入するにあたり、Z世代は評価やレビューを重視する。ネット上はもちろん、店舗内で参照する層も増えている。それはアパレルや車、IT製品のような高めの商品だけでなく、日常的な買い物の判断、たとえばレストランを選び（Yelp）、動画をストリーミングし（ネットフリックス）、映画を24時間レンタルし（アマゾンプライム）、賃貸物件を1年間借りる（ApartmentRatings、Renter's Voice等）ことにもおよぶ。

Z世代にとって評価とレビューはどれほど重要なのか？

〈Z世代の実態2018〉では、自分のお金で初めて購入する商品は事前にレビュー記事・動画を3件以上参照するという回答が68％にのぼった(88)。年齢の低さに似合わず、綿密なリサーチをする人がとても多いことがわかる。実際、評価やレビューを9件以上参照するという回答も16％あった。女性回答者に限ると、さらに高い21％だった。Z世代にとっての評価とレビューは、製品・サービスの購入検討時に参考にしたい人間味や誠実さ、確実性、連帯感をもたらしてくれるものなのだ。企業の言い分ではなく投稿者のリアルな感覚に触れられる評価やレビューは、莫大な費用をかけた広告宣伝さえしのぐ可能性がある。

購買が増えるにつれ、Z世代はそれらの比較もうまくなってきている。グループ調査に参加したZ世代は、「ＹｏｕＴｕｂｅでは、どんな商品も複数のレビューを比較参照する必要がある」と言った。報酬を与えてインフルエンサーにいいことばかり書かせたり、好意的な評価を受けると謝礼品を贈ったり、消費者やプログラマーを動員して5つ星評価や推薦文を大量投下したりと、企業による操作の可能性にZ世代は気づいている。そして複数のプラットフォームで製品・サービスの実情を探るという賢い対抗手段を取っている。高額商品や大事なものを買うときは特にそうで、具体的には、ＹｏｕＴｕｂｅで異なる投稿者の動画を見比べる、アマゾンのレビューを確認する、グーグルで商品名と「評価」「レビュー」と打ち込んで検索するといった方法がある。

Z世代を顧客化したければ、誠実で日付の新しいレビューや評価、動画、推薦文が欠かせない。これはレストランや出前のような日常の買い物だけでなく、引っ越しのような高額の出費にも言えることだ。企業規模にかかわらず、初回トライアルを促進し、Z世代からの信頼を維持するには評価とレビューの向上に積極的に取り組むことが重要になる。

実際、〈Z世代の実態2017〉では、過去30日間に買い物で1回以上ネットの評価やレビューを参考にしたという回答が78%にのぼった(89)。

Z世代はすでに年間数十億ドルも消費しており、今後何十年にもわたって消費額は上がりつづける。他世代の消費にもたらす影響も急拡大していく。Z世代の消費マインドを今のうちに理解しておけば、彼らの潜在力を取り込むのに必要なアクションを取り、彼らが他世代にもたらす影響に備えることができる。

第3部

Z世代の「働き方」

第10章

Z世代への正しい求人活動

将来の貯金のために、お金を稼ぐのはすごく重要だと思う。個人的に、金融とかの勉強をがんばっている。将来いろいろなことを不自由なくやりたいから、投資できるお金が欲しい。

――アレッサンドロ（16歳）

リッキーは16歳になってすぐ、初めての仕事を探しはじめた。理由は家賃の足しにしてもらうため、そして「両親がぼくを甘やかすように、ぼくもプレゼントを買って両親を甘やかしたかった」のだという。

自分の年齢に合う求人情報をスマートフォンで探すと、すぐにインアンドアウト・バーガーの新店舗が見つかった。スマートフォンから申し込むと間もなく電話がかかってきて、面接に呼ばれた。

「面接に行くと、きっと接客に向いていると言われて、その場で採用された」

働きはじめて最初に感じたのは、完全なキャパオーバーだった。「主に見なきゃいけないのは、お客さんのことと、バーガーとフライの品質。これがストレスで。あの行列を見たらわかると思うけど、ドライブスルーの対応をして、それからフライの調理をして……ストレスが半端ない」

そんな大変な職場ではあったが、上司はリッキーが働きつづけ成長したくなる環境を作ってくれた。「ボスが近づいて、声をかけてくる。〝仕事がんばっているね。プレッシャーがかかるときも、冷静にベストを尽くしてくれたよ〟って。そうすると、しっかりやれているんだなと思える。気持ちが落ち着いて、もっとできるようになる方法を考える気になる。

高校生にとっては、給料がもらえるのは大きい。仕事をするのは初めてだったし、指導係はみんな自分より偉い人たちだったからビクビクしていた。こっちは高校生で、向こうは大人。叱られるんじゃないかと思った」

しかし、リッキーが叱りつけられることはなかった。上司は彼のよきメンターだった。「早くレベルアップしたいなら、これとあれを覚えて……というふうに教えてくれた」

インアンドアウト・バーガーでの仕事でリッキーが気に入っているのは、自分の望むスピードで成長できることだ。学習意欲が高いほど、早く昇進できる。昇進すると、それに合わせた指導が受けられる。

「レベルアップすると、まず動画を見せられて、それから全体のやり方の手本を示してくれる。そのあと自分でやってみて、正しくできたら少し安心する。〝よし、これならできるぞ〟って。だんだん1人でもできるようになると、落ち着きが出てくる。体がひとりでに動いて、脳みそが送る指令に任せるようになる。〝ああ、あれですね〟って感じで。

上司は母親みたいで、部下を家族のように扱ってくれる。ここは自分の家かなと思うくらい。いつでも相談に乗ってもらえて、ぼくがどうしているか気にかけてくれる。全員の距離が本当に近い」

リッキーの体験談には、Z世代が雇用主に求める多くの要素が含まれている。まず、モバイル・ファーストな素早い応募プロセス。次に、スマートフォンによる役職別研修のような、テクノロジーを使った成長・学習・指導の機会。また、部下を1人の人間として扱い、叱りとばしたりしない上司もZ世代は求めている。これらの要素は、Z世代を雇いたいがまだ適応できていない他社に差をつけるディフェンシブ・ディファレンスになる。ここから各項目を深掘りしていくが、その前に、Z世代の就職について私たちの綿密な調査で明らかになったキーポイントを見ておきたい。

まず、Z世代は働きたいということだ。それも、安定した会社でバリバリ働きたいと思っている。Z世代の全員が伝統的な仕事を捨ててギグエコノミーの仕事をしたいとか、人気YouTuberになりたいと考えているわけではないのだ。多くは地に足のついた仕事に就き、会社の中で成長することを望んでいる。なぜ安定した会社を希望するのか？　私たちの聞き取り調査では、世界的大不況で仕事を失ったミレニアル世代の姿や話が胸に刻まれているようだった。それゆえ安定性を重視している。そして安定性の高さは企業の規模に比例するとZ世代は考えており、大企業で働きたいと口をそろえる。小企業は（実態はどうあれ）リスクが高いというイメージだ。

また、より詳しい調査によると、グローバルとローカルの環境改善にコミットし、同一労働同一賃金やキャリアパスなどの社会的責任を果たし、通常ならベテランになってから意識するような福利厚生（企業年金等）を提供する就職先をZ世代は希望している。上司との密なコミュニケーションを（正式に働きはじめる前から）期待し、最新テクノロジーの利用やモバイル端末での能力開発といった労働環境を求め、若いうちから雇用主への明確な希望を持っているZ世代をこの章では解説する。

労働についてZ世代と話をすると、「どんな仕事でも引き受けるからチャンスを与えてほしい」というような言葉をよく聞く。それが本心であることは、ティーンエイジャーや大学生の年齢の若者を多く採用している企業を見れば明らかだ。Z世代の従業員はミレニアル世代よりも定着する割合が高いというところが多い。

では、Z世代の全員が遅刻せずに一生懸命働くかといえば、そうではない。人材サービス企業のランスタッドUSAによる調査では、採用したのに「会社から消えた」Z世代が43％もいると判明した（これの対策は後述するので安心してほしい）(90)。それでも、Z世代に労働意欲があることは確かだ。彼ら自身がそう主張しているだけでなく、ファストフードや製造業、建設業といったさまざまな企業がその明るい傾向を証言している。「機会があれば必ずZ世代を採用する。わが社にフィットして、よく働くことは実績が示している」とは、ある企業経営者の言葉だ。

しかし、Z世代を雇うことには難しさもある。まず、上の世代が今のZ世代と同じ年齢だった頃と比べ、就職・求職している割合が小さい。20歳未満だとその傾向は特に顕著で、アメリカ労働統計局によれば、16～24歳の労働参加率が1998年に65・9％、2018年に55・2％だったのに対し、16～19歳に限ると1998年の52・8％が2018年には35・1％にまで落ちている(91)。一般的に20歳未満の失業率は低いが、今の10代は上の世代ほど働いていないという大きなトレンドが目立たないところで進行している。

10代で働くZ世代が少ない理由にはさまざまな憶測があるが、私たちは次の4つが主要因だと見ている。

① 仕事ではなく授業や課外活動に集中させたい保護者の意向。
② 低所得層の子供が長期休暇や放課後のアルバイトに通うための安価な交通手段の不足。
③ 10代で働くことへの社会的・世代的要請の欠如または負のイメージ。
④ 地元企業でのパートタイム労働を斡旋する、学校や行政による能力開発プログラムの募集・応募件数の減少。

本当の理由がなんであれ、Z世代の労働参加率の低さは、若者を雇いたいのに問い合わせも応募もない企業に大きな課題を突きつけている。

働くZ世代が少ないことにより、労働者と雇用主の関係に興味深い変化が起きる可能性もある。かつては企業に出向き、応募書類を提出し、いい知らせを待つしか稼ぐ手立てはなかったが、今は柔軟な働き方と素早い報酬受け取りができるUberやLyft、DoorDash、Grubhub、TaskRabbit、Fiverr、Care.comといった無数のサイドギグアプリを使う道がある。しっかりと戦略を立てて取り組むなら、オンライン・インフルエンサーやナノ・インフルエンサーとしての活動も選択肢に入る。〈Z世代の実態2018〉では、Z世代の23%がなんらかのサイドギグ（雑用、短期労働等）で収入を得、9%が事業を経営していると明らかになった[92]。賃金即日支払いサービスを提供するインスタント・ファイナンシャルの調査では、労働時間と給与総額が同じなら伝統的な月給ベースの仕事よりも報酬を毎日受け取れる仕事を選ぶという回答が76%にのぼった[93]。

ほんの数年前にすらなかったような新しい稼ぎ方が数多く現れている。それでもあえて伝統的な仕事を探しているZ世代は、雇用主に対して特定の期待を抱いていると考えられる。その期待が、採用プロセス、定着と戦力化《オンボーディング》、研修、勤務スケジュール、賃金、継続的能力開発など、労働者と雇用主のあらゆる関係に影響をおよぼすのだ。

Z世代を中心に雇用環境を一変させ得るもう1つの要素として、透明性の高い、従業員のフイードバックやレビューが飛び交うオンラインの文化がある。従業員を不当に扱った企業は、またたく間に悪名が知れわたることになる。インターネットで酷評するレビューを読んだり、友人や家族から悪い話を聞いたりした企業の求人に応募する人はいない。ソーシャルメディアでの会話やレビューは、消費者市場と同じく人材採用でもきわめて重要だ。Z世代は初めてのレストランに行くか決めるためにレビューをチェックし、その店で1年間働きたいか見るために雇用主としての評価をチェックする、と言えばわかりやすいだろうか(94)。

求職者の74%が、従業員によるオンラインレビューは求人に応募するかどうかの判断材料として非常に重要、またはある程度重要と答えている。

大学に通う年齢のZ世代（およびミレニアル世代とのカスパー）の42%が、企業はウェブサイトの求人ページに、従業員による評価やレビューを載せるべきだと答えている(95)。

これは裏を返せば朗報でもある。働きたいと惚《ほ》れ込んだ企業のためなら、Z世代は仕事に全力を尽くすからだ。これまでに出てきた、Z世代が魅力を感じる雇用主の特徴をまとめてみよう。採用プロセスの速さ、個別のオンボーディング・研修プログラム、メンター制度、成長と

段階的学習の機会、部下を将来性豊かな個人として扱う上司、社会と環境に対する責任へのコミットメントなどがある。

では、企業の持ち味をZ世代に伝えるにはどうすればよいのだろうか？　Z世代の募集・採用・雇用で覚えておくべきニューノーマルを、この章で解き明かしていく。

非現実的、行きすぎ、不必要ではないかと思える項目があったら、いまやあらゆる規模の企業が求職者集めに手を尽くしていることを思い出してほしい。当然のことながら、応募してこない人は雇えない。重要なのは正しい求職者を呼び込むことであり、今後はZ世代にアピールし適応することが必須になる。向こう15年間は労働市場に占めるZ世代の割合が年々高まる一方なのだから。

求職も、1に友人、2にYouTube

ミレニアル世代と異なり、Z世代は買い物のアドバイスをもらうときと同じく、友人や家族を通じて職探しを始める。Z世代の年齢とライフステージなら妥当なところだ。

これが最初に明らかになったのは、〈Z世代の実態2018〉においてだった(96)。ミレニアル世代とZ世代を対象に、仕事を探すならまず何をするかを尋ねたところ、1位と2位に異なる回答が並んだ。Z世代では、友人や家族に求人情報を訊くが60％で1位、興味のある企業で働いている人を探して話を聞くが57％で2位だった。ミレニアル世代がインディードやモンスターのような求人ポータルサイト（67％）とコーポレートサイトの採用情報ページ（65％）を見ると答えたのとは対照的だ。

では、友人や家族に訊いたあとはどうするのだろうか？　Z世代は、企業文化をより深く知るため、ＹｏｕＴｕｂｅに飛ぶ。

これは大きな発見だ。Z世代の職探しにおけるＹｏｕＴｕｂｅの重要性は、企業やリーダーが考えるよりもはるかに高いことが私たちの調査でわかっている。ミレニアル世代やX世代ならリンクトインや匿名企業レビューサイトのグラスドアで勤務先候補を検討するところだが、その目的でグラスドアを利用するZ世代は24％しかいない(97)。代わりに使っているのが、普段ならハプニング動画や犬の芸、リップシンク、数学講座などを見るのと同じ動画プラットフォームのＹｏｕＴｕｂｅなのだ。

しかし人材の採用・定着に携わる関係者は、ＹｏｕＴｕｂｅだけで驚いてはいられない。その企業で働きたいかの判断材料としてＹｏｕＴｕｂｅを使うと答えたZ世代は40％だった。インスタグラムが37％で僅差の2位につけたが、それに次ぐ36％は、なんとスナップチャットを使うと答えたのだ。

写真共有アプリのスナップチャットは高性能フィルターなどで人気だが、自社の求人チャネルにしようと思う人は少ないのではないだろうか。だが、マクドナルドやシスコ、ＪＰモルガン・チェース、ゴールドマン・サックスといった企業は、すでにスナップチャットを利用した採用活動を始めている。

ゴールドマン・サックスは、スナップチャットの「カレッジ・キャンパス・ストーリーズ」プラットフォームを利用した。各10秒間のリクルート動画シリーズを投稿し、学生のさまざまなスキルや学歴、興味に合ったキャリアを積むチャンスがあると訴えた。動画はターゲットとなった60の大学の学生にのみ公開され、最後まで見るとインターンや新卒者向けの採用情報ページを訪問するよう促される。ゴールドマン・サックスの「メディア・キッチン」チームの報告によれば、9日間にわたって公開された動画は210万回再生され、オーガニック検索から採用情報ページへの訪問数は82％増加した(98)。

マクドナルドは、16〜24歳の採用を促進するために「スナップリケーション」と呼ぶ施策を行っている(99)。これは「スナップチャット」と「応募《アプリケーション》」を組み合わせた造語で、10秒間の動画の中で従業員が仕事の様子ややりがいを語る。視聴者はスワイプすると採用情報ページに飛び、そのままスマートフォンから応募することができる。

AT&Tは、古い電話会社が新しいメディア企業になったことをZ世代に伝える必要があると考えた(100)。それを言葉だけでなく行動で示すため、求職者とはスナップチャットとショートメッセージで連絡を取っている。ビデオ面接や、仮想現実《VR》ゴーグルでの職場見学も実施している。

誤解のないように言っておくと、効果的にZ世代を採用するにはスナップチャットが必須だというわけではない。それでも、従来は採用活動と無関係だと思われてきたオンライン・ソーシャルメディア・プラットフォームにも手を広げることが、これからZ世代を雇うには欠かせないという意識は持つべきだ。YouTube、スナップチャット、TikTok、インスタグラムの全部を使う必要はないが、若い労働力を引きつけるために活用できないか検討だけでもしてみるとよいだろう。Z世代に伝わる経路が友人・家族であれソーシャルメディア・プラットフォームであれ、すべてはクチコミと動画にかかっている。

社員紹介制度と企業ストーリー発信

Z世代の買い物と職探しに共通点があるのは予想外かもしれないが、育った環境を考えれば納得できる。情報全般を友人やレビュー、動画から得てきたので、仕事を探すときも買いたいものをリサーチするのと同じ方法で企業をリサーチする。実際、求職者として調べる企業の多くが、消費者としてよく利用する店である可能性は大きい。とりわけティーンエイジャーや大学生向けに、レストランや小売店といった地元のビジネスが学生アルバイトを募集している場合はそうなる。

だが、企業はYouTubeやインスタグラム、スナップチャットに飛びつく前に、一歩下がってZ世代の職探しの全体像を眺めたほうがいい。すると、強い効果が見込めるのに見過ごされがちなリソースがすでに手元にあることに気づくだろう。すでにいる従業員たちである。前節の冒頭で述べたとおり、Z世代において企業の従業員は、友人・家族に次ぐ仕事の伝手《つて》と見なされている(101)。それを念頭に、自社の社員紹介制度に改善の余地がないか考えるべきだ。

世界最大級の人材採用テクノロジー・プラットフォームであるアイシムズの、ロナルド・カスナーCOO（インタビュー当時）に話を聞いた(102)。アイシムズは世界4000社以上にソフトウェアソリューションを提供し、年間400万件以上の採用を成立させている。1000人ほどの自社従業員に豊かな労働体験を提供することにも注力しており、能力開発やワーク・ライフ・バランスのほか、地元ニュージャージー州コミュニティへの還元などを重視している。

カスナーによれば、社員紹介はアイシムズの採用チャネルの中でも大きな位置を占める。求人情報を従業員から友人や知人にソーシャルメディアでシェアできる機能をソフトウェアに追加したほどだ。言うまでもなく、ソーシャルメディアはZ世代が企業研究や求人情報のためによく使うツールだ。

これと同様の動きは世界中にあり、たとえばセールスフォースは就職先としてZ世代に人気だが、その理由の1つに「リクルートメント・ハッピーアワー」という特別な紹介プログラムがある(103)。従業員が求職者を招待し、面接というよりも気さくなパーティーのような趣で人を集める。紹介者へのボーナスは累計で数百万ドルとされ、コーポレートサイトによると「最大の新規採用ソース」になっている。なお、最終的に採用にいたらなかった紹介案件についても、従業員にはメジャーリーグのサンフランシスコ・ジャイアンツの観戦チケットが報奨として与えられる。

社員紹介制度はホスピタリティ業界でも積極的に活用されている。シナボンやジャンバ・ジュース、アンティ・アンズ、カーベル、モーズ・サウスウェスト・グリルなどの飲食店を傘下に持つフォーカス・ブランズの北米担当COO兼社長であるキャット・コールは、Z世代の採用には紹介が効果大だと言う(104)。「昔ながらの方法だけれど、わが社では通常の募集に比べ10倍もの効果がある。最高のリクルーターは、既存の従業員だ。今はソーシャルネットワークもあり、事業を宣伝したり人材を呼び込んだりする力を強めている」

社員紹介制度のボーナスは工夫のしどころだが、タイミングも意識するとよい。紹介された新人が1年勤めたところで支給する企業が多いが、Z世代が紹介者ならば短い期間で小分けにインセンティブで渡すことも検討してはどうだろうか。新人が勤めはじめたら1回目を支給し、半年後に2回目、1年後に3回目を支給するというふうに。そうすれば、紹介そのものをすぐに報奨し、2回目以降は紹介者自身の勤続へのインセンティブとも位置づけられる。入社から1周年まで、全員がウィン・ウィンになる方法だ。

社員紹介制度の充実と併せて、自社のミッションや価値観、文化、ストーリーを求職者にはっきりと伝えることも重要になる。

紹介された求職情報に興味を持ったZ世代は、どのような行動を取るか？

まずまちがいなく、グーグル検索、あるいはグーグル・チューブし、その企業のことを調べる。

ミレニアル世代と大学生相当年齢のZ世代の78%は、勤務スケジュールが柔軟な仕事のオファーなら、インセンティブがなくても即決すると答えている（105）。

Z世代が消費者として企業を評価するポイントはすでに述べたが、それらの評価基準はすべて、雇用主としての企業にも当てはめられる。評価基準を満たしているか、仕事とキャリアへの希望が叶えられそうな職場かどうかの手がかりを、Z世代はYouTubeやソーシャルメディアを見て探す。ここまで言及したもの以外も含め、評価ポイントをまとめてみよう。

・製品・サービス以上の意義がある企業かどうか。手元の作業にとどまらない貢献ができる仕事をZ世代は望んでいる。

・自分が組織の歯車にならないかどうか。社員を1人の人間として扱い、成長を手助けしてくれる企業や上司をZ世代は求めている。新卒レベルの仕事であっても、その役割がビジネス全体の中でいかに重要かを知りたがっている。

・ダイバーシティ&インクルージョンが重視されているか。現場の社員から経営のトップまでをZ世代は見ている。

・職場は明るく、勤務スケジュールは柔軟かどうか。Z世代では、柔軟な勤務スケジュールは高い賃金にも勝るという調査結果もある。

企業向けオンボーディング・プラットフォームのエンボーダーは、従業員が働きはじめる前から有意義なエンゲージメントを創出することを可能にする。取引先にはマクドナルドやギャップ、ノバルティス、イベントブライトなどがあり、Z世代に有効な採用・戦力化のベストプラクティスを定期的に研究していると創業者のブレント・ピアソンは言う(106)。

「明らかになったのは、Z世代は従業員ファーストの企業を最優先するということだ。給料の金額よりもずっと優先度が高い。人生の3分の1を仕事に費やすなら、価値観を共有できる会社で、心から楽しめる仕事をやりたいと思っているようだ」

同様の意見は、ビジネスリーダーや人材採用責任者を取材するたびに聞かれた。ティファニー・テイラーが創業したティフス・トリーツは、全米に65以上の拠点を持つ焼きたてクッキー宅配サービスのパイオニアであり、Z世代が従業員の多くを占める。顧客にも年々Z世代が増えるなか、若い従業員とより強くつながるために採用プロセスを改良しつづけている。

テイラーは言う(107)。「応募者のために面接体験を能率化しようと努めている。Z世代を相手にするとき特に必要なのは、スピードを上げることと、独自の労働体験を提供すること。面接プロセスを加速し(人事部からすぐに応募者に連絡し面接を設定する)、それと同時に面接内容を強化してわが社のストーリーと持ち味を伝えられるようなプロセスを作っている。応募者を招き入れ、よくあるファストフード店のようなZ世代の定番になっている仕事とのいろいろな違いを私たちから説明する。反対に応募者からは、そういう職種の志望者たちと自分がどう違うのかをアピールしてほしい。

チームメンバーのことは配達したり焼いたりするだけの役割ではなく、ブランドの代表者として見ている。そこは丁寧に伝えるようにしている。私たちはあらゆる職務レベルのすべての従業員が参加することを期待していて、Z世代のほうも信じられるものを求めている」

ティフス・トリーツでの仕事が他者の役に立つことを強調すると、Z世代からの反応がよくなったとテイラーは言う。

「わが社は〝温かい時間〟を生み出すことを目指している。実態は〝クッキーを届けるだけ〟だったとしても、人々の生活に大きなインパクトを与えられる。そういうことがZ世代の心に響く。私たちの目的はクッキーよりずっと先にあり、Z世代は自分よりも大きなものの一部になりたい、利益以上のものを大事にする会社で働きたいと思っている。
幸せを感じるひとときを作るのがわが社の仕事。感謝運動への参加を呼びかけ、私たちの力で大切な人に気持ちを伝えやすくしようと日頃から言っている。わが社の仕事はエモーショナルで、従業員も日々それを感じている」

テイラーのように大勢のZ世代を雇っている経営者は、企業の使命と文化を採用プロセス全体に織り込むのが重要だと理解している。

フォーカス・ブランズのキャット・コールも同じ見方をしており、20年前に入社した頃から採用活動がどのように変化したかを次のように語った(108)。「コンテンツ戦略が違うし、チャネルも違う。コンテンツは〝仕事〟メインだったのが、従業員発信ブランド、帰属感、ミッション、企業文化にシフトした。チャネルは企業側からの一方的なメッセージ発信から、YouTubeやTikTok、スナップチャットを通じた既存従業員によるオーガニックな体験の共有に変わった。この変化は始まったばかりだけれど、今の若者に働く機会を知らせる方法は、上の世代とははっきりと違う」

Z世代が雇用主に向ける期待も、上の世代から明らかに変化しているという。「社会や環境、政治といったテーマについての個人的な意見とスタンスに背かない仕事を期待する傾向が強くなった。また、一時的にあてがわれた仕事をこなすだけでなく、学びつづけて新しいことにどんどん挑戦できる環境への期待も感じる」

従業員による紹介と、企業の使命・価値・文化・問題意識をわかりやすく伝えるストーリー。これら2つをコア要素として、Z世代の採用活動の基盤を構築することになる。この両輪さえそろえば、具体的な方策はさまざまに工夫できる。

ただし、取りかかる前に正しいアピール方法をZ世代に確かめておかなければならない。優秀な消費者ブランドがZ世代（あるいはZ世代研究者）にどのような販売アプローチが好ましいかの助言を乞うているのと同じく、求人についても最良のリーチ方法をZ世代に尋ねるのが賢明だ。すでにZ世代の従業員がいるなら、協力してもらおう。動画などのソーシャルメディアコンテンツの形で、その従業員から同世代に企業情報を流すのが理想だ。カギは、仕事にやる気を感じるポイント、求人情報に触れるのに適した経路、信頼性を高め初回応募を促せるストーリーの語り方をZ世代に尋ねること。尋ねればZ世代は答えてくれる。

Z世代採用のためのコンテンツ作成では、次の5つを意識するとよい。

①　YouTubeをはじめとしたソーシャルメディア・プラットフォームに仕事紹介の動画を投稿する。受けられる研修の種類を説明し、コミュニティと全世界に好影響を与える意思を示すようにしよう。ソフトウェア企業のSAPは、Z世代の新入社員を毎年7000人以上迎え入れている。B2B企業ゆえ、事業内容を知らない求職者もいるかもしれない。そこで、従業員価値提案《EVP》を「自分のすべてを表そう。自分が望むすべてにな

ろう」と改定し、従業員発信ブランドのＹｏｕＴｕｂｅチャンネル「ライフ・アット・ＳＡＰ」を開設した。従業員がＳＡＰの文化を、養子縁組支援制度やバリアフリー設備、キャリアパスなど、あらゆる側面から語る動画が掲載される。ブランコ状の椅子に座って仕事をする様子など、ちょっとしたオフィス見学ができる動画もある。

②求人動画や従業員発信ブランド動画にはＺ世代を出演させる。同年代の出てくる動画がＺ世代は好きだ。ほかにも民族、ジェンダー、ダイバーシティ、教育、職歴、学歴など、見ていて感情移入できる要素を持っている出演者が適している。スターバックスは「カレッジ・アチーブメント・プラン」と銘打ち、従業員によるアリゾナ州立大学での学士号取得を援助しているが、その取り組みのおかげで自分の人生とコミュニティが一変したとＺ世代が語る動画は、手本にしたいすばらしい出来だ。

③舞台裏の写真や職場の日常を写した写真を採用情報ページやソーシャルメディアに掲載する。Ｚ世代はソーシャルメディアを視覚的につながるものと考えている。企業文化は言葉で語らず目に見せるようにしよう。

④Ｚ世代が応募したくなる採用のツボを押さえる。柔軟なスケジュールや明るい職場など、

私たちの調査で「欲しいものリスト」の上位にあがった要素のことだ。「ライフ・アット・SAP」はこの点がうまい。

⑤ 求人への応募がスマートフォンから手早く簡単にできることを強調する。マリオット・ホテルは「マリオット・キャリアズ」という専用YouTubeチャンネルに、応募手順を説明する短い動画を掲載している。オープニングに面白い映像とZ世代の姿を入れているのも高評価のポイントだ。

Z世代向けの応募手順

求人に応募するのに、多いときには3ページにもわたって書類を手書きした時代もあった。会場に行ってからペンを忘れたことに気づき、なんとか手に入れても今度はちょうどいい台が見つからず、読める字で書くのに苦労したのも、今となってはいい思い出だ。Z世代にそんな郷愁はない。彼らはボールペンの1本も持ち歩かず、鉛筆など手にすることもない。Z世代が期待するのは、インターネット上で完結し、スマートフォンに対応し、記入途中で一時保存できる応募システムだ。

それほど重要ではないと思うかもしれないが、いくら丹精込めて求人情報を仕上げても、応募手続きが複雑すぎるとZ世代にあっけなく見放されてしまう。入力すべき情報がいつも手元にあるとは限らないので、記入したところまでを保存しておける機能はとりわけ重要だ。この機能を実装してアピールすることにより、応募のスタートラインに立つ人数が増えるのはもちろん、時間はかかってもより多くの応募者がゴールまで残るようになる。また、初めに連絡先を保存させれば、手続きの途中で止まっている応募者に記入を再開するよう促すこともできる。「私たちの求人に興味を持っていただきありがとうございます。応募フォームを完成させて、自分の希望と適性にマッチする仕事かどうか確かめてみませんか？　このリンクをタップすると、保存したところから始められます。ご応募お待ちしています！」といった内容をeメールやショートメッセージで送るのだ。

手順が適切でなければ、Z世代は応募を開始することも、ましてや完了することもない。応募手続きの長さや細かさだけ見て敬遠するケースも、とりわけ一時保存機能がない場合には珍しくない。人手不足の業界や若い人材確保が急務の成長企業では、応募の完了件数（たいていは開始件数だけでも）を増やすことが、求人目標達成のカギになり得る。

では、Z世代はどのような応募システムを期待し、どんな要素があれば応募フォームを完成させたくなるのだろうか？　この問いへの答えは、業務紹介ページや採用情報ページを訪問しても応募しない、あるいは手続きの途中で離脱してしまうZ世代の多さに悩む企業への処方箋になる。

Z世代が応募を開始・完了・申込するかどうかは、応募プロセスにかかる実際の時間だけでなく、かかると予想される時間の長さが大きなポイントだと私たちの調査でわかった。なぜ予想が重要なのかといえば、Z世代はまず応募フォームをざっと眺め、手間と時間がかかりすぎないか判断するからだ。〈Z世代の実態2018〉では、簡単なオンライン応募プロセスが重要だという回答は58%にのぼり、初任給の明示よりも多くの票を集めた(109)。

企業によってはあえて応募フォームを長くし、その程度の根気もない求職者や「コミットしていない」応募者をふるい落とすというところもある。しかし、小売業や飲食業、サービス業をはじめとした多くの企業や営業の現場では、とにかく応募者を増やすことが急務となっている。

私たちの全米調査ではZ世代の60%が、応募フォームの記入にかけられる時間は最大で15分と答えている。さらに、10分という回答が30%、5分以下という回答も10%あった。この点についてティフス・トリーツのティファニー・テイラーは次のようにコメントした(110)。「Z世代の募集と採用では、スピードとアクセス性が圧倒的に重要になる。わが社の応募フォーム、面接スケジュール、オンボーディング過程はすべてオンライン対応しており、完了するのも早いし簡単。留守番電話でのやり取りや書類仕事は邪魔になる。そういうものをなくして、なるべくスピーディーに志望者を呼び込み、仕事に取りかからせたい」

長い応募フォームを記入する意欲もないのかと非難するのは簡単だが、それよりもZ世代が今の年齢になるまでに経てきた応募体験、さらには購買体験に考えを向けることが重要だ。彼らの多くはフォーマルな応募手続きを完了したことがないため、複雑かどうかに関係なく応募プロセスに尻込みする。また、彼らの世界はネットバンクの口座開設からYouTubeの動画探しにいたるまで、すべてが効率重視で、手順はなるべく少なくされている。大きな買い物でもオンラインなら5分とかからず、即日配送のサイトを中心にワンクリックで注文が完了するところも多い。子供の頃から積み重ねてきたこれらの体験が、企業への期待を形成し、求人への応募にも影響をおよぼしている。Z世代は企業からの「ずばり核心」のメッセージしか知らないのだ。

Z世代に求人応募プロセスを完走させるための、簡単で低コストな6つの作戦を以下にまとめよう。

① 応募を完了し申し込むまでのプロセスを説明した短い動画を掲載する。時間は30秒以下で、熱量が高く、企業文化を投影し、応募意欲をかきたてるものがよい。

② 一時保存の機能をつける。今のZ世代は好きな場所で応募フォームに記入するので、必要な情報がその場でそろわなかったり邪魔が入ったりすることも多い。

③　応募者の氏名と、メールアドレスまたは携帯電話番号を最初に記入させる。応募手続きの途中で離脱されてもあとからコンタクトできる。忙しくて中断しただけであれば、このちょっとしたリマインダーで最後まで手続きする可能性が高まる。それで優秀な人材や適性ある社員が採れる場合もあるので、応募者が了承しているなら、eメールやショートメッセージでつついてみて損はない。また、Z世代は親しみを感じる企業に応募することが多いため、その印象を強める意味でもリマインダーは有効だ。メールアドレスと電話番号の両方がわかるなら、ショートメッセージを優先しよう。それはリマインダーだけでなく、面接の日時・場所を調整するのにも当てはまる。

④　最初の応募フォームを短くする。そうすることで申し込みが増えたと取材で語った人材採用責任者は多い。応募者には電話やインターネット、対面で面接を行い、より詳しいことを尋ねる完全版の応募フォームを渡す。面接で対話して適性があるか見きわめ、職場の魅力を伝えたうえで長い応募フォームを書かせるわけだ。ある建設企業の経営者は、「わが社で働くべき理由を直接伝えたいので、応募フォームはできるだけ短くしている。応募フォームが長いと、うちはいい職場だとZ世代に訴えるチャンスが減る」と語った。

⑤　応募フォームにマーケティング要素を入れる。企業文化の特徴を伝え、他社と差別化で

きる表彰制度や人事システムを示し、いかに自社が従業員を重要視しウィン・ウィンの関係を築けるかを訴えよう。

⑥ 仕事の説明に人間的な要素を加える。賃金や福利厚生のような普通の情報だけでなく、従業員のコメントや1日の業務の様子を生の声で伝えるとよい。

アイシムズのロナルド・カスナーによると、ショートメッセージでの受け付けに対応すると応募件数が増えるという(111)。とりわけ小売店と飲食店で「従業員募集中。応募はSMSで」のように掲示し、求職者が連絡先をすぐに送れるようにすると効果が高い。採用担当者やAIチャットボットを通じて問い合わせに回答し、応募者を選別し、応募プロセスを説明する出発点となる。

まとめると、初めの応募手順をできるだけ簡単にすれば、応募者が増え、自社のストーリーやミッション、ビジョンを共有する機会も増える。応募者の選別は採用プロセスの各段階で行えるので、まずは最初のステップを必要以上に複雑化して有望な人材を弾いてしまわないように注意したい。

募集要項の要素で応募のきっかけになるものは？(112)

・給与　85％
・福利厚生　80％
・1日の業務の紹介　79％

※ミレニアル世代と大学生相当年齢のZ世代が対象

面接とフォローアップ

面接はストレスも時間もかかるものだ。それはどの世代にも言えることだが、Z世代を雇いたい企業と、最適な企業を見つけたいZ世代では特に当てはまる。まだ若く、活かせる仕事の経験がほぼないのと、対面や電話、ウェブ上で仕事の面接をした経験も少ないからだ。それゆえ、Z世代の推薦状をチェックしたり、専門性・態度・経験から業務適性を判断したりするのは簡単ではない。

この問題をさらに深刻化させているのが、無償インターンシップへの批判だ。無償インターンシップには賛否両論があり、その是非は置いておくとして、過去に多くの求職者が初仕事への入り口にしたことはまちがいない。アメリカでは現在、インターンシップは有償が原則で、企業は応募者がすでに持っている経験を重要視するようになったため、経験を持たない層にはハードルが高い。若いZ世代ならなおさらだ。

テキサス州オースティンにある私たちの研究所では、一族で初めての大学進学者に向けた有償インターンシッププログラムを提供している。これは「ブレイクスルー・セントラル・テキサス」というイニシアチブの一部で、誇りと熱意を持って取り組んでおり、次の世代と地元のコミュニティに貢献するものだと自負している。しかし、なんの経験もない17歳のインターンに給料を払える企業ばかりではなく、面接スキルと経験値はなくても潜在能力があるZ世代を探すため、面接を「正しく」行うプレッシャーが企業にはのしかかってくる。Z世代が年齢を重ね、仕事に就く層が増えていけばこの問題は緩和されるだろう。しかしそれまでは、仕事の経験がなく、面接に何を着ていけばいいかの知識もない世代を相手に、どのような面接を行ったらいいだろうか。

企業とZ世代のよりよいマッチングのため、3段階の面接アプローチを紹介しよう。

1．事前に詳しく伝える

面接や面接プロセスに関する要点をeメールやショートメッセージで送ることにより、応募者はストレスが軽減されて自分の能力を示しやすくなり、企業側は面接の効果を高められる。

これはZ世代以外にももちろん当てはまる。服装や持ち物、来社時間、駐車場の場所など、面接で案外ストレスになるポイントを伝えよう。服装の指定には注意が必要で、たとえば「ビジネスカジュアル」は世代やジェンダー、地域によって内容がだいぶ異なるという調査結果がある。自社ではどのような服装を指すのか、シンプルな例を示すと応募者が迷わなくてすむ。また定刻に面接を受けるには何分前に到着すればいいのかも書いておくと親切だ。面接に適した服装についてはさまざまな意見があり、職場の文化に合わせるべきとも個人の多様性を認めるべきとも言われる。具体例や選択肢をあげて応募者に選ばせるのが妥当だろう。

次に、推薦状や職務経歴書といった持ち物を伝える。働くのが初めてなら、個人的な推薦状や、仕事への熱意と性格・特技を書いたものでもいいだろう。働いたことがなく、初めて本格的な職に就こうとしているならば、そういった書類を面接に持参しようと思いつかないかもしれない。

いずれも細かいことではあるが、それで面接プロセス全体のストレス軽減と効果向上の恩恵を誰もが受けられる。また、こういった案内をしておけば、応募者は自信がつき、気持ちを集中させ、実力を出しやすくなる。

面接の準備や本番でのコツを教えるのは過保護だと考える向きもあるが、私たちはそうは思わない。応募者がしっかりと準備して、実力を示す機会を与えるべきだ。文化や世代、年齢による差は非常に多岐にわたり、人材採用のベテランですら優秀な応募者を見落とす可能性がある。事前情報を伝えて、応募者が採用後にどんな貢献をしてくれるのかを引き出そう。それこそが、企業が知りたいことなのだから。

2．クリエイティビティが見られる質問をする

仕事の経験がない応募者への質問は、学歴や学業成績、ボランティア活動、打ち込んでいる趣味など、過去と現在のことに偏りがちだ。しかし、学業のことを話させるよりは、具体的な課題やシナリオ、問題をどう解決するかを尋ねてはどうだろうか。実際のビジネスの問題解決にあたっての考え方やアプローチを示すのに職場での経験は必要ない。むしろ、応募者が創造性を見せる機会になる。たとえば、自社のウェブサイトの改善案や、ブランドの魅力を高める方策を考えさせてみる。このときに肝心なのは答えの中味ではなく、問題へのアプローチの取り方である。

3．丁寧な説明と適切なフォローを

企業側は応募者を雇いたい意思を示し、応募者は企業で働きたい気持ちを示す必要がある。そうして互いにマッチすることを確かめる。Z世代はOJTや職業的成長、安定、福利厚生に

強い関心がある。まずは勤務初日や1週目などの早い段階から受けられる研修や能力開発の機会を、面接の場で話すとよい。業務や役職に特化したものでも、ビジネスの一般的なものでも、Z世代の興味を引くことができる。同様に、業績の安定性、福利厚生の制度、従業員重視の姿勢を説明すれば、仕事とキャリアの両方を求めるZ世代の心に刺さるはずだ。

面接後にフォローアップするスピードと経路にも注意を払おう。アイシムズのロナルド・カスナーによれば、大学の最終学年を対象に面接とモバイルコミュニケーションについて調査したところ、採用・面接プロセスの進捗について1週間以内に連絡がなければ別の就職口を検討しはじめるという回答が45%にのぼったという(113)。「ショートメッセージでの連絡が効果が大きい。Z世代を最初に引きつけるだけでなく、採用プロセスの最後まで引きつけておくためにも、コミュニケーションの速さは重要になる」

アイシムズの協力で連絡方法を切り替え、採用効率が急激に改善したのがハードロックカフェとRPMピザ(ドミノ・ピザ最大のフランチャイズ加盟店)だ。ハードロックカフェはeメールと電話での連絡をショートメッセージに切り替えたところ、応募者からのレスポンス率が50%から75%に上昇した。RPMピザは、eメールだと開封率7・3%、レスポンス率2・1%だったのが、ショートメッセージでは開封率99%、レスポンス率91%に改善し、平均レスポンス時間は1分になった。

ビデオ面接について

ビデオ面接とはどういうものか、Z世代の採用に効果的かと疑問に思う企業は多い。ビデオ面接には多くのプラットフォームと形式がある。主な利点は、企業が求職者の顔を見ながら電話面接より詳しい話ができ、なおかつお互いに移動の手間と時間の制約をなくせることだ。求職者からはビデオ面接が好きではないという声も多く聞かれるが、導入する企業は増えつづけている。最近ではリアルタイムの面接ではなく、求職者が質問への答えを録画して企業に送るという形式まである。

将来的には、年齢を重ねるにつれてZ世代の求職者もビデオ面接に慣れていくと思われる。グーグル・ハングアウトやフェイスタイムでのビデオ通話や、Ｈｏｕｓｅｐａｒｔｙでのビデオチャットなど、Z世代は常に動画とともに成長してきた。音声通話よりも顔を見ながら通話するほうが安心で自然だと感じる層もいるかもしれない。

ビデオ面接を導入するときのポイントは、前の節で説明したことの応用だ。たとえば、お互いの顔がよく見える、明るく静かな場所を選ぶよう伝えるとよい。ログインの時刻やデバイスの推奨環境といった案内もリンクで送るようにしよう。

採用の伝え方

Z世代は雇われた経験がほぼないため、研修や専門スキルの取得、給料日、賃金水準、福利厚生といったような、就職にまつわる細部までは理解していない。Z世代に採用を伝える際には、詳しく説明することが重要だ。仕事を引き受けることの重大さと責任や、自社に入ることの利点を伝えよう。

新人が知っておくべき要点を1ページにまとめて渡すのが理想だ。勤務開始日、給与、福利厚生、勤務スケジュールなどである。Z世代は学業や副業を同時進行する場合もあるため、スケジュールは特に重要になる。より詳細な従業員向けハンドブックがあるなら、採用通知を出す際に渡しておけば、新生活に向けたZ世代の期待は高まるだろう。

採用通知に関する3つのベストプラクティスを紹介する。

・箇条書きにして読みやすくする。

・勤務開始日と合わせ、出勤時間と1週目のスケジュールを明記する。

・入社意思の連絡先や、勤務開始までの必須事項（運転免許取得、薬物検査等）を記載する。

入社すると連絡があったときは、ウェルカムメッセージを送るとよい。短い動画が理想だが、ショートメッセージでも構わない。すでに送付したフォーマルな採用通知とは異なり、勤務初日に向けた下準備という位置づけだ。その中で強調するべき4つのポイントがある。

①　チームに新たな一員が加わった喜びを伝える。「よく決断してくれた、すばらしいキャリアと学びの入り口になるはずだ」というふうに。

②　勤務初日に持ってくるものや、それまでにやっておくことをリマインドする。

③　駐車場の場所や最寄りの公共交通機関を説明する。勤務初日には重要なことだ。

④　初日に出勤したら誰に会い、何をするかを伝える。面接・採用の担当者が上司や指導係、同僚になることは少ない。勤務開始前に質問したいときの電話番号とメールアドレスを教えると親切だが、そこは企業文化に合わせた判断になる。

ウェルカムメッセージは、企業文化に触れてもらい、歓迎の気持ちを伝える機会だ。

いいウェルカムメッセージのカギは、Z世代の新人が温かい気持ちになり、勤務初日への期待感を抱くことだ。そうなれば、早く成功への道を歩みだすことができ、心の準備ができていない新人にありがちな疑念や不安を減らすことにもつながる。また、新人がウェルカムメッセージをシェアしたり友人に話したりすれば、応募が増える可能性もある。人手不足の時代には重要なことだ。

どれほど詳細に伝えるべきか迷ったら、パスワードで保護した新人向けQ＆Aページを用意するという方法もある。これならば、勤務開始前に多く寄せられる質問を網羅することができる。デジタル上のセルフサービスに慣れているZ世代に適した方法であり、人事部への問い合わせも減らせる。

この章で述べた方策は、いずれも効果は高いが初歩的なものだ。本気でZ世代を感動させ、企業文化に溶け込ませるには、1つ上のレベルのアプローチで新人を迎え入れ、戦力化する必要がある。それは勤務初日のずっと前から始まるのだが、詳しくは次の章で解説する。

第11章

長期的戦力の採用と育成

いつも自分にプレッシャーをかけて、「今よりもうまくできる、もっとできる、成長できる」と言い聞かせるタイプなので、上司から「よく働いてくれるね。わが社の自慢だ」とか「いてくれて助かるよ。大切な社員だ」と言われると、ものすごく嬉しい。それもメールやスカイプメッセージじゃなく、面と向かって言われたい。

――Z世代の社員

イザベラはワクワクが止まらない。春からキャリアフェアに参加し、デザインアシスタントの仕事に応募しつづけてきた。並行して35件のフリーランス・ギグを請け負い、実績を作ってきた。その結果、テンプル大学を5月に卒業し、8月に入ってついにフィラデルフィアのデザインマーケティング・エージェンシーから採用通知を受け取ったのだ。初出勤は2週間後。ワクワクと同じくらい不安も感じている。就職はこれが初めてで、オフィスで働いたことがない。何を着ていけばいいのだろう？　ドレスコードは「クリエイティブ・カジュアル」だと面接のとき言われたけれど、どんな服装なのか見当もつかない。そういえば、応募する前にグーグル検索したとき、会社のウェブサイトにチームメンバーひとりひとりの短い動画が載っていた。もう一度よく見てみよう。ジーンズを穿いている人もいれば、ファンキーなシャツとネクタイという恰好《かっこう》の人もいる。こちらの女性は古着店で売っていそうな90年代風のワンピースだ。どうやら清潔感と統一感があればなんでもよく、工夫もいろいろとしていいらしい。これならきっと溶け込める。

あと気になるのは、上司のケイシーのこと。面接では、入社したら最新のデザインソフトを習得してプロジェクトに創造的な貢献ができると言われた。でもものすごく忙しそうなケイシーはクライアントを9社も抱えていて、私にスケジュールとロジスティクスの管理を任せたいと言っていた。管理業務で手一杯にならなければいいが。

面倒な手続きもある。フリーランスでデザインの経験を積んだものの、勤務するのは初めてだ。自分に合った健康保険プランを選んだり、確定拠出年金《401k》を運用したり……いったいどうすればいいのだろう?

期待と不安のあいだを行ったり来たりしていると、突然スマートフォンが震えた。ショートメッセージが届いたようだが、連絡先が登録されていない。開いてみると、動画だった。タップして再生してみる。

「こんにちは、イザベラ。ケイシーです。もうすぐ一緒に働けるのが待ち遠しいです! 今週のどこかで一緒に朝食はどうかなと思うのだけど、ご都合はいかが? 初出勤の前に話したいなと思って。中心街でお気に入りのカフェがあれば教えてください」

驚いた――でも、ホッとした。勤務開始まで2週間あるが、その前にケイシーともう一度話せる。好きな店を訊いてくれたのも嬉しかった。

初出勤の日を迎えるまでに、さらに何件かのショートメッセージが届いた。「趣味は？　好物は？　3時のおやつには何を食べる？」という質問は、クリエイティブ・ディレクターからだった。想定外のことに面食らいつつ、正直に「ハイキング、タコス、ブラック・リコリス」と返事した。

「宿題」についての連絡も来た。源泉徴収額の算定に必要な質問票にスマートフォンから答えてファイナンシャル・アドバイザーに送信すると、入れ替わりに401kのクイックガイドが送られてきた。人事部から届いたもう1つの動画は、健康保険のプランの違いを説明するものだった。

ああ、よかった。膨らんでいた不安がしぼんでいくのを感じた。

初出勤までの2週間で、401kと健康保険のプランはしっかりと検討することができた。ケイシーとのブレックファスト・ミーティングでは、Adobe（アドビ）イラストレーターを半年で習得するプランも決まった。

最後のサプライズメッセージが届いたのは、勤務開始の1週間前だった。会社のウェブサイトで見覚えのある、4人のチームメンバーからの動画だ。

「ハイ、イザベラ！　ぼくはニッキー。私はセリア。イアンだよ。ジョーです」4人が画面に収まるようギュッと集まり、イアンが自撮りモードで撮影している。

4人は代わる代わる話しはじめた。「みんなイザベラと同じデザインアシスタントなんだけど、来週会社に来る前にちょっと挨拶したくて。それと、木曜の夜は空いてるかな？　オフィスの近くにおいしいメキシコ料理店があって、マルガリータのハッピーアワーをやってるんだ。タコスが好きって聞いたから、よかったら一緒に！」

セリアが言う。「歓迎係に立候補したので、初日に会ったらいろいろ案内するね。仕事のことならなんでも訊いて。うちの契約システムはちょっとおバカなところもあるけど、罠《わな》にかからないよう教えてあげるから大丈夫。カフェテリアのシーザーサラダは取らないほうがいいよ、クルトンがベチャベチャだから。メニューはほかにもあるからね。それじゃ、また来週！」

感激、感激、大感激。みんないい人そうだし、会う前からハッピーアワーのお誘いまでしてくれた。こちらも動画で返事をしようと、スマートフォンで自撮りを始める。

「みなさん、初めまして！　温かいメッセージをありがとう！　マルガリータのハッピーアワー、ぜひ行きましょう。直接会うのが待ちきれません。本当にありがとう――来週が楽しみです。あっ、ベチャベチャのクルトンは私も無理。覚えておきますね」

初出勤の日、オフィスに着くとケイシーがロビーで待っていた。あとについてデスクまで案内してもらう。

そこには予想もしないものが待っていた。

デスクの上に、ブラック・リコリスのバケツ型大容量パックが鎮座していたのだ。アソートになっていて、ひも形、棒形、渦巻き形、長方形と、思いつく全部のバリエーションがあった。パッケージにメモが貼ってある。「3時のおやつ、これでしばらくもつかな☺」

キーボードを見ると、「みんなからのウェルカムプレゼント！　これでハイキングギアを充実させて！」というメッセージと一緒に、REIのギフトカードが置かれている。

立ち去りかけたケイシーが、昼食はチームのみんなと食べないかと尋ねた。初出勤を記念して近所のタコス・バーを予約したのだという。

1日が終わって新しいアパートメントに帰っても、興奮は冷めなかった。すてきなプレゼントの数々。でも、プレゼントそのものよりも、社員のことを気づかってくれる会社に入れたことに安心していた。義務でもないのに、進んでやってくれた。それが嬉しい。もうこの会社の一員だ。

このイザベラの話を読んで、呆《あき》れている人もいるかもしれない。X世代より上の世代では、新しい職場でこのような歓迎を受けることはまずなかった。どこの世界の話だと苦笑してしまうのも無理はない。かつてはオリエンテーションで人事部から分厚い資料のフォルダーを渡されたものだ。そもそもオリエンテーションがないところも多かった。上司が忙しそうにしていれば、部下は頭を低くしてデスクに向かったものだ。それが、おやつにギフトカード、動画のウェルカムメッセージ、歓迎係、ブレックファスト・ミーティングで能力開発の相談に乗る上司とは、甘やかしすぎだろうという声が聞こえてきそうだ。

しかし、これらはいずれも時間や手間、費用はさほどかからないが、従業員の仕事への取り組み方には大きなインパクトを与える。『ハーバード・ビジネス・レビュー』で発表された調査によれば、企業のアイデンティティとニーズではなく新入社員個人のアイデンティティを重視したオンボーディングを導入すると、入社半年後の定着率が33％向上する(114)。

また、甘やかしているわけでもない。イザベラの例では、従業員が歓迎され、大切にされ、価値を認められていると感じられるよう、また、従業員と人と人のつながりを築けるよう気を配っているだけだ。気づかっていることが伝われば、従業員のほうも雇用主や同僚、さらには上司のことまで気づかおうとする。

エンボーダーのブレント・ピアソンは、企業がZ世代の従業員の士気を高められるようなオンボーディング体験をデザインしているという(115)。「自分のときに人間味のないオンボーディング体験を強いられたからといって、それが正しいやり方とは限らない。自分の経験を基準にしてはいけない」

また、従業員体験は顧客体験にも影響するが、そのことに気づいていない企業が多いとも指摘する。「従業員体験を向上させずに顧客体験を向上させることはできない。誰でも経験があるだろう、空港のチェックインカウンターで仏頂面のスタッフに応対されたことが。エンゲージメントのないスタッフからは、せいぜい中の下の顧客体験しか得られない。反対に、それがサウスウエスト航空だったとしよう。従業員エンゲージメントと従業員体験を重視している企業だ。カウンターにいるのは仕事が好きなすばらしいスタッフばかりで、それが応対されたほうの顧客体験に反映される」

これはZ世代ではなおさら重要だ。従業員のことを気づかい、積極的に指導し、能力開発の機会を与える企業で働くのがZ世代の希望なのだから。この人間中心のアプローチを取れば、従業員定着率と顧客体験の両方が高まり、究極的には収益が伸びる。ギャラップの調査によれば、エンゲージメントの高い従業員がそろっている企業の収益は、競合他社を147%も上回る(116)。従業員の士気が高ければ、誰もが幸せになれるのだ。

ただし、Z世代従業員のポテンシャルを長期にわたり最大限引き出すには、入社初日以降も期待に応えつづける必要がある。私たちの経験から言えば、企業規模の大小に関係なく、従業員エンゲージメントを高めるコストは、従業員の定着率と能率、顧客の満足度という形で得られるリターンよりはるかに小さい。また、Z世代の就職志望先として人気が高まること請け合いだ。〈Z世代の実態2019〉では、雇用主は自分たちの世代を理解していないという回答が64%にのぼった(117)。

これらはZ世代に適した採用・配属・研修・評価アプローチであるが、実際にはあらゆる世代の従業員に歓迎されると思われる。私たちが経営者にこのアプローチを勧めると、一様に「そんなことができたらいいね」という反応が返ってくるのは、心のどこかに妬ましさがあるのだろう。しかし、ピアソンの言うとおり、自分のときに与えられなかったからといって、今の新人にも与えなくていいということにはならない。このアプローチでは経営者も直接の受益者になれるのだから。

すでに述べたように、失業率が歴史的な低水準にあり、ギグエコノミーで稼ぎ方が多様化し、ソーシャルメディアにより職場環境の情報が筒抜けになっている現在、人間中心の雇用アプローチを導入するにはこの上ないタイミングだ。Z世代が労働市場での存在感を高め、管理職や経営者にもなろうとしているなか、会社の未来に投資するという意味もある。

ここからは、Z世代が職場に定着し、仕事に打ち込むために重要な要素を詳しく見ていく。これらの知見を取り入れてみようと思ったら、ぜひとも全年代の従業員に同様のアプローチを取ることを検討してみてほしい。自撮り動画に感激するかはさておき、自分の価値を認められ、高く評価されて嫌がる世代はいない。

入社が決まるまでの工夫

Z世代を会社で育てるためには入社してもらう必要があり、それゆえ仕事の条件の見せ方が重要になる。給与や福利厚生を説明するのが一般的で、もちろんそれも大事なことだが、Z世代相手にはもう一歩踏み込むとよい。複数の研究を調査したところ、実際に入社するかを検討する際、Z世代は次のようなポイントを重視することがわかった。

Ｚ世代が入社を決める際の直接的判断材料、上位5項目

・割のいい賃金　82％
・柔軟な勤務スケジュール　65％
・通勤のしやすさ　49％
・充実した福利厚生（保険、企業年金等）　45％
・将来の仕事に使えるスキルの習得　41％

※〈Ｚ世代の実態２０１９〉、Ｚ世代の年長層（18～24歳）に調査

ＯＪＴと能力開発

Ｚ世代はよく学び、才能をより伸ばしたいと思っている。〈Ｚ世代の実態２０１８〉では、求人への応募を決める際にＯＪＴの有無が大きな判断材料の１つになるという回答が62％にのぼった(118)。同様の調査結果はほかにもある。Ｚ世代と企業をつなぐ求人検索プラットフォームのリップルマッチは、２０１９年の大学卒業者１１００人にアンケート調査を行った(119)。それによると、入社するかどうかの最大の決め手として、59％が職業的成長の機会をあげてい

る。なので、勤務初日から従業員の成長を手助けする態勢が整っていることを積極的に伝えるとよい。これには本格的な社内研修プログラムやメンター制度のほか、勤務時間外やオンラインでの職業能力開発コースの受講料補助などがある。

柔軟な勤務スケジュール

企業レビューサイト、グラスドアの調査では、Z世代の入社の決め手として、1位の職場環境の良さに次いで、フレキシブルな勤務時間が2位につけた(120)。勤怠管理ソフトウェア(ホットスケジュールズ等)を導入し、従業員が自分のスケジュールをモバイル端末から直接選択・変更できるようにしている企業もある。これは学業と並行していて授業や宿題、課外活動との兼ね合いを考えなければならない場合や、ほかの仕事と掛け持ちしている場合にとりわけ重要になる。

1年以内の昇給可能性

〈Z世代の実態2018〉では、未経験の仕事に就いて9カ月以内に初めての昇給を期待するという回答が62%にのぼった(121)。採用通知や職務説明において、どのような業績目標を達成すれば昇給の可能性があるかを明示するとよい。従業員の能力を将来的な昇給に結びつけておけば、労使双方の期待を一致させることができる。また、説明責任が共有されることで、従業員の信頼とロイヤルティの向上、離職防止にもつながる。

ステップアップの機会

新人が能力開発や業績に関する目標を順調にクリアしていったとき、半年後、1年後、2年後にはどう待遇されるかを明示する。前述した昇給だけでなく、昇進、他部署への異動、タイプの異なる社内プロジェクトやチャレンジへの配置などが考えられる。「こんなことをやって何になる？」などという疑問が浮かばないよう、真面目に取り組んだときの成果をあらかじめ示しておこう。そうすれば、従業員は身につけた能力を発揮し、キャリアパスを描いてさらに成長することで雇用主に貢献してくれる。

ライフスタイルに合った福利厚生

ある企業の採用担当者のところに、入社を辞退したいと連絡があった。そのZ世代の応募者は、他社からも内定を受けており、そちらを選ぶことにしたという。業務そのものは似たような内容らしいので、何が決め手になったのかと尋ねると、ジムの無料会員特典があるからと応募者は答えた。自社は給与を3000ドルも上乗せしたというのに！　これは私たちがクライアントから聞いた実話だ。Z世代が高い賃金よりも各種特典を喜ぶことは私たちの調査結果でも示されているが、このエピソードはそれを裏づけている。ジム、ヨガ、フィットネスの会員権のほか、コンサートやイベントの無料・割引チケット、ペット保険、無料洗車サービス、地元の商店・飲食店・小売店での優待（これは常にウィン・ウィンだ）、さらにはネットフリックスや高速インターネットの料金補助まである。企業によっては、勤続年数や実績を条件にすることもある。たとえば私たちの研究所では、3年働いた従業員に「願い事」ギフトとして3000ドル支給している。結婚資金にあてたり、贅沢な休暇を過ごしたり、家族旅行をしたりと、使い道は自由だ。

企業年金

第5章でも述べたが、Z世代の中にはすでに老後資金の積み立てを始めている者もいる。雇用主がその目標を後押ししてくれるなら、当然そこで働こうという気になる。Z世代の新人には、自分の資産がどう殖えていくかを解説した短い動画がとても役に立つ。たとえ少額でも若いときから積み立てれば、複利効果で大きな金額になることは特に伝える価値がある。多くの

Z世代はアメリカの社会保障制度のような政府の老後支援策には期待していないと語るが、その一方で、老後のための貯蓄を今すぐ始める本当の意味を理解していないからだ。彼らはただ、貯蓄する必要があることだけはわかっている。早くから正しいステップを踏むにはどうすればいいかを説明しよう。Z世代は感謝の気持ちを抱くだけでなく、よりよい未来を迎えることができる。

有給休暇

通常の有給休暇に加えて、誕生日休暇を与えるとよい。誕生日には仕事を休みたい、休むべきだと思っている若者は多い。福利厚生として設定しておけば、ほかの従業員に欠勤日をあらかじめ知らせることもできる。Z世代より上の世代も誕生日休暇には意外なほど好意的で、私たちの研究所では全員に付与している。

職場での間食

オフィスでのおやつのような特典があれば、楽しく魅力的な職場環境作りに役立つ。職場環境はZ世代が就職先を決める際の優先ポイントの1つだ。私たちの調査によると、高級・高額なおやつを用意する必要はなく、何が食べたいかを従業員に尋ねるほうがよい。本当に欲しいものを支給すれば廃棄が減り、経費節約にもなる。従業員にとっても、自分は聞き入れられた、大切にされているという実感が芽生える。

給与の即日支払い

ギグワークの大きな利点として、働いたその日に報酬を受け取れることがある。これを正面から迎え撃つ構えの企業では、賃金やチップを毎日受け取れる仕組みを導入しはじめている。たとえばインスタント・ファイナンシャルは、給与の最大50％を、働いた当日に手数料なしで受け取ることができる。これまでに小売りや飲食、ホスピタリティなどの業界で導入されているが、間もなく医療や専門サービス、テクノロジーといった企業も追随すると私たちは見ており、今後のZ世代にはスタンダードな制度になるだろう。給与の即日支払いが有効であることは私たちの調査でも明らかで、そのためなら残業や休日出勤、きついシフトも喜んで引き受けると回答した若い世代は多い。

インスタント・ファイナンシャルの創業者、スティーブ・バーハは言う(112)。「ギグエコノミー・プラットフォームが爆発的に増えたことで、伝統的な雇用主には大きな負担がかかるようになった。今の企業は、勤怠管理を求めず報酬をすぐに支払うプラットフォーマーとの競争を強いられる。ただし、ギグワークの報酬の即時支払いは手数料がかかるのが普通で、Z世代は手数料負担に非常に敏感だ。給与を即日かつ手数料無料で受け取れる制度は、人材採用における強みになる。従業員のことを考え、従業員のニーズと期待に応える企業だと証明することができる」

覚えておくべきは、Z世代は従業員に心を配る企業のために働きたいと思っていることだ。ここにあげたような制度や特典を与えれば、職場の内外にわたって従業員の成功にコミットしている証しになる。Z世代が入社したくなる要素は、ちょうど会社側にも有益な、長期的戦力としての信頼とロイヤルティの向上にもつながる。つまり、Z世代の価値観に合った制度や特典を事前にそろえることは、企業側の義務を果たしながらも、従業員のロイヤルティを日々高めさせるための理想的な基盤になるのだ。

オリエンテーションとオンボーディング

もう一度イザベラに登場してもらおう。初出社の日は、タコスとリコリスを食べて終わったわけではなかった。最初の業務として、ケイシーの顧客を管理する契約システムの習得を始めた。数日前、マスターすべき作業をまとめた動画ライブラリーへのリンクが、人事部から送られてきていた。まずはこの動画をすべて見ることだ。ＩＴ部門の同僚に説明してもらいながら、システムの使い方を覚えていった。その後、歓迎係のセリアに手伝ってもらい、15分かけて新しい契約をシステムに入力した。

セリアは職場の同僚にイザベラを紹介してくれた。ランチタイムには全員に挨拶し終え、楽しく話せるようになっていた。午後にはケイシーのオフィスに呼ばれ、各顧客の概要と特に注意すべき点の説明を受けていたら終業時刻になった。初日から盛りだくさんだったが、セリアとケイシーは人事部と連携し、週ごとの「やることリスト」を1カ月後まで作成してくれていた。全員がオープンドアポリシーを採用しており、質問は遠慮なくすることができる。

このようなオンボーディングの方法はそれほど変わったものではないが、人に関わるパーソナルな要素と業務に関わるテクニカルな要素が、うまくミックスされている点に気づいてほしい。単なる新人研修にとどまらず、同僚や上司、企業文化とのつながりを築くことを目指すのが理想的なオリエンテーションとオンボーディングだ。実際、ディストリビューション[D]・コントラクター[C]協会[A]と共同実施した全米調査では、新入社員にとって最も重要なのはチームメンバーやチームリーダーとの顔合わせであるという結果が出た(123)。次に重要なことは、スキルアップとリーダーシップ開発のための研修プログラムについて知ることだった。

オリエンテーションとオンボーディングの目的とは、自分の職務で成功するために不可欠な知識を身につけることだ。たとえば、問題解決のアプローチ（いつ誰に助けを求めるべきか等）

や、職務遂行に必要なツールやテクノロジーなどだ。

カバーすべき事柄は多岐にわたり、新人の能力を超えてしまう恐れがあるため、内容を細かく分けておくことが肝になる。同僚との顔合わせや職場の案内などは機械的に行わず、企業側の人間味や魅力を持続させるチャンスと捉えよう。チームで朝食をとり、歓迎係をつけ、初出勤の前に何人かの同僚からメッセージを送るイザベルの例こそ、Z世代の心に響く迎え入れ方だ。

オリエンテーションとオンボーディングのベストプラクティスは、従業員が5人でも5万人でも同じように通用する。現場のコンサルティングから見えてきた、6つのキープラクティスを紹介する。

1．同僚に紹介する

Z世代にチームへの所属感を早く芽生えさせるために上司ができることとして、DCAとの共同調査において最適解と判明した方法は、同僚への紹介だった(124)。2番目に有効な方法は、上司が携帯電話番号などの個人的な連絡先を教えることであった。

2．歓迎の気持ちを目に見える形で示す

新人の関心事にまつわるプレゼント（好きな菓子や、贔屓《ひいき》のスポーツチームのグッズ等）を贈れば、仕事の枠を超えて個人的に気にかけている証しになる。ちょっとしたことでも効果は大きい。従業員の言葉に耳を傾け、迎え入れるアクションを取ってくれる職場だと伝わるからだ。デスクを飾りつけたり、仲間が増える喜びをソーシャルメディアで発信したりするのもいい方法だ。

3．企業の使命や文化とどう関われるのかを説明する

Z世代はたとえ新卒レベルであっても、自分の役割が企業の全体的ビジョンの中で果たす意味を知りたがる。価値や文化を話して聞かせるだけでなく、その価値や文化が具体的にどう実現するのかを示すと、Z世代の心に響く。たとえば、企業文化のおかげで成長できたという従業員の体験談や、仕事が広く世の中の役に立ったエピソード、自社の製品・サービスに助けられたと語る顧客のインタビュー動画などが考えられる。

4・短い動画での研修と対面での実習を組み合わせる

今は24時間365日、知識も技能もYouTubeでオンデマンド学習することができる。それに慣れているZ世代が、職場の研修で分厚い紙の資料を渡されたら、ギョッとするだろう。いまどき大学のレポートも手書きしないのに、自分が生まれる前から伝わるような資料を読まされるのだから。

それは極端な例だとしても、それに近い職場はあるのではないだろうか。研修とオンボーディングに真剣に取り組めば、紙の資料や「前の担当に倣え」方式とは決別し、教室仕様の学習やモバイル・ベースの研修へと移行できる。

覚えておきたいのは、Z世代はスライムの作り方から割り算の筆算にいたるまで、どんなことでもYouTube動画で学んできた一方で、人対人の指導もありがたがることだ。その二面性に対応するには、仕事で必要なスキルをスマートフォンからオンデマンド動画で習得し、学んだことを同僚の助けを借りながら実践するという流れにするとよい。まず短い動画を見せ、指導役が補足説明や実演をしたあと、もう一度同じ動画を見せるのが最も効果的だ。こうすると研修に一貫性と拡張性が生まれるだけでなく、隣でチェックして即座にフィードバックすることも可能になる。

5．入社数カ月後までの成長に必要な事柄だけ教える

経験を積み、研修を重ねるにつれて身につけるべき知識は増えていくが、初めのうちは、なるべく新人がまわりの業務の妨げにならないようにしつつ、早く付加価値を生むレベルまで育てることが目標になる。入社直後に覚えるのは、数カ月後まで順調に成長するために必要な知識だけで十分だ。より長期的な、数年後に必要になるスキルや観点を教えるなら、はじめの数カ月で業務の流れを把握してからのほうが、よりスムーズで効果も増す。最初はスタートダッシュを決めるのに必要なことに絞ろう。

6．オンボーディング体験をゲーム化する

ゲーミフィケーションは必須の対策ではないが、Z世代にはよく機能する。知識習得やコース修了の証しに電子バッジを授与することや、社屋やオフィスのチェックポイントを回って重要な施設や建物、設備を覚えさせるシンプルなゲームなどが考えられる。新人が1人ならゴールに到達すればゲームクリアとなるが、複数人いるなら、そこに競争の要素を加えることもできるだろう。プレーヤーには達成感と成長実感が生まれ、初期の学習を着実にこなしやすくなる。

ニュージャージー州で子供の交流キャンプを主催しているイーグルズ・ランディングは、Z世代が好む学習方法に適応するため、新人キャンプ・リーダーのオリエンテーションプログラムを刷新した(125)。大人数の研修講座をやめ、一度の受講者を5人以下にして1対1のオリエンテーションに近づけたほか、娯楽映画のシーンを使った動画研修を取り入れた。この団体のオーナーのルース・アン・ワイスによれば、荒れた高校で奮闘するバスケットボール部の新任コーチを描いた『コーチ・カーター』のワンシーンが受講者に好評だという。「このシーンのテーマはチームワーク。一致団結し、1人が落ち込んでも互いに助け合うことがいかに大切かを表現している。確実にZ世代の心に響く場面です」

また、1回きりのセッションだったのを、継続的なオリエンテーションに変えた。今では先輩リーダーと毎週ミーティングし、質問するだけでなく不満を発散する機会も与えている。「抱えている問題をひとつひとつ、すべて解消することはできない。たとえば、キャンプに参加している5歳児がしょっちゅうトイレに行きたがり、そのたびにアクティビティを止めなければならなくてストレスが溜まるとか。でも、話を聞いてもらっていると感じることが新人リーダーには大事。問題そのものをなくすことはできなくても、心おきなく話せる場があるだけで救いになるから」

オリエンテーションとオンボーディングは、新人に技術的なスキルを教えて終わりではないと意識しよう。企業文化への適応を促し、仕事で求められることを理解させる機会でもある。それゆえ、従業員を1人の人間として扱おう。同僚とのつながりができ、チームへの所属感が芽生え、サポート態勢がわかるようなプログラムにしよう。そのうえで、仕事を軌道に乗せ、価値創造に早く貢献するための基礎研修を行うことだ。

効果的で再現性あるオリエンテーションとオンボーディングの整備に少しの時間を投資することは、あらゆる業界で実践可能であり、かつ高コストパフォーマンスの対策になる。業績を高め、つながりと信頼を生み出すだけでなく、離職率を抑えることもできる。これは労働市場において、Z世代が身につけるスキルの価値が高まり、その勢力がマネジメント層にまで広がりつつあるなかでは、非常に重要な要素となってくる。

初週メンターの価値

> 銀行に勤めているので、仕事ではお金を扱う。楽しそうだと思うかもしれないけど、実際には怖くて怖くて。気づくといつもメンターに助けを求めている。
>
> ——Z世代の社員

私たちがDCAと共同で、全米の若手社員を調査したところ、雇用主から価値を認められていると実感する制度として、入社1週間限定のメンター（ウェルカム・バディとも呼ばれる）をあげる声が多かった(126)。この初週メンターの役割は、オリエンテーションやオンボーディングのプログラムに関して詳細な指導や指示をすることではない。上司に尋ねることなく、新人が信用・信頼して質問や相談をぶつけることができる相手だ。通常は勤務初日に顔を合わせ、一緒にコーヒーや昼食をとったり、メンターのオフィスで15分程度のキックオフミーティングをしたりする。

初週メンターが仕事の手本を示す企業もあれば、対面だけでなく電話、ショートメッセージ、インスタントメッセージで質問を受け付ける企業もある。オリエンテーションやオンボーディングのプログラムを修了してもわからないような不文律や暗黙の了解が、どこの企業にもあるだろう(駐車場のどこに誰が停《と》めるか決まっている等)。そういったことで新人が孤立したり迷ったりせずにすむのも、初週メンターの利点だ。雇用主の代弁と企業文化の伝達の両方をすることで、歓迎の意をよりはっきりと伝えられる。

その重要性は、若手社員への調査を見ても明らかだ。初週メンターがつくことは、入社前に仕事の詳しい情報を渡されたり、勤務初日に仕事道具やオフィス案内、歓迎プレゼントが用意されていたりするよりも重要という調査結果が出ている。新人と雇用主の双方に大きな意味と価値を持つ初週メンターこそが、本当の「プレゼント」なのだ。

高回転のコミュニケーション

今年の夏休み、わりと大きな企業でインターンをした。普段は別のオフィスにいる偉い人たちがたまにこっちに来たときに、会うことができた。何人かいたインターンを脇に引っ張っていって、「みんなの仕事に満足しているよ。大いに助かっている」と言ってくれた。小さなプロジェクトだったのかもしれないけど、確かな爪跡を残せたんだとわかってすごく嬉しかった。

——Z世代の大学生

コミュニケーション方法の世代差については、すでに広く知られている。こちらが電話をすれば、向こうはショートメッセージで返事をする。こちらがeメールを送れば、向こうはグーグル・ハングアウトを使おうとするという具合だ。異なるコミュニケーション方法が同じ職場の中で入り乱れ、経験豊富なマネジャーやリーダーでもその厄介さを持て余している。

レストランやコミュニティ、家庭で見かけるZ世代は、必ずと言っていいほどスマートフォンを持ち、ソーシャルメディアに接続している。インスタグラムの自撮り写真に「いいね！」をつけたりスナップチャットのストリークで質問に答えたりと、その手の中では目まぐるしいやり取りが繰り広げられる。それをZ世代は職場にも持ち込もうとしており、上の世代よりも高速・高頻度のコミュニケーションを好む。企業に勤めつづける必要条件とさえ考えている。

具体的にはどれほどの頻度か？〈Z世代の実態２０１８〉では、仕事を続けるには少なくとも2〜3週間に1回は上司からのフィードバックが必要という回答が3分の2を占めた(127)。ミレニアル世代で半数以下だったのとは対照的だ。さらに言えば、Z世代の5人に1人は、1日に1回から数回のフィードバックが必要だと答えた。これほどの頻度でコミュニケーションを求められるのは、いずれZ世代を監督することになるミレニアル世代には気が重いかもしれない。最近の若者はしょっちゅうフィードバックを欲しがって困ると、そう遠くない昔に言われていたミレニアル世代よりも、さらに頻度が高いのだ。もっと上の世代にとっては異次元のレベルだが、Z世代はこの高回転のコミュニケーションしか知らない。

コミュニケーションの内容は、業績に関するフィードバックや情報共有のほか、職場での簡単な挨拶、褒めどころでのショートメッセージ、デスクに貼った付箋メッセージなどが考えられる。このようなZ世代の強いコミュニケーション欲には、明るい面が2つある。

1つ目は、Z世代の才能を早く伸ばすためのフィードバックや指示、トレーニング、軌道修正をする機会が多いこと。職場で必要なスキルやマインドセット、姿勢を身につけさせ、チームや企業への貢献を促すとともに自身のキャリアを構築させることができる。

2つ目は、Z世代が増やすよう求めているのはコミュニケーションの頻度であって、コミュニケーションの総量ではないこと。これは調査で明らかになっている。回答したZ世代によれば、自分の仕事ぶりはどうなのか、改善できるところはないか、業務のどこに注力すべきかなどを知りたいが、それについての同僚や上司とのやり取りはごく短くて構わない。時間は1分以内でよく、コミュニケーション手段も対面にはこだわらないという。重要なのは、仕事への貢献につながるやり取りやコミュニケーションが絶えず行われることだ。

仕事のスピードと一貫性が高まり、それにともなうコミュニケーションの総量が減るのなら、Z世代のコミュニケーション欲は結果的に上司の手間と時間を大きく節約してくれる可能性がある。1時間のミーティングを毎月するよりも2分の会話を毎週するほうが有益なのだとしたら、上司も部下も時間的コストを削減できる。部下が大勢いるならなおさらだ。

少なくとも週に一度は、Z世代の社員に簡単なフィードバックをするようにしよう。1分の会話、簡潔なショートメッセージ、労《ねぎら》いのコメントだけでも効果がある。新人が早く成長するだけでなく、定着率も高まるのだ。Z世代、上司、企業にとって、その恩恵は大きい。

モチベーションを刺激する3要素

Z世代のすばらしいポテンシャルを引き出すための、今すぐ使えるモチベーション刺激策がわかりはじめている。これはレストランに就職した新卒社員でも、コンサルティング企業の新人、アルバイトであっても、または企業や業界でのキャリアパスが異なっても通用する。

Z世代のモチベーションが刺激される要素は、「情熱との合致」「社会的な意義」「継続的な成長」の3つだ。

まず「情熱との合致」については、夢中になれるキャリアや仕事がZ世代のモチベーションをかきたてる。〈Z世代の実態2017〉で成功の指標は何かを尋ねたところ、今のキャリアに夢中になれることが44％で最多だった(128)。2番目は、有意義なことをしている実感で、36％となった。

当然のことながら、すべての仕事が従業員個人の情熱と合致するわけではない。菓子作りが好きでカップケーキ店に就職したり、子供に教えるのが得意だからサマーキャンプのリーダーになったりするような、仕事と情熱が直結するケースはまれだ。

それ以外の大多数では、情熱ではなく志向に合致するものとして、勤め先の「社会的な意義」が重要になってくる。本書で何度も繰り返してきたとおり、Z世代はよりよい世界を目指す企業に共感するので、企業は自らの事業が世の中の役に立つことを示さなければならない。顧客を引きつけ求職者を呼び込むのに有効なこのアプローチは、Z世代が職場に定着し、仕事に励む動機づけにもなる。

社会的意義は、困窮しているコミュニティに靴を寄付するトムスや、発展途上国で飲料水を提供している非営利団体のチャリティーウォーターなどでは明白だが、そのような企業ばかりではない。多くの企業の社会的意義は見えにくい。しかし、よく探せば見つかるものだ。たとえば小売店なら、そこで働くことが雇用創出になり、家族を助け、地元コミュニティを発展させることにつながる。会計事務所なら、地域の小規模企業が成長する手助けになり、さらなる雇用が生まれることになる。社員による慈善活動や希望者へのボランティア休暇なども、企業が持つ社会的意義に当てはまる。

企業の社会的意義は、商品開発やサプライチェーン管理、輸送手段など、事業のあらゆる側面に宿る。たとえばレストランなら、持続可能な食材を仕入れたり、貧困家庭に食事を援助したりする。地元のサプライヤーを支援し、利益の一部をコミュニティに寄付する。製造業なら、工場労働者に公平な賃金と安全な作業環境を与えるなどだ。社会的意義がどのような形で表れるかは業界や地域によって大きく異なるが、Z世代は消費するときと同じく働くときも、企業による善悪両面の行いをよく見ている。利益以外のものも大切にする姿勢は、従業員が日々の仕事に社会的意義を感じられる効果的な動機づけになる。

ベストプラクティスの1つに、Z世代の作業や業務が企業全体のどのような位置づけで、企業のミッションにどのような役割を果たしているのかを明示することがある。新卒社員や新人のうちは、価値創造や社会貢献の全体像の中で自分が占める位置をつかめないものだ。しかし、たとえ経験が浅い従業員でも、顧客や文化、プロセス、体験には影響を与える。それを教えればモチベーションとやりがいが高まり、行動と結果への責任感にもつながる。

報酬と昇給・昇進の考え方

辞めた一番の理由は、がんばったのに認められなかったから。仕事は真剣にやったし、いろんな部署に駆り出された。ロッククライミングとか、パーティー運営とか、展示会とか、言われればなんでもやった。それなのに給料は全然上がらなかった。

——Z世代

ボーナスやインセンティブ、ギフトカードといった金銭的報酬でモチベーションを刺激する古典的アプローチは、Z世代にも有効だが、それだけに頼るべきではない。繰り返し与えているうちに、あって当然かのようになり、与えられないとやる気を出さなくなってしまう。支給のハードルが測定可能な形で明確に示されていないと、とりわけその傾向が強い。たとえハードルが明確でも、クリアするのは無理だとか、どうせ自分より有能な社員が選ばれると思われたら、やはりモチベーションは刺激できない。これらは全世代で起きる問題だが、Z世代が金銭によらない報奨でもモチベーションをも刺激されると理解していれば、長期的で効果的なインセンティブが設計できる。

Z世代は、お金よりも、自分が好きなことにモチベーションを感じる。〈Z世代の実態2017〉では、職業選択での最重要ポイントとして「好きなことができる」という回答は63％で、

「お金を稼げる」の16%を大きく上回った(129)。もちろん、金銭的報酬よりも自分の情熱と社会への貢献を重視する職業観は、個人的・経済的責任が増すにつれて変化するだろう。しかし今のところは、仕事の非金銭的な側面に心惹かれるようだ。このことを念頭に置いて、お金ではなく個人的体験や社会的影響と結びついた報奨やインセンティブを与えてはどうだろうか。たとえば、コンサートのチケット、ヘリコプターで行く空の旅、どこにいくら寄付をするか選べる制度などが考えられる。アマゾンギフトカードが恒例になっている企業からすると面倒くさいかもしれないが、Z世代との長期的なつながり、絆が強まること請け合いだ。

一方で、新卒社員や最低給与ランクの従業員を長く定着させるには、定期昇給が効果を発揮する。〈Z世代の実態2018〉では回答者の69%が、働きはじめて9カ月以内の昇給を期待するとした(130)。わずか半年以内での昇給を期待するという回答も多かったが、男性は過半数、女性は4割と差が出たのは興味深い。

Z世代のモチベーションを刺激するポイントの3つ目、「継続的な成長」がここで登場する。Z世代は仕事が一歩一歩上達しているのを実感すると、やりがいを感じる。近いうちに昇給・昇進が見込めそうになったら本人に伝え、そのために達成すべき目標を教えるとよい。増える金額や責任の幅が小さくても構わない。昇進の詳しい要件を誰でも見えるところに明示しておけば、Z世代への「ニンジン」になる。この世代は多くのフィードバックを定期的・段階的にもらいたがるので、仕事ぶりはどうか、修正・改善すべきところはないか、成長が見られるかを絶えず評価するのがよい。ときには仕事をしているそばに歩み寄り、学習や成長の跡を見つけて一言声をかけるだけでも、Z世代は着実に前に進んでいることが確認でき、今の仕事が時間のムダではなく未来への賢い投資だと思えるようになる。そのちょっとした手間をかけるだけで、優秀なZ世代の従業員が離職するのを防止できるかもしれない。

研修と能力開発

Z世代は学ぶことに貪欲だ。入社するかどうかの判断基準に能力開発とOJTがあると述べたが、これは職場に定着する動機にもなる。それゆえ毎年の新入社員には、オリエンテーションとオンボーディングだけでなく能力開発も戦略的に実施するようにしたい。従業員個人の価値が高まるのはもちろん、雇う側にとっても価値の高い従業員に育ってくれる。

従業員が継続的に学習できるプログラムを実施するのが理想だ。1対1で学べるメンタープログラムのように個人的なものから、後述するデロイト・ユニバーシティのような本格的なものまである。自社に能力開発プログラムがまだないなら、ここを出発点にしてZ世代の従業員に適応していくとよい。高度で綿密なプログラムにする必要はなく、従業員が仕事やキャリアの重要な段階や局面で使うことができる研修とリソースを与えるだけでも十分だ。動画で学ぶオンライン講座や、ビジネスの課題と解決策について経営幹部と話せる四半期昼食会、TED

トークの知見を自分のキャリアに活かす勉強会などが考えられる。

Z世代とeメール

私たちが雇ったクリスティアンという20歳のインターンから、業務メールについて次のような質問を受けたことがある。

・メールの書き出しを「ヘイ」にしてもいい？
・ソーシャルメディアみたいに絵文字を使ってもいい？
・「ハハハ」と書いてもいい？

オフィスで1日中メールをしている人は、eメールの使い方も知らないのかと驚くかもしれない。しかし思い出してほしい、Z世代にとってeメールは主要なコミュニケーション手段ではないということを。子供の頃からほとんど使ったことがなく、代わりにショートメッセージを使っている。eメールが業界の主要なコミュニケーションツールになっているなら、新人研修でその作法をみっちり教えなければならないだろう。

興味深いのは、Z世代が能力向上のために学習・開発したいと思っているスキルが何か、上の世代には想像がつきにくいことだ。仕事で成功するのに大切だと思うスキルは何かと尋ねたところ、上位3つは次のようになった。（1人2つ選択）

コミュニケーション能力　57％
問題解決能力　49％
学習量　32％

しかし、同じ回答者グループに別バージョンの質問をすると、やや異なる結果が出た。仕事で成功するために身につけたいスキルは、と尋ねたときの回答は以下のとおり。

スピーチ力　50％
コミュニケーション能力　45％
問題解決能力　29％

問題解決能力とコミュニケーション能力は多くの企業が従業員に求めているスキルでもあり、

職業的な成功のために大切だと思うスキルは？

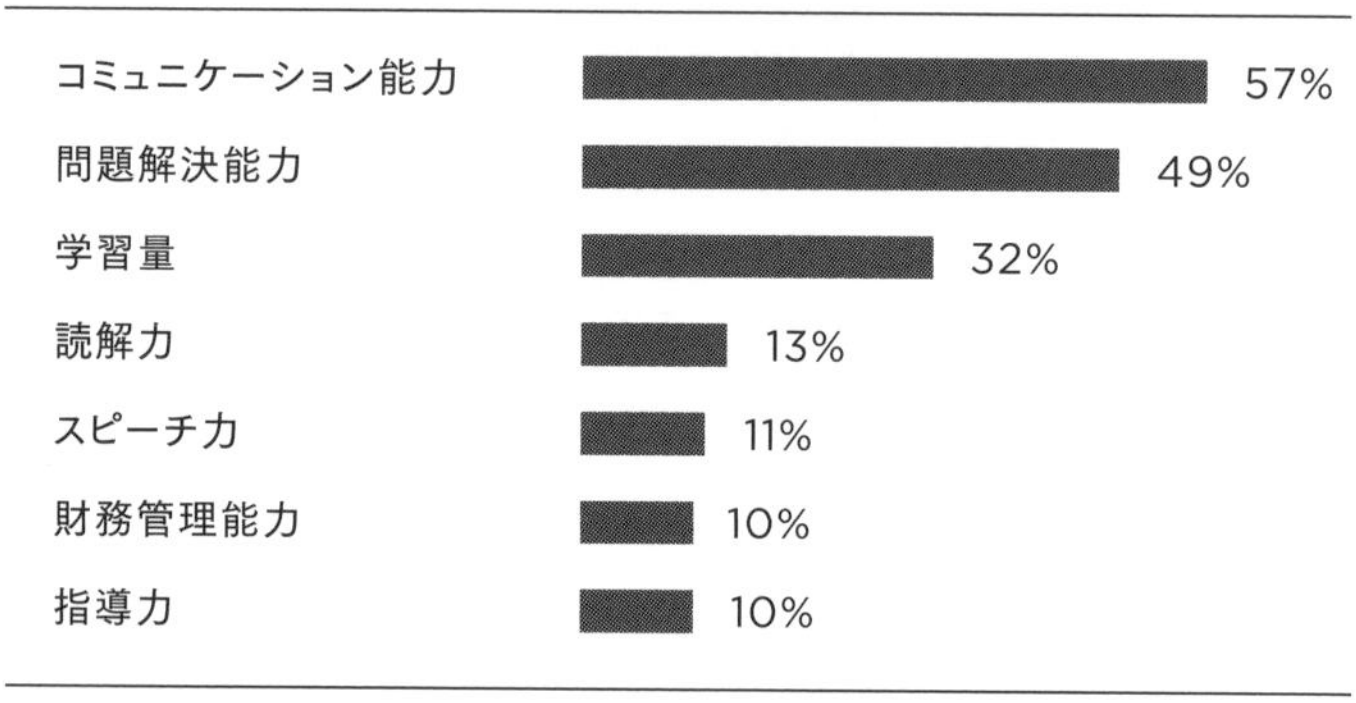

職業的な成功のために身につけたいスキルは？

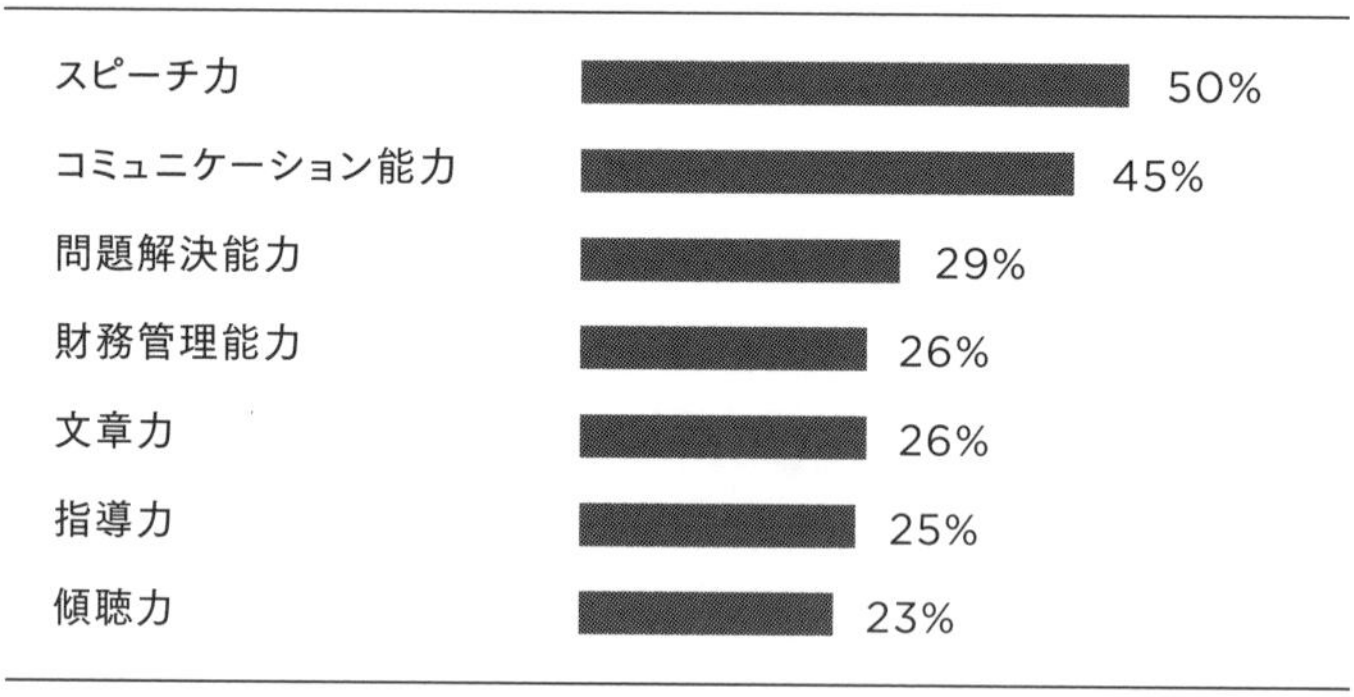

Z世代の意向と合致しているのは朗報だ。

仕事で成功するには周囲からの手助けが必要だとZ世代は理解しており、その手助けを強く望んでもいる。また、自分の中で改善すべきところはどこかを強く意識している。いずれの場合でも、突きつめればZ世代が重要視するスキルはコミュニケーションと問題解決であり、両方ともオンボーディングや研修、能力開発で身につけることができる。

コミュニケーションスキルはほとんどの研修プログラムでコア要素として教わるが、問題解決スキルのほうは新卒社員レベルだと教わらないことが多い。これは肉体労働にも頭脳労働にも当てはまる。ところが、私たちが定性調査で雇用主側に同様の質問をすると、Z世代への最大の不満は何かという問いに、ほぼ必ず問題解決スキルがあがってくる。社内外のコミュニケーションスキルは次点にとどまる。社員教育で問題解決スキル向上に真正面から取り組めば、Z世代が望む能力開発と雇用主が戦力に抱える不安を両方とも解決でき、まさにウィン・ウィンだ。(さらに顧客の利益にもなる)

この点について、現場の証言を聞いてみよう。テキサス州オースティンに展開するファストフードチェーンを取材したところ、労働市場での存在感を増しているZ世代には独特の長所と短所があることが見えてきた。同社を含む地元企業2社で9年にわたり人材採用に携わってきたシェリルは、大勢のZ世代と関わった経験から、いくつかの傾向を見いだしている。まず、Z世代はテクノロジーに強く、学習スピードが速く、対人能力が高い。さらに、業績を測定され定期的なフィードバックが与えられる競争環境で力を発揮する場合が多い。その一方で、決められた業務を額面どおりにこなす傾向があり、新しい業務に備えたり問題を解決したりする能力に限界がある。明確な指示がないとできないということもしばしばだ。また、レジリエンスの低さがZ世代全般に見られる。仕事の上達やコンセプトの理解、目標の達成などに手こずったとき、イライラして投げ出すのが上の世代よりも早いという。

Z世代と問題解決――顧客からの苦情に対処する

ファストフード店で初めて現場責任者を任された、19歳のブリタニーの体験談。あるとき、店に苦情の電話がかかってきた。テイクアウトの商品に付属していた醤油《しょうゆ》の賞味期限が切れているといい、かなり怒っている。トゲのある言葉が次々に飛んできて、なかなか収まらない。聞いているうちに怖くなってきたブリタニーは……なんと、電話を切ってしまった！　どうしてそんなことをしたのか？　私たちが話を聞くと、次のような原因が見えてきた。

- なんと言えばいいかわからなかった
- どんな対処法があるかわからなかった（苦情対応の研修なし）

・適切な謝り方がわからなかった
・友人同士でケンカになると、いつもショートメッセージで対処していた

自社の従業員がよく遭遇するトラブルをロールプレイしておくことが予防策になる。そこまでしなくても直感的に対処できるだろうと思うかもしれないが、多くのZ世代は、仕事はもとより実生活でも適切なトラブル対応をした経験がないのだ。

以上のことから、コミュニケーションと問題解決の両方をコア要素として教えるのが良質な研修・能力開発プログラムだと言える。問題解決は正答が明らかでないシナリオでこそ鍛えられるが、Z世代の場合は、複数の選択肢から最善策を選ばせるか、いくつかの解決案を考えさせるのが効果的だ。これにより、問題の解決法を身につけるだけでなく、制約や阻害要因の見つけ方を学ぶことができる。さらに、自分でも多くの問題を解決できると気づき、上司のところに問題だけでなく解決案も一緒に持ってくるようになる。これはZ世代の従業員が持つ価値を早く開花させ、優秀で機転がきくチームメンバーを増やすアプローチだ。

Z世代はコミュニケーションと問題解決のスキルだけでなく、働いた経験もあまりない。これは年齢が低いことと、年齢層の割りに労働参加率が低いことが主な原因だ。それゆえ、オンボーディングと能力開発全般のアプローチに、職場での基本事項を含める必要がある。自社で

推奨されるコミュニケーションシステムの使い方（eメールも例外ではない）、給与明細の閲覧方法とチェックの仕方、業務で必須となるテクノロジーの使い方といったものだ。このようなスキルでは、研修の成果は1日で表れ、1カ月もあれば徐々に、あるいは何かのきっかけで一気に定着する。カギは研修を受けさせて学習スピードを上げ、教える側の時間を大幅に節約し、将来的に責任を与えることにある。責任を与えることと研修を受けさせることはセットなのだ。

問題解決とコミュニケーションは、四半期に一度の研修を行うなど、定期的な学習機会を与えることで身につく。大企業の場合には、現時点のスキルレベルを評価することが、オンボーディングと能力開発のプログラムを管理・拡張するうえで重要になる。中小企業なら、毎月1時間の部内ミーティングで新たなスキルを教えるのが、コスト的にも時間的にも効果的なアプローチだ。これは、TEDトークを見てキーポイントを議論したり、個人やグループで課題に取り組んだりするシンプルなものでもよい。業界団体が加盟企業向けに配信しているオンライン講座も使える。社員研修を請け負う企業も多く、たとえばスクークスは、正確に追跡・測定できるモバイル端末用のオンデマンド講座を提供している。

オリエンテーションとオンボーディングの節で紹介したアプローチは、継続的な研修にも適用できる。複数の研究を参照したところ、Z世代は体系的な能力開発・キャリア開発のステップとなる学習プログラムとハウツー習得を期待しており、対面での指導とYouTubeのような動画での自習を組み合わせた形式を希望していると明らかになった。ただし、新スキル習得のような研修を動画と対面のハイブリッド方式で受けたいとはいえ、簡単な疑問程度なら動画だけで解決したくなる環境や文化になっている職場もある。たとえば、金融サービスの営業部員ならば動画を見てからロールプレイと実践をする研修形式がマッチするが、デスクワークではない、カフェやホテルの店員、スポーツイベントの係員などは、事情が異なる。歩きまわっていつでも接客しなければならないので、動画で新しいスキルや技能を学ぶまとまった時間は取れず、パソコンなどの機器を持ち歩くのも現実的ではない。その場合には、対面での実地研修をするのはもちろん、顧客のいないときや作業の空き時間で見られる短い動画を用意するのも効果的だ。

ハイブリッド方式が理想とはいえ、教室やデスクのパソコン、自分のスマートフォンで動画を見て疑問を解消し、また仕事に戻る形式が最適な職場なら、それで構わないとZ世代は思っている。なにしろ、〈Z世代の実態2018〉では、新しいことを学ぶために週1回はインターネット動画を見るという回答が85%にのぼった(131)。これはかなりの頻度だ。

研修動画やハウツー動画を取り入れるなら、短い時間で見終わり、学習テーマを最初に示し、ゴールまでのステップを明示し、最後に内容のまとめをするとよい。見て楽しめる内容なら完璧だ。字幕を入れると、記憶に残って内容を理解しやすくなる。これは、騒音のある労働環境や聞き取りが難しい状況、短時間の研修で疑問を解消する必要がある場合にとりわけ適している。

営業・顧客・従業員エンゲージメント・プラットフォームのヴィドリーチは、動画、eメール、モバイル端末を通じてパーソナライゼーションとオートメーションを実現している。CEOのショーン・ゴードンによれば、Z世代をはじめとした営業職の研修で「ドリップラーニング動画集」が目覚ましい成果を上げているという(132)。これは20〜30秒の短い動画を連続して視聴するもので、受講者は自分のペースで好きなモバイル端末から見ることができる。最近、Z世代の営業職に実施したオンボーディングでは、伝統的な研修だと3週間から半年かかって到達するレベルの営業スキルが、わずか1週間の動画研修で身についたという。

その秘密は、ヴィドリーチ自体のトップ営業担当者が動画内で営業アプローチを披露していることにある。さまざまなトピックや疑問が網羅されており、語り手も営業戦略の成功例もバラエティに富んでいるため、受講者は自分に最適な動画を選んで見ることができる。研修・学習にかかる時間が節約でき、より大きな舞台で活躍しようと独自の考え方と切り口を求めている新人営業職員のあいだで士気と連帯感が高まるなど、このアプローチには多くの利点があるとゴードンは言う。

「20〜30秒の動画ライブラリーを利用することで、オンボーディングと研修にかかる時間を7割ほど削減できる場合もある。さらに、分厚いバインダーを渡して2週間後にテストする古いやり方よりも、ずっと効果が大きい。新人が現場に出て先輩営業職員を手本にしはじめると、すぐに自信が揺らぐことがよくあるからだ。手本にしている先輩は別の人格なので、〝この人のようにはなれない〟と考える。〝この人のようになることを期待されているのなら、ここに自分の居場所はない〟と。そして会社を辞めてしまう。それに比べて、わが社の動画ライブラリーには、営業の最前線で成功を収めた非常に幅広いタイプの人物や、人物像が出てくる。受講者は30秒の動画を次々に見ていき、自分の性格に合ったアプローチをすぐに見つけることができる」

ヴィドリーチの研修には、新人が新しいテクニックを身につけたときに営業動画を作成する課題もある。教育係やマネジャー、メンターがその動画を見てすぐに改善点をアドバイスすることで、フィードバックのループが即座にできあがる。

営業職の採用・教育に限らず、従業員のオンボーディングよりさらに先のフェーズで動画を活用できないか検討してみてはどうだろうか。同じ動画を繰り返し使えて時間と費用の節約につながるうえ、Z世代が好きな形式と場所で学び、必要なときに復習できるようにもなる。従業員の学習機会と責任を広げることが可能なだけでなく、組織の集合的な経験、知識、ベストプラクティスの活用にも道が拓けるのだ。

キャリアへの投資

従業員の研修や能力開発、プロフェッショナル教育に多額を投じる企業は多い。デロイトは

3億ドルを投資し、テキサス州ウェストレイクにデロイト・ユニバーシティを設立した(133)。従業員がリーダーシップスキル、プロフェッショナルスキル、業界スキル、技術スキルの向上に没頭できる教育機関だ。DUの略称で知られ、30以上の教室を備えた大学形式の本格的なキャンパスのほか、居住区域やフィットネス設備もある。リラックスできる環境に囲まれ、マウンテンバイクのコースがあり、スターバックスのコーヒーは無料。アウトドアの集会エリアでは焚《た》き火台を囲んで音楽の生演奏を楽しめる。

2018年に『フォーブス』が「アメリカの新卒者に最適な職場」に選出したAdobeは、従業員のプロフェッショナル教育に絶えずコミットしている企業としてZ世代からの人気が高い(134)。「学ぶこと、接すること、そして自分より大きなものの一部になる機会を得ることが重要」だとエグゼクティブ・バイスプレジデントのドナ・モリスは『フォーブス』の取材に答えている。当時のモリスは顧客及び従業員エクスペリエンス担当であり、優れた従業員体験が優れた顧客体験につながるというAdobeの哲学が、この役職からもうかがえる。新卒社員の採用については、「新人が成長とキャリア向上の道筋を描けることがなによりも大事」だと指摘する。

大卒者採用チームが設計した、「加速させる《アクセレレート》・Adobeライフ」という2年間のプログラムでは、成功への道を歩きだす新人を後押しする。内容は、CEOへの個人的なQ&A、バーチャルなライブディスカッション、リーダーシップ開発のオンデマンド講座、年間1万ドルの受講料補助などだ。
すでに述べたように、予算や権限の制約があるなら、これほど本格的な研修プログラムを組み立てる必要はない。しかし、Z世代の従業員に生涯学習の機会を与えられないかを一度は検討してみるべきだ。それは新人からキャリア数十年のベテランまで、すべての従業員の利益になる。キャリアへの投資はZ世代が雇用主を高く評価するポイントであり、従業員のモチベーションと定着率を高めるカギだ。少ない予算でできることとしては、オンライン講座の受講料補助、部門をまたいだメンタープログラムの実施、従業員のキャリア、責任、目標に関連した資格取得援助などが考えられる。

長く働いてもらうために

最初の仕事は1カ月もしないで辞めた。1人の人間として見てくれないし、可能性も信じてくれないから。あと、一緒に働いていた人たちが、ちょっと……。職場ではみんなバラバラで、チームになっていなかった。

——Z世代のショーン

また仕事を探すとしたら、絶対に柔軟性を見る。それと成長できる余地も。前の仕事を辞めたのは、それが理由だった。2年も働いたのに給料が変わらなかったんだ。後輩を教える立場だったのに。小規模なワークショップの責任者までやったのに、もらえるものは増えなかった。だから、そう、成長の余地があって、柔軟に働けるところを探す。

——Z世代の社員

従業員エクスペリエンスを改善し、定着率を高めるカギは、定期的・継続的なコミュニケーションにある。自分が進歩し、新しいスキルを身につけている実感が欲しいとZ世代は思っている。自らの貢献度が高まり、戦力になっている証拠である「小さな勝利」を積み重ねたい、と。就職したら自分が希望・期待するほど頻繁には昇給しないと多くのZ世代は気づいているので、このことはなおさら重要だ。

前述したように、Z世代は働きはじめて9カ月後には給与が上がることを期待している。これは今のミレニアル世代が12カ月以内の昇給を期待しているのと比べても気が早い。いずれZ世代が仕事の経験を積んでフルタイムで働くようになれば、この差は縮まると思われるが、現状では9カ月以内がZ世代側から見た昇給期限だ。昇給があって当然と思っている従業員には、仕事ぶりの評価を伝えるようにしよう。望ましい成長軌道に乗っているか、もし乗っていないなら軌道修正するにはどうすればいいかを教えるとよい。

緊密なコミュニケーションと正当な昇給のほかに、Z世代の定着を促進できる行動としては、新スキル習得や小さな勝利のたびに評価することがあげられる。小さな勝利は個々で挑戦する形と、チームで競争する形がある。カスタマーサポートや品質、営業に関する個人目標を達成するような直接的なものから、客の注文を受けてから正確に配膳するまでのタイムトライアルを店内で実施するといったユニークなものまで考えられる。

Z世代はオンラインやテクノロジー・プラットフォーム経由での評価よりも、対面での評価を喜ぶことが調査で明らかになっている。また、チームの前ではなく1対1で伝えてほしいと思っている。ただし、チームの前での評価も全社表彰と同じくらい貴重だとZ世代は感じる。なので、1対1での評価とうまく組み合わせると、効果的に評価を伝達できる。

定着率の向上を図る切り口には、従業員の幸福もある。これについても高回転のフィードバックが重要で、〈Z世代の実態2018〉では、幸福に仕事をするために週1回以上は上司からポジティブな励ましや後押しが欲しいという回答が55%にのぼった(135)。毎日欲しいという回答も30%あった。この傾向はZ世代のライフステージによる部分もあるかもしれないが、高い頻度でフィードバックを行い、正しい行動をしているかどうかを知らせることが、従業員の幸福に大きく作用する。

柔軟な勤務スケジュールも、Z世代の定着率を高める基盤になる。採用活動のポイントとしてすでに紹介したが、離職予防策としても価値が高い。職種や業種、役職によっては実現しにくいだろうが、可能であれば検討するといいだろう。フルタイムの従業員なら、有給・無給のいずれかで使える個人休暇を入社時または早い時期に与えたり、有給休暇を溜めて2カ月ほど休める制度を作ったり、特定の勤続年数でまとまった休みを取れるようにしたりといったことが考えられる。有給休暇が与えられないパートタイム従業員なら、柔軟なスケジュールは仕事を続ける決定的な動機づけになる。労働年齢にあるZ世代のほとんどはまだ高校や大学に通う年頃なので、学業と仕事を両立させたり成人としての義務が増えたりしていることを考慮すると、都合のいい時間に仕事を入れられる柔軟性は不可欠だ。

個人休暇や長期休暇を与えていない企業の場合は、勤務シフトの組み換えをしやすくすることが代替策になる。最近では給与・スケジュール管理用アプリが多数あり、チームの1人がシフトを外れたり休日を取ったりしたいとリクエストすると、別のメンバーがその穴を引き受け、マネジャーがすぐに承認・却下するというスケジュール変更の流れがスマートフォンで完結する。これならば、誰かシフトを代わってくれないかとeメールやショートメッセージを送り、休憩室の壁に伝言の付箋を貼り、最後には直接かけ合うという不必要なやり取りがなくなり、自動化とモバイル化、承認の迅速化のすべてが実現する。誰がどのような行動を依頼・承諾・承認したかをすべて記録に残すこともできる。

小さな企業では、丸1日の休暇取得や手軽なシフト変更は難しいかもしれない。その場合、たとえば金曜日に早上がりする権利をフルタイムの従業員に与えることが考えられる。このような特権は、ライフスタイルを重視し、高校や大学に通っているZ世代には魅力的だ。金曜日の午後ならばクライアントやほかの従業員の業務スピードが緩やかになっている可能性もあり、全体の業務に支障が生じにくい。あるいは、週を通じてスケジュールに柔軟性を持たせるため、1人多く雇っているという企業もある。シフト変更や急病、休暇、繁忙期の応援要員となることから、最終的なコストは同じか、少し多くなる程度で済み、費用対効果の高い大きな付加価値になる。

Z世代に未来を託して

正しい雇用アプローチを取りさえすれば、Z世代が大きな可能性を秘めた有望な従業員であることはまちがいない。この世代の潜在能力を引き出すには、企業とマネジャーが、どのような方法で彼らに合わせていくかを決断しなければならない。しかし、それに見合うだけの価値はある。Z世代の従業員の価値はすぐにはっきりと表れ、時とともにさらに大きくなっていく。最初に合わせられた企業が、人材採用・基礎研修・能力開発・離職防止という雇用のライフサイクルから、いち早く果実を得ることができる。

未来の章――Z世代と10の大変容

変化と革新のペースが上がるなか、子供時代を終えたZ世代がこれから生きていく50年超の時間は、上の世代がまったく経験したことのないものになるだろう。やがては空飛ぶクルマが一般化し、オーダーメイドの臓器が老いの一部になり、宇宙旅行はＳＦではなく資金力の問題に変わる。

テクノロジーの進歩と革新により、過去の世代には想像もつかないチャンスとリスク、相互作用が生まれる。

世界人口と年齢構成が変化し、地球環境が危険にさらされることで、日常の暮らしや移動、資源に新たな制約がかかる。それでももしかすると、当たり前のように卒業旅行で宇宙に行く時代が来るかもしれない（まだ学校があれば、だが）。今の子供や若者は、その時代の入り口に立っている。

オーダーメイド医療、自動運転、業務自動化、ＡＩアシスタントなど、Z世代はブレイクスルーに囲まれて生きている。20年後や30年以上先まで見すえたとき、これからZ世代に影響をおよぼすと考えられるトレンドや革新、課題、イノベーションを一覧にしておこう。

1．車と輸送の進化

過去20年余りのあいだ、ＧＰＳやポッドキャスト・ストリーミング、半自律走行、長距離航続可能な電気自動車といった新技術が車に導入されてきた。それと同時にＵｂｅｒやＬｙｆｔをはじめとするライドシェアサービスの台頭により、Ｚ世代は運転免許の取得を急がなくなった。人との付き合い方を変化させたソーシャルメディアや、10代のドライバーに安全対策を義務づけた新たな法律の影響もあって、かつては誰もが期待と不安を胸に待ち望んだ免許取得の瞬間を、多くのＺ世代は先延ばしにしている。

それどころか、今後20年のうちに運転の必要がなくなり、最後まで運転免許を取らない可能性もある。物理的に移動しなければならないときは、完全自動運転車が駆けつけるからだ。空飛ぶクルマも発車（離陸？）の時を待っているし、自律型・半自律型トラックは渋滞と交通事故を劇的に減らすだろう。Ｚ世代の運転習慣が変わり、せいぜい近距離しか運転しなくなれば、自動車保険や交通事故発生率、車庫のニーズ、さらには自動車産業への需要全体にも直接的な影響がおよぶにちがいない。そういった自動車と交通の変化をＺ世代が操縦していくことになる。（実際にはテクノロジーが車両を操縦し、Ｚ世代は客席でくつろぐだけだとしても）

モルガン・スタンレーとボストン《B》コンサルティング《C》グループ《G》による２０１６年の調査を見ると、若い消費者がすでにライドシェアをはじめとした新しい交通手段を頻繁に使っているのがよくわかる[136]。18～24歳の多くがライドシェアサービスを毎月1回から数回利用し、毎日あるいは毎週利用する層も28％にのぼる。自動運転技術と安価で信頼性の高い輸送手段（電気自動車）が公共交通機関レベルまで利用しやすくなるにつれ、この数値は確実に高まっていく。ガソリンスタンドで給油し、ついでに売店で買い物するという行為は過去のものになる。

Ｚ世代は脱クルマ革命の牽引役だ。

２．仮想現実と拡張現実

Ｚ世代と車の未来について述べたが、仮想現実《VR》と拡張現実《AR》が普及すれば車での移動は不要になるかもしれない。ＶＲでは自分がその場にいるかのような体験が可能になり、野山の上を飛んだり、手取り足取りレッスンを受けたりできる。現在の完全没入型ＶＲは香りやそよ風などで感覚を刺激するが、将来的には触覚にも対応するだろう。そうなれば旅行する必要がなくなる。移動しなくてもあらゆる土地を訪れ、景色や音、においまで体験できるし、旅行にともなうコストや不便さ、リスクも避けられるからだ。ただしＺ世代は、ＶＲは現実では不可能な体験（ファンタジーの世界で宇宙船を操縦する、火口に飛び込む等）に使うものと捉える可能性もあり、旅行の未来は不確実だ。

ＶＲの影響はいたるところに表れる。仕事で出張しているビジネスパーソンは、バーチャルミーティングで対面会議と同じ成果が得られるようになる。レジャーや教育、エンターテインメントやコンテンツ作成も影響を受け、人間関係さえバーチャルとリアルの見分けがつかなくなるかもしれない。自分の部屋にいながら、5万人の大観衆と一緒にコンサートを楽しむこともでき、飲み物に高い金を出さずにすむ。

Ｚ世代の52％は、近い将来、ビデオゲームやオンラインゲームのプレーまたは視聴のときに最もよく使うデバイスはＶＲになると考えている[137]。

また、60％（そのうち63％は18歳以下）は、近い将来、ＶＲのゲームやショー、映画をプレーまたは視聴すると予想している[138]。

ＶＲは業務での利用価値がとりわけ高い。飛行機の着陸訓練や複雑な問題解決など、ストレスのかかる作業の研修を大きくバージョンアップすることができる。

ＡＲも急速に実用化が進んでおり、日常をより面白く、興味深く、予期せぬものに変える可能性を秘めている。ＡＲは目の前の世界に映像などをつけ加えることで、存在しないものがまるでその場にあるかのように見せてくれる。たとえば、花瓶を置いたテーブルがあるとする。ＡＲでテーブルの上に本を表示させると、ある角度では本が花瓶の陰に隠れ、反対側では本の全体が見える。実際と同じ見え方をするのだ。ＡＲは新たな没入体験を生み、マーケティングや営業、研修、教育などに影響を与える。購入前に部屋のレイアウトを確かめたり、家の中の空間に広告を表示させたり、AR専用の体験を買ったりと、まだ誰も経験していない世界が現実のものになる。

VRとARが組み合わさり、人類をテクノロジーで拡張する道筋がつけば、人間の世界観と体験は大きく広がる。恐竜と散歩したい？　できる。ハーバード大学の講義を最前列で受けたい？　もちろんできる。プロポーズの予行演習をしたい？　それもできるだろう。

ただし、その世界にはデメリットもある。Z世代は現時点ですでに、スマートフォンが手元になかったりレスポンスがすぐに来なかったりすると不安になる。また、対面でのコミュニケーションを強いられることにも不安を感じ、職場だとなおさら悪化する。20年後に完全没入型テクノロジーを体験したらどう感じるのか？　その答えはZ世代自身が見いだすことになる。

3．高齢化と世代交代

ベビーブーマー世代は自分でも予想しなかったほど長生きしている。退職したり働けなくなったりしたにもかかわらず、貯蓄や公的年金、医療支援では間に合わず、生活が苦しい世帯も多い。ベビーブーマーの加齢は世代内の問題であると同時に、快適な老いを迎えられるよう政府と家族に解決策を迫る世界規模の課題でもある。多くのベビーブーマーは退職を望んでおらず、また経済的理由から退職できない場合も多いため、体が許すかぎり労働人口にとどまることになる。

高齢者の人口割合が急速に高まる事態に、今の世の中は多くの面で準備ができていない。その影響は高齢者だけでなく、彼らを支援する責任を負った家庭内やコミュニティ、全国の若い世代にも、経済的・物理的負担という形でしばしば表れる。

そのような状況で、X世代は人生の後半に差しかかり、Z世代の子供だけでなく親の世話までしている。ゆくゆくは孫の面倒も見ることになるうえ、職場でも長老的な役割を求められるのだから、責任はとてつもなく大きい。しかもその責任を、上の世代よりも少ない人数で担わなければならない。企業では重役、政治では候補者側・主権者側のリーダーを務め、その両方の領域で豊富な経験を持つ働き盛り・導き盛りの世代という、きわめて重要な時期を迎える。親、コミュニティ、家族、企業を懸命に支えているX世代は、Z世代にとってミレニアル世代以上に尊敬の的になるだろう。

ミレニアル世代は、今後20年で「最注目の世代」の座を明け渡し、中年の世代に落ち着いていく。勤め人としての伝統的な責任が増え、労働と消費を担う最大勢力の地位はまだしばらく続く。しかし、いつの日か早期リタイアまたはセミリタイアしたいという願いは、彼らが年齢を重ねZ世代の子供が成長するにつれ、現実に直面するようになる。

世代交代が着々と進む高齢化社会では、ベビーブーマー世代からX世代、ミレニアル世代へと権力が移行していく。Ｚ世代はその一部始終を目撃し、新たな政治的ビジョンと政府規制が自分とまだ見ぬ子供にどのような影響をもたらすのか注視することになる。初めのうちは、多数派である上の世代が投票、政策立案、政策決定するのに単純に従うだろう。しかし、やがて一大勢力になったあかつきには、自分たちの社会正義と世代的価値観に合うように世論を動かすにちがいない。

4・ＡＩ、ＩoＴ、コネクテッドデバイス、消費者向けテクノロジー

ＡＩはすでに世界を変化させている。人々の習慣も、ニュースやコンテンツ、投資までもが変わりつつある。これはＺ世代が生涯にわたり影響を受けることになるＡＩ革命の序章にすぎない。ダイエットやフィットネス、デート、ショッピング、広告のほか、正確さを増した無限のレコメンデーションなど、人間の行動や持ち物、関わりのすべてにＡＩが組み込まれるだろう。ＡＩのパワーを強化するのがＩoＴとコネクテッドデバイスだ。ウェブとクラウドに接続する機器が増えれば、より多くのデータが収集・分析され、結果としてレコメンデーションが改善される。それにより、あらゆるものが様変わりする。住居は生活効率が劇的に高まり、医療では体内情報が直接リンクするブレイクスルーが起き、ほかの考えうるすべての機器が突然スマートフォン（あるいは未来のコミュニケーションデバイス）につながる。ＡＩは人類が支配す

る世界の終わりを告げるものなのか、それとも食料やクオリティ《Q》・オブ《O》・ライフ《L》、平和を量的にも質的にも改善するものなのか、激しい議論が巻き起こっている。どのような結果になろうとも、Ｚ世代は家庭用機器（食洗機、ドライヤー、電子レンジ、コーヒーメーカー、ベッド、テレビ、冷蔵庫、電灯、スプリンクラー等）、車載機器、業務用機器など、暮らしの中のすべてのデバイスが接続・追跡・最適化・分析・統合されるのが普通だと考える最初の世代になる。

調査によれば、ＡＩに対してＺ世代は次のように考えている(139)。

・社会にプラスの影響がある　61％
・自分の私生活にプラスの影響がある　43％

スマートデバイス、スマートプロダクト、スマートサービスについては、次のように感じている(140)。

・近い将来、今よりも多く所有する　80％
・近い将来、生活をとても便利にしてくれる　80％
・近い将来、生活をとても便利にしてくれるなら、値段が高くても買う　55％

さらに進んだブレイクスルーも登場している。たとえば量子コンピューターは演算能力と意思決定能力を劇的に高め、多くの人には想像できない（一部の人は望まない）結果をもたらす。Z世代では、データ、アルゴリズム、ハードウェアと人間の暮らしが本当の意味で融合する。それにより、データのプライバシーとセキュリティに関する新たなプレッシャーが、個人だけでなく製造業やIT産業、政府などに重くのしかかることにもなる。

AI、IoT、コネクテッドデバイスといった、ソフトウェアとコードが牽引してきた大枠的なテクノロジーの進歩とともに、Z世代の世界では劇的に進化した消費者向けのテクノロジーが店で買えるようになっている。主だったところでは、オンデマンドで靴でも家でも作れる3Dプリンター、家庭で頼りになるロボット、脳と機械をつなぐブレイン・マシン・インターフェース、消費者向け製品に組み込まれるようになったナノテクノロジー、アセットライトを実現する技術（車の所有を不要にするUberやVR・AR等）などがある。コンシューマーテクノロジーはまだ可能性が見えはじめたばかりだが、子供のおもちゃから大人のサングラスにまで組み込まれるようになれば、急激な広がりを見せるにちがいない。

5・業務自動化

AI導入、先進ロボット工学、IoTなどによる業務自動化が進んでいる。それで消える仕事については盛んに議論されており、大方の予想では低スキルの定型業務が危ないとされている。しかし、それは違う。急速に発展中のテクノロジーは、経理や財務といったホワイトカラーの仕事も危機に追いやっている。それによりキャリアが大きく揺らぐのはもちろん、キャリアにつながる大学や学位、学歴にも影響が出るだろう。これらの成熟した職種で働く層は、離職率が下がるかもしれない。（存続していれば、だが）

従業員全体の成績やニーズ、強みが正確に追跡可能になり、個々の目標に合わせた研修、コーチング、昇進をジャストインタイムで行えるようになれば、中間管理職でさえ絶滅する可能性がある。Z世代は人間ではなくソフトウェアに管理される最初の世代になるだろう。ソフトウェアによる管理はZ世代を含めた全世代の潜在力を引き出す巨大なブレイクスルーになるが、企業構造、経営計画、既存業務に大変革をもたらす。

専門家の見解は大きく2つに分かれている。1つは、業務自動化による雇用喪失は大規模かつ不可逆的で、失業者が新たな道（労働とは限らない）に進むのを政府が支援しなければならないという予想。もう1つは、業務自動化と職場での技術革新は雇用の喪失と移転を引き起こすものの、同時に新たな職業を多数創出するので、失業者の受け皿ができ、多くの人は労働条件がよくなるという予想だ。

Z世代の予想はどうか。ＡＩは自分の仕事にプラスの影響があるという回答が48％にのぼった[141]。職場でＡＩが活用されれば、自分に合った仕事が早く見つかるほか、キャリアと業務に対する希望と考えが雇用主によりよく伝わるため業務が改善されると思うという回答も49%を占めた。

一方で職場でのＡＩ活用に懸念も抱いており、ＡＩに仕事を奪われるのが不安という回答が59%にのぼった。

どちらに転ぶかはわからないが、業務自動化、クラウド、ＡＩソフトウェアなどによって、Z世代の社会ではまちがいなく労働の性質が変わり、成功に必要な職場教育とスキルも変化する。業務自動化の実用化ペースと年齢から考えて、Z世代はその変化の最前線に立つだろう。言い換えれば、親世代のキャリアを見限り、新世代の仕事とキャリアに道を見いだすことになる。

6．医療のブレイクスルー

医療は過去30年で急速に発展した。Z世代はそれを完全な形で受けられる最初の世代になる。Z世代の若さなら、ゲノム編集（ＣＲＩＳＰＲ《クリスパー》とも呼ばれる）などの先進的バイオテクノロジーや、個別化医療の恩恵にもあずかれる。個人用の臓器を培養したり、がんなどの治療薬をオーダーメイドしたりと、さまざまな形態のヘルスケア、健康管理、医薬品により大幅な長寿命化が、まったく新しい課題をともなって実現するだろう。

がんやアルツハイマーといった病気の克服など、医療の可能性にはロマンがある。しかし、個別化医療、とりわけゲノム編集は、倫理的・哲学的な問題をはらんでもいる。Z世代は自分が親になるとき、その問題と向き合わなければならない。また、遠隔医療などの機器や検査が広く普及し、自宅をはじめどこにいてもオンデマンドの診察や医療サービスが受けられるようになれば、Z世代は病院まで出向く必要がなくなる。

個別化医療や疾病撲滅といった数々のブレイクスルーの結果、人々の寿命が大幅に延びれば、医療体制や家族の形態、統治構造が圧迫される可能性もある。Z世代は、近年のブレイクスルーによって、主要な医療的課題のほとんどが解決できる時代を謳歌することだろう。それはそう遠くない未来であり、Z世代が親になる時期よりも早いかもしれない。

7．宇宙旅行

いよいよ宇宙の時代が近づいている。一般消費者が無重力の宇宙を旅することができるように、イーロン・マスク、リチャード・ブランソン、ジェフ・ベゾス、ほかにも多くの経営者が日夜努力している。コスト効率のよい宇宙旅行は最初、娯楽として提供されるが、やがて鉱物資源の採掘のような商業目的で行われるようになる。可能性は無限大で、Z世代の子供や孫が別の惑星に旅行したり移り住んだりすることも考えられる。50年前の人々は、人類が初めて月に立った瞬間を白黒テレビで見た。Z世代の子供と孫は、その体験を自分でできるかもしれない。

8．グローバルな課題

これは非常にセンシティブで合意が難しい問題だが、Z世代は毎週のように自分の意見を発信することになるだろう。まず、世界人口の増加。今後も続いていくとみられ、各国政府や地域情勢は緊張が高まり、食糧や水などの資源、住居や輸送などのサービスは逼迫《ひっぱく》する可能性がある。次に、世界的な気候変動。年齢が最も若く、残された時間が最も長いZ世代は、ほかの現行世代よりも大きな影響を受ける。海水面が上昇して大都市にも被害がおよぶなど、多くの自然災害が発生する。世界規模の脅威に立ち向かうために、変化を牽引する役目をZ世代は担っている。人生を通じてこれらの影響を最も深刻に受ける世代だからだ。

9．ブロックチェーン

Z世代では、ブロックチェーンと分散型台帳技術が生活のさまざまな側面に組み込まれる。その範囲はパーソナルファイナンスや法的契約、医療革新、不動産記録管理にまでおよぶ。

マネーはもはや現金ではなくなる。Z世代では紙でも金属でもなくなり、クラウドに保管された概念になる。マネーとはデジタル署名、つまり世界規模の分散型ネットワーク上に存在する、価値を引き出す固有の文字列に変わる。

今の10代でもすでに、銀行を素通りしてVenmoのようなアプリを使い、銀行口座もクレジットカードも持たずにデジタルウォレットを利用している。ブロックチェーンは、現在の銀行を過去のものにする可能性を秘めている。資産の取り扱いが銀行よりも安価かつ安全になり、タイムラグや場所の制約もないからだ。

ブロックチェーンが小売りや投資のマネーまで担うようになれば、Z世代は多くの影響を受ける。銀行がブロックチェーンを取り入れて急いで進化しなければ、Z世代は銀行を完全に見捨てるかもしれない。株式市場は価格変動が激しく透明性が低いことから敬遠し、より安全で透明性の高い運用方法を求め、ビットコインのような暗号資産を購入して企業に直接投資するようになるかもしれない。

Z世代の最若年層は、生まれたときから暗号資産が生活の一部になっている。多くの人がATMのなかった頃を思い出せないのと同じく、Z世代はビットコインが買えなかった頃を覚えていない。MBAプログラムでは、暗号資産と暗号経済学を履修するようになるだろう。ブロックチェーン技術は、マネー、銀行、法的契約、医療記録、投資についての考え方に根本的な影響を与えるにちがいない。

10・大学改革

200年ものあいだ、大学は多くの人に学業や人格形成の場を提供し、実社会への参加を促してきた。しかし、VR・ARやモバイル学習が登場し、ビジネススキルのニーズが変化している今、大学は時代に合わなくなる可能性がある。クラウド・ベースの学習システムや、成績と標準テストに頼らないスキル評価システムに取って代わられるかもしれない。この変化はZ世代の最若年層の頃に始まるが、高等教育機関に事業内容や教育基盤、指導方法の再考を迫り、費用対効果の向上を求めることになるのはZ世代の子供の世代だろう。

以上の10の項目は、Z世代を語る上での一部にすぎない。新型コロナウイルスと終息後の余波も、Z世代の学び方や働き方、将来観などに強い影響をおよぼすと思われる。長期的な影響を論じるには早すぎるが、影響が小さいということはありえない。

ここにあげたトレンドやブレイクスルー、課題、イノベーションをはじめ、いまだ発見・命名されていない多くの影響要因により、Z世代の価値観と期待は形作られ、大きく変化していく。それはX世代を変えたパソコン、ミレニアル世代をつなげたスマートフォン、世界中の人々を結びつけたウェブとソーシャルメディアよりもはるかに深く、広く、速く起こる。これらのトレンドに見舞われるZ世代は、キャリアパスや平均寿命、人間関係、旅行、健康、信仰などの面で影響を受け、上の世代と下の世代に対する見方も変えることだろう。

まとめの章
――Zの時代は始まったばかり

本書の執筆を始めたときは、どのような発見があり、どのような形をなしていくのか、はっきりとはわかっていなかった。今回の「ツアー」を通じて、Z世代の可能性や意外性、人間性がうまく伝わったなら、著者冥利に尽きる。そして、従業員やチームメンバー、イノベーター、消費者、未来のリーダーとしてのZ世代の潜在力を引き出すため、本書で紹介した戦略と解決策が役に立つことを願う。

Z世代のリサーチャー、講演者、研究者、親である私たちは、この世代がすべての人々に与える影響を思うと楽しみでたまらない。Z世代によるニューノーマルは変化を起こし、安定と快適さを揺るがすが、自信とブレイクスルーをも生み出すだろう。ビッグバンを起こす寸前のZ世代を観測するだけでも多くのインスピレーションが湧き、同時に少しの目まぐるしさもともなうが、その先の未来はなおさらまばゆく輝いている。

Z世代から話を聞くなかで明らかになったことが1つある。Z世代がもたらす新たな世界観、才能、エネルギによって、人間ひとりひとりの可能性が最大限に引き出されるということだ。

たしかに、この世代は今までの世代とは隔たりがある。しかし、きちんと理解しさえすれば、その隔たりは莫大な可能性を汲《く》み上げる水源にもなる。Z世代を深く知るほど、その才能を引き出す方法が見えてきて、さらには彼らの先見性を手本にして誰もが潜在力をフルに発揮することにもつながる。

本書で紹介した知見やエピソード、統計、大規模調査を活用し、自分の組織にカスタマイズした方針を作れば、有益なインパクトとレガシーを残すことができるはずだ。

Z世代も上の世代を頼りにしている。自分たちを厄介な問題として見るのではなく、今のうちから手を貸し、知恵を授け、自分たちにチャンスを与えてくれることを期待している。上の世代がZ世代の未来を必要としているように、Z世代のほうも上の世代から得られるものが現在もこれからもあるのだから。

Z世代が今後の数十年から次の世紀、さらにその先の未来にまで決定的な影響をおよぼすのはまちがいない。彼らの潜在力、希望、夢、不安、アイデア、レジリエンスがどうなるかは、今のリーダーがZ世代のスキルとマインドをどう開発するかにかかっている。

そして、私たちの世代からZ世代への片想《かたおも》いではなく、Z世代のほうも私たちの世代を求めてもらうには、まず私たちの世代が今すぐZ世代に歩み寄ることだ。本書で紹介した戦略と自分自身の強みや専門性を活かし、世代同士の協力から芽生える可能性を大きく花開かせよう。互いに手を取り合えば、世界を変える新しいアイデアとポテンシャルを引き出し、Z時代の新しい経済を構築することができる。

今日からできること

まだZ世代への適応策を取っていない企業にも、チャンスはある。今のZ世代のライフステージ、教育ステージ、キャリアステージは、他世代がスキルを磨きつつ手を差し伸べるのに理想的な時期を迎えている。しかし、Z世代は変化を止めることがない。日増しに消費者として購買力を伸ばし、労働者として勢力を増している。その世界観とトレンド創出力は、今まさに形を取ってバイラル動画のように広がりつつある。年齢的にも時期的にも、Z世代との関係作りが手遅れということはない——すぐに行動を開始するならば。

調査結果からまちがいなく言えるのは、行動開始が早いほど成果も早く表れるということだ。逆に言えば、Z世代への適応を先延ばしにするほど、関係作りは難しくなる。歩み寄るなら、今しかない。

どこから手をつければいいのか不安なら、以下にあげたポイントを参考に、本書のツール、事例、アイデアを活用してほしい。

Z世代の消費者や労働者とつながりを作るなら

① Z世代の目に世界がどう映っているか考える

これにより世代的文脈という最重要の手がかりが手に入り、理解と共感、信頼と感化ができるようになる。Z世代の望みは、世の中にプラスの影響を与えようと努力している企業やリーダーを後押しすることだと覚えておこう。自社のDNAに気高い主義主張が組み込まれていなくても大丈夫だ。Z世代が知りたいのは企業が有意義な活動をしていることであって、その舞台は地域コミュニティ、職場、リーダーの日常でも構わない。世の中とZ世代の役に立とうとする姿勢が大切だ。

② 自社の従業員または顧客であるZ世代から体験を聞く

Z世代からどう評価されており、どこを改善すればいいのかを知りたいなら、素直に尋ねるのが一番だ。Z世代は質問を受けて考えを発信したいと思っている。ヒアリングをする経路はツイッターやインスタグラム、スナップチャットなどではなく、対面がよい。消費者としての意見を聞きたければ、マーケティング部門やイノベーション部門で雇うか、経営陣と触れ合えるイベントに招待するといった方法が考えられる。労働者としての意見が欲しいなら、改善点をZ世代の従業員に尋ねて耳を傾ければ、喜んで話してくれるはずだ。費用と手間は繰り返しかかるが、1回あたりのコストはごく小さく、それに対して従業員体験が大きく変わることも多い。そうなれば経営者も楽になり、ウィン・ウィンが実現する。

③ Z世代がいるところにリーチする

誰にでも語りかけるが誰にも相手にされないような、伝統的な広告キャンペーンのことは忘れてしまおう。その代わりに、YouTubeやTikTok、インスタグラムなどのZ世代が好むデジタル・プラットフォームでニッチなインフルエンサーを探し、コラボレーションして自社の製品・サービス、ブランドのクチコミを広める方法を考えるべきだ。そういったプラットフォームとインフルエンサーなら、予算的制約がある中でも、測定可能なエンゲージメントを得て、費用対効果を高めることができる。

それと並行して、Z世代の顧客とのクリエイティブな関係作りも考えよう。アライ・ファイナンシャルは、スーパーボウルに数百万ドルのスポット広告を出すのをやめ、試合のCM中にプレーするインタラクティブARゲームを開発した。ゲームの参加者は数十万ドルを分配され、企業側は貯蓄の目的を訊いて顧客の理解を深めた。

ベイラー大学も非伝統的なアプローチを採用した。YouTubeのインフルエンサーとのコラボレーションに踏み切り、その結果、大学の人気と関心が急上昇し、Z世代からの認知を獲得できた。ベイラー大学を受験する気がなく、存在さえ知らなかったZ世代の高校生を、志願者に変えてみせたのだ。

Z世代の消費者と擁護者《アドボケイト》を獲得するなら

① 有意義な価値とエンゲージメントを優先する

Z世代は、支出に対して最大限の価値を得たいと考えている。お得な買い物だった、購買プロセスは簡単だったという実感を得ることと、できるだけ高品質のものを手に入れてソーシャルメディアでシェアすることがZ世代の望みだ。彼らは誕生日プレゼントに現金をもらったら取っておき、欲しいものがあれば改めて購入資金を親にねだる世代だと覚えておいてほしい。成人しても行動原理は同じで、対象がジーンズやヘッドフォンであっても、高い品質と長い製品寿命が約束されているブランドを探し求める。

② ブランドやチームの人間性でZ世代とつながる

Z世代は、ブランドの中の人々に1人の人間として扱われたいと思っている。女性用カミソリのビリーは、ムダ毛のない完璧な体を約束するのではなく、ひとりひとり異なるシェービングのニーズにすべて応える姿勢を見せることでつながりを築いている。女性用下着のエアリーは、一昔前の雑誌モデルのようなイメージでは訴求せず、そのままの自分と自分の体を大切にするようメッセージを発信している。

③ Z世代の学習意欲と動画志向を利用する

化粧品ブランドなら、自社製品を使ったスキンケア講座をYouTubeに投稿する。スポーツ用品メーカーなら、YouTubeチャンネルを開設し、変化球の投げ方や正しい平泳ぎのコツを学べる定番チャンネルの座を目指す。水道工事業者なら、トイレの詰まりの直し方、バスタブの排水口の手入れ、水漏れの原因の探し方などを動画で教える。それで顧客が減ることはなく、むしろ真っ先に頼られるようになるはずだ。老後資金用の口座を新しくオンラインで開設しようとしている顧客が相手でも、ブレイク・ギャレットのAceableのような自動車教習プラットフォームを探している若者が相手でも、同じ戦略が使える。

Z世代の従業員の才能を引き出すなら

①　社員紹介制度を活用する

求人ポータルサイトを主に使っていたミレニアル世代と異なり、Z世代の求職者はまず友人や家族に相談するので、既存の従業員が求人情報をソーシャルメディアで広めやすい制度を整えるとよい。信頼できる友人を紹介した従業員には、魅力的なインセンティブを与えよう。コンサートやスポーツイベント、旅行といった体験でも金銭的ボーナスでも構わないが、数カ月後や1年後まで待つ必要がないようにしたい。

②　つながりを構築および維持しやすくする

モバイル端末からの応募に最適化し、途中まで記入した応募フォームを保存できるようにするとよい。保存したまま一定期間が過ぎたらリマインダーを送る。応募フォームへのリンクを貼るとともに、応募者のことを詳しく知りたいと興味を示すようにしよう。

それが相手に伝われば、応募者のほうも企業への興味が湧いてくるはずだ。人手不足の中では重要なポイントであり、求職者を呼び込む効果は実証されている。

③ 勤務初日から能力開発プログラムを提供する

学生アルバイトであれフルタイムの正社員であれ、Z世代の応募と定着を促進するには、従業員の能力開発を重視する姿勢を見せることが効果的だ。業務内容が同じなら、賃金が高い仕事よりも、転職に有利なスキルを学べるメンター制度が用意されている仕事のほうがZ世代に好まれると、複数の研究で示されている。従業員の能力開発にコミットする企業であることを求人情報ページや採用プロセス、オンボーディング期間を通じてはっきりと示せば、従業員も企業へのコミットメントを高めるにちがいない。

④ 継続的でオンデマンドな研修を行う

オリエンテーションで大量の資料を渡すのは、Z世代がやる気をなくすのでやめておこう。ルーティン業務の研修でも高度な業務の研修でも、期間は短く、内容は興味深く、形式はインタラクティブにするのが理想的だ。オンボーディングやオリエンテーションのあいだに基礎を固めることにより、できるだけ早く業務を始められるようにするとよい。その後、トレーニング動画やQ&A動画といった、必要に応じて学べるオンデマンドの研修リソースを提供し、能力を補強する。そうすれば、企業は手間をかけずに追加の研修を施し、従業員は優先度の高い領域から学ぶことができる。調査結果からは、Z世代が仕事で貢献して役に立ちたいと思っているのは明らかだ。しかしそのためには、失敗から学ぶことを含めた、オンデマンドの学習機会が欠かせない。

今後の展望 ―― Z世代とともに迎える未来

Z世代について私たちがしてきた研究、対話、グループ調査、データ分析を振り返ったとき、明らかなことが1つある。それは、Z世代とともに迎える未来は刺激に満ちているということだ。私たちにとってもZ世代にとっても刺激的で、願わくは読者の方々にもその刺激を楽しんでほしい。

企業およびリーダーが成長し、強みを伸ばし、イノベーションを起こし、競合に勝つことができる大きなチャンスをZ世代は与えてくれる。だからこそ、積極的にこの世代に適応していこう。

Z世代の可能性をすべて引き出す未来が想像できただろうか？　私たちとの「ツアー」で今

後の展望が拓けたなら、これほど嬉しいことはない。

最新情報が欲しい人のために

人生は常に変化し、その速さは時として予想を上回る。本書を書き上げた2020年には新型コロナウイルスが世界を一変させ、ブラック・ライブズ・マターが人々を動かした。私たちの最新の研究成果は、GenHQ.com で見ることができる。(英語のみ)

謝辞

本書が今の姿になるまで尽力してくれた才能あふれる人たちに感謝を捧げたい。まず、CGKの優秀な調査チーム、とりわけイーライ、ヘザー、ジャレドに感謝したい。彼らと彼らの創造力や献身がなければ、本書は実現しなかったと思う。ありがとう！

われらが著作権エージェントのニーナ・マドニアに感謝を捧げる。最初に本書のアイデアをeメールで受け取ったときから、信頼を寄せてくれた。本書を世に出してくれたハーパーコリンズの編集部と、出版部門の皆さんにも感謝したい。本当にすばらしいチームだ。

執筆協力者のマリア・ガリアーノに感謝を捧げたい。草稿の手直しを先導し、調査結果やインサイトの列挙ではなく、Z世代の活写を実現してくれてありがとう。

家族にも感謝を伝えたい。私たちが道に迷ったときも道が拓けたときも、そばにいてくれた。本書のために私たちが投資した時間を、嫌な顔ひとつせず肩代わりしてくれた。特に、ロビン・シャーリー、エリダ・ゴンザレス、ダン・ドーシー、マリアーノ・ゴンザレス、ロブ・シャーリーに感謝したい。

家族に加えて、今回の旅路をサポートしてくれたメンターと友人に感謝を捧げる。世代間の橋渡しをしただけでなく、本書のビジョンと完成形のあいだにあったギャップにも橋渡ししてくれた。

私（ジェイソン）からは、本書のために絶えず助力と励ましをくれた講演・執筆グループのジェイ・ベア、デビッド・ホーサーガー、ロリー・バーデンに感謝を捧げる。起業家グループのQ2も、CGKと本書を最初から信頼してくれた。ありがとう！

私（デニス）からは、メンターと友人に感謝を捧げる。オースティン起業家団体フォーラム、F2、そして必要なときにパワーとたくさんの笑顔をくれた勇敢な女性全員に、ありがとうと伝えたい。

私たちのすばらしいクライアントに感謝したい。IT、小売、自動車、アパレル、ヘルスケア、銀行、保険など、業界はさまざまだが、世代の問題を解決するために一緒に仕事をしたときの感謝の気持ちは変わらない。あらゆる世代の可能性を最大限に引き出す助けとなる企業が設立できたのは、クライアントのおかげだ。

最後になるが、世代間の橋渡しに役立つ体験談や意見、考え方を惜しげなくシェアしてくれたZ世代全員に感謝したい。娘のライアもその1人だ。ありがとう！　あなたたちが世界にもたらすエネルギー、思考、才能、変化に私たちは胸を躍らせている。

Playbook," 2019, dcaweb.org.
124. Distribution Contractors Association and The Center for Generational Kinetics, "Gen Z and Millennial Employee Take-Action Playbook," 2019, dcaweb.org.
125. ルース・アン・ワイス、著者によるインタビュー、2019 年 8 月。
126. Distribution Contractors Association and The Center for Generational Kinetics, "Gen Z and Millennial Employee Take-Action Playbook," 2019, dcaweb.org.
127. The Center for Generational Kinetics, "The State of Gen Z 2018," 2018, GenHQ.com.
128. The Center for Generational Kinetics, "The State of Gen Z 2017," 2017, GenHQ.com.
129. The Center for Generational Kinetics, "The State of Gen Z 2017," 2017, GenHQ.com.
130. The Center for Generational Kinetics, "The State of Gen Z 2018," 2018, GenHQ.com.
131. The Center for Generational Kinetics, "The State of Gen Z 2018," 2018, GenHQ.com.
132. ショーン・ゴードン、著者によるインタビュー、2019 年 8 月。
133. Dan Gingiss, "How Deloitte's $300 Million Investment in Employee Experience Is Paying Off," *Forbes*, April 30, 2019, https://www.forbes.com/sites/dangingiss/2019/04/30/how-deloittes-300-million-investment-in-employee-experience-is-paying-off/#174e1ce6ecc1.
134. Vicky Valet, "America's Best Employers for New Graduates 2018," *Forbes*, September 5, 2018, https://www.forbes.com/sites/vickyvalet/2018/09/05/americas-best-employers-for-new-graduates-2018/#4554a7cc2894.
Adobe Sales Academy, https://blogs.adobe.com/adobelife/adobe-sales-academy/asa-learning-experience/.（2019 年 11 月 25 日閲覧）
135. The Center for Generational Kinetics, "The State of Gen Z 2018," 2018, GenHQ.com.

未来の章――Z 世代と 10 の大変容

136. "Shared Mobility on the Road of the Future," Morgan Stanley Research, 2016, www.morganstanley.com/ideas/car-of-future-is-autonomous-electric-shared-mobility.
137. Cognizant and The Center for Generational Kinetics, "Gen Z: The World by the Thumbs," 2019, https://www.cognizant.com/fm/genz/Cognizant-eBook-2018.pdf.
138. Cognizant and The Center for Generational Kinetics, "Gen Z: The World by the Thumbs," 2019, https://www.cognizant.com/fm/genz/Cognizant-eBook-2018.pdf.
139. Ultimate Software and The Center for Generational Kinetics, "National Research Study," 2018.
140. Cognizant and The Center for Generational Kinetics, "Gen Z: The World by the Thumbs," 2019, https://www.cognizant.com/fm/genz/Cognizant-eBook-2018.pdf.
141. Ultimate Software and The Center for Generational Kinetics, "National Research Study," 2018.

102. ロナルド・カスナー、著者によるインタビュー、2019 年 9 月。
103. Neelie Verlinden, “7 Brilliant Employee Referral Programs Examples,” Academy to Innovate HR (AIHR), https://www.digitalhrtech.com/employee-referral-programs-examples/.（2019 年 11 月 25 日閲覧）Sarah Boutin, “Behind the Scenes at Salesforce: Our #1 Recruiting Secret,” *Salesforce blog*, January 14, 2015, https://www.salesforce.com/blog/2015/01/behind-scenes-salesforce-our-1-recruiting-secret.html.
104. キャット・コール、著者によるインタビュー、2019 年 9 月。
105. PLRB and The Center for Generational Kinetics, “Insurance Claims as a Millennial Career: An Unexpectedly Great Fit for the Next Generation of Employees,” October 2016, https://www.plrb.org/distlearn/plrb/webinars_tutorials/handouts/PLRBMillennialWhitePaper.pdf.
106. ブレント・ピアソン、著者によるインタビュー、2019 年 8 月。
107. ティファニー・テイラー、著者によるインタビュー、2019 年 9 月。
108. キャット・コール、著者によるインタビュー、2019 年 9 月。
109. The Center for Generational Kinetics, “The State of Gen Z 2018,” 2018, GenHQ.com.
110. ティファニー・テイラー、著者によるインタビュー、2019 年 9 月。
111. ロナルド・カスナー、著者によるインタビュー、2019 年 9 月。
112. PLRB and The Center for Generational Kinetics, “Insurance Claims as a Millennial Career: An Unexpectedly Great Fit for the Next Generation of Employees,” October 2016, https://www.plrb.org/distlearn/plrb/webinars_tutorials/handouts/PLRBMillennialWhitePaper.pdf.
113. ロナルド・カスナー、著者によるインタビュー、2019 年 9 月。

第 11 章　長期的戦力の採用と育成

114. Dan Cable, Francesca Gino, and Bradley Staats, “The Powerful Way Onboarding Can Encourage Authenticity,” *Harvard Business Review*, November 26, 2015, https://hbr.org/2015/11/the-powerful-way-onboarding-can-encourage-authenticity.
115. ブレント・ピアソン、著者によるインタビュー、2019 年 8 月。
116. Susan Sorenson, “How Employee Engagement Drives Growth,” Gallup, June 20, 2013, https://www.gallup.com/workplace/236927/employee-engagement-drives-growth.aspx.
117. The Center for Generational Kinetics, “The State of Gen Z 2019,” 2019, GenHQ.com.
118. The Center for Generational Kinetics, “The State of Gen Z 2018,” 2018, GenHQ.com.
119. Ripplematch, “The State of the Gen Z Job Search,” 2019, https://info.ripplematch.com/the-state-of-the-gen-z-job-search/.
120. Amanda Stansell, “The Next Generation of Talent: Where Gen Z Wants to Work,” Glassdoor, February 20, 2019, https://www.glassdoor.com/research/studies/gen-z-workers/.
121. The Center for Generational Kinetics, “The State of Gen Z 2018,” 2018, GenHQ.com.
122. スティーブ・バーハ、著者によるインタビュー、2019 年 8 月。
123. Distribution Contractors Association and The Center for Generational Kinetics, “Gen Z and Millennial Employee Take-Action

85. The Center for Generational Kinetics, "The State of Gen Z 2019," 2019, GenHQ.com.
86. メアリー・エレン・ドゥーガン、著者によるインタビュー、2019 年 9 月。
87. eHotelier Editor, "Make Your Hotel Instagram-Friendly with These Redesign Tips," *eHotelier*, June 24, 2015, https://insights.ehotelier.com/insights/2015/06/24/make-your-hotel-instagram-friendly-with-these-redesign-tips/.
IKEA Hotell, https://ikeahotell.se/en/story/.（2019 年 11 月 25 日閲覧）
88. The Center for Generational Kinetics, "The State of Gen Z 2018," 2018, GenHQ.com.
89. The Center for Generational Kinetics, "The State of Gen Z 2017," 2017, GenHQ.com.

第 10 章　Z 世代への正しい求人活動

90. Karen Gilchrist, "Employees Keep 'Ghosting' Their Job Offers—and Gen Zs Are Leading the Charge," CNBC, April 24, 2019, https://www.cnbc.com/2019/04/24/employees-are-ghosting-their-job-offers-gen-z-is-leading-the-charge.html.
91. "Civilian Labor Force Participation Rate by Age, Sex, Race, and Ethnicity," U.S. Bureau of Labor Statistics, https://www.bls.gov/emp/tables/civilian-labor-force-participation-rate.htm.（2019 年 11 月 25 日閲覧）
92. The Center for Generational Kinetics, "The State of Gen Z 2018," 2018, GenHQ.com.
93. Instant, national study on generational work behaviors, 2017, https://www.instant.co/.
94. Convergys and The Center for Generational Kinetics, "Attracting and Retaining Millennials in Contact Center Careers," 2017, https://genhq.com/wp-content/uploads/2018/12/Convergys_White-Paper2.pdf.
95. PLRB and The Center for Generational Kinetics, "Insurance Claims as a Millennial Career: An Unexpectedly Great Fit for the Next Generation of Employees," October 2016, https://www.plrb.org/distlearn/plrb/webinars_tutorials/handouts/PLRBMillennialWhitePaper.pdf.
96. The Center for Generational Kinetics, "The State of Gen Z 2018," 2018, GenHQ.com.
97. The Center for Generational Kinetics, "Gen Z and Work," 2018, GenHQ.com.
98. "From the 8th Annual Shorty Awards: Goldman Sachs & Snapchat," Shorty Awards, https://shortyawards.com/8th/goldman-sachs-snapchat.（2019 年 11 月 25 日閲覧）
99. Jennifer Calfas, "McDonald's Is Using a New Method to Recruit Young Employees—Snapchat," *Fortune*, June 13, 2017, https://fortune.com/2017/06/13/mcdonalds-snapchat-jobs-2/.
100. Lorraine Mirabella, "Get Ready for Gen Z, Employers. First Hint: They're Not Millennials," *The Seattle Times*, June 4, 2019, https://www.seattletimes.com/explore/careers/get-ready-for-gen-z-employers-first-hint-theyre-not-millennials/.
101. The Center for Generational Kinetics, "Gen Z and Work," 2018, GenHQ.com.

https://www.autonews.com/sponsored/decoding-gen-z-car-buyer.
70. ジョン・フィッツパトリック、著者によるインタビュー、2019 年 12 月。
71. The Center for Generational Kinetics, "The State of Gen Z 2019," 2019, GenHQ.com.
72. Ben Lane, "Forget Waiting on Millennials, Gen Z Is Starting to Buy Homes," *HousingWire*, August 15, 2019, https://www.housingwire.com/articles/49863-forget-waiting-on-millennials-gen-z-is-starting-to-buy-homes.
73. Lisa Prevost, "Forget Tanning Beds. College Students Today Want Uber Parking," *New York Times*, June 25, 2019, https://www.nytimes.com/2019/06/25/business/college-dorm-uber-amenities.html.
74. WP Engine and The Center for Generational Kinetics, "Future of the Internet," 2018.
75. WP Engine and The Center for Generational Kinetics, "The Future of Digital Experiences: How Gen Z Is Changing Everything," 2017, WPengine.com.
76. The Center for Generational Kinetics, "The State of Gen Z 2017," 2017, GenHQ.com.

第 8 章　Z 世代を優良顧客にするには

77. Sprint, "Sprint Returns to Net Operating Revenue Growth, Near-Record Operating Income, and Positive Adjusted Free Cash Flow with Fiscal Year 2016 Results," May 3, 2017, https://s21.q4cdn.com/487940486/files/doc_financials/quarterly/2016/Q4/1-Fiscal-4Q16-Earnings-Release-FINAL.pdf.
78. miversen33, "How Sprint Leveraged Gen Z to Pivot Their Brand," Reddit, August 25, 2017, https://www.reddit.com/r/Sprint/comments/6vz22l/how_sprint_leveraged_gen_z_to_pivot_their_brand/.
79. Sprint, "Sprint Delivers Best Financial Results in Company History with Highest Ever Net Income and Operating Income in Fiscal Year 2017," May 2, 2018, https://s21.q4cdn.com/487940486/files/doc_financials/quarterly/2017/q4/Fiscal-4Q17-Earnings-Release-FINAL.pdf.
80. メアリー・エレン・ドゥーガン、著者によるインタビュー、2019 年 9 月。
81. Love Your Melon, https://loveyourmelon.com/pages/giving.（2019 年 11 月 25 日閲覧）
Leigh Buchanan, "How These 2 Millennial Founders Rallied 13,000 College Students to Help Kids Battling Cancer," October 8, 2018, https://www.inc.com/leigh-buchanan/2018-inc5000-love-your-melon.html.
82. Narvar, "The State of Returns: What Today's Shoppers Expect," 2018, https://see.narvar.com/rs/249-TEC-877/images/Consumer-Report-Returns-2018-4.3.pdf.

第 9 章　エンゲージメント・認知・購入

83. ジェイソン・クック、著者によるインタビュー、2019 年 8 月。
84. The Center for Generational Kinetics, "The State of Gen Z 2018," 2018, GenHQ.com.

50. ブレント・ブロンクビスト、著者によるインタビュー、2019 年 8 月。
51. thredUP, "2019 Resale Report," 2019, https://www.thredup.com/resale2019?tswc_redir=true.
52. The Center for Generational Kinetics, "The State of Gen Z 2019," 2019, GenHQ.com.
53. WP Engine and The Center for Generational Kinetics, "Reality Bytes: Second Annual Generation Study Reveals How Gen Z Behaves, Buys & Builds Online," 2018, https://wpengine.com/blog/reality-bytes-second-annual-generational-study-reveals-how-gen-z-behaves-buys-builds-online.
54. メアリー・エレン・ドゥーガン、著者によるインタビュー、2019 年 9 月。
55. リサ・アッツシュナイダー、著者によるインタビュー、2019 年 9 月。
56. Maggie Fitzgerald, "The CEOs of Nearly 200 Companies Just Said Shareholder Value Is No Longer Their Main Objective," CNBC, August 19, 2019, https://www.cnbc.com/2019/08/19/the-ceos-of-nearly-two-hundred-companies-say-shareholder-value-is-no-longer-their-main-objective.html.
57. リサ・アッツシュナイダー、著者によるインタビュー、2019 年 9 月。
58. アーロ・ギルバート、著者によるインタビュー、2019 年 8 月。

第 7 章　Z 世代の消費行動

59. Sophie Alexander, et al.,"Victoria's Secret Has More Than a Jeffrey Epstein Problem," Bloomberg, July 29, 2019, https://www.bloomberg.com/news/articles/2019-07-29/victoria-s-secret-has-more-than-a-jeffrey-epstein-problem.
60. Whistle, "From Nerdy to Norm: Gen-Z Connects Via Gaming," 2018, https://teamwhistle.com/insights/2019/07/from-nerdy-to-norm.
61. The Center for Generational Kinetics, "The State of Gen Z 2018," 2018, GenHQ.com.
62. Nielsen, "Millennials on Millennials: Gaming Media Consumption," 2019, https://www.nielsen.com/wp-content/uploads/sites/3/2019/06/millennials-on-millennials-gaming-media-consumption-report.pdf.
63. アンドレア・ブリマー、著者によるインタビュー、2019 年 9 月。
64. Eileen Brown, "Millennials Are Twice as Likely to Use Unapproved Collaboration Apps in the Workplace," ZDNet, August 14, 2019, https://www.zdnet.com/article/millennials-are-twice-as-likely-to-use-unapproved-collaboration-apps-in-the-workplace.
65. Martin Barnes, "The Past, Present & Future of Advertising in Video Games," *Trendjackers*, February 25, 2019, https://trendjackers.com/the-past-present-future-of-advertising-within-video-games/.
66. Packaged Facts, "Gen Z and Millennials as Pet Market Consumers: Dogs, Cats, Other Pets," February 16, 2018, https://www.packagedfacts.com/Millennials-Gen-Pet-Consumers-Dogs-Cats-Pets-11268949/.
67. アンドレア・ブリマー、著者によるインタビュー、2019 年 9 月。
68. Adrienne Roberts, "Driving? The Kids Are So Over It," *The Wall Street Journal*, April 20, 2019, https://www.wsj.com/articles/driving-the-kids-are-so-over-it-11555732810.
69. "Decoding Gen Z the Car Buyer," *Automotive News*, June 17, 2019,

4th quarter 2019 (in billion U.S. dollars)," *Statista*, January 30, 2020, https://www.statista.com/statistics/763617/venmo-total-payment-volume/.
32. Global Cash Card and The Center for Generational Kinetics, "Paycards: Generational Trends Shaping the Future of Worker Pay," 2017, The Center for Generational Kinetics.
33. The Center for Generational Kinetics, "The State of Gen Z 2019," 2019, GenHQ.com.
34. スコット・ゴルドン、著者によるインタビュー、2019 年 8 月。
35. ラリー・タリー、著者によるインタビュー、2019 年 8 月。
36. The Center for Generational Kinetics, "The State of Gen Z 2018," 2018, GenHQ.com.
37. Marjorie Valbrun, "Discount Rates Hit Record Highs," *Inside Higher Ed*, May 10, 2019, https://www.insidehighered.com/news/2019/05/10/nacubo-report-shows-tuition-discounting-trend-continuing-unabated.
38. The Center for Generational Kinetics, "The State of Gen Z 2018," 2018, GenHQ.com.
39. The Center for Generational Kinetics, "The State of Gen Z 2017," 2017, GenHQ.com.
40. The Center for Generational Kinetics, "The State of Gen Z 2017," 2017, GenHQ.com.
41. Matt Komos, "Consumer Credit Origination, Balance and Delinquency Trends: Q2 2019," TransUnion, August 23, 2019, https://www.transunion.com/blog/iir-consumer-credit-origination-q2-2019.
42. The Center for Generational Kinetics, "The State of Gen Z 2019," 2019, GenHQ.com.
43. The Center for Generational Kinetics, "The State of Gen Z 2017," 2017, GenHQ.com.
44. The Center for Generational Kinetics, "The State of Gen Z 2019," 2019, GenHQ.com.
45. The Center for Generational Kinetics, "The State of Gen Z 2017," 2017, GenHQ.com.

第 6 章　Z 時代のブランド構築

46. Bloomberg, "Nike's Big Bet on Colin Kaepernick Campaign Continues to Pay Off," *Fortune*, December 21, 2018, https://fortune.com/2018/12/21/nike-stock-colin-kaepernick/.
47. Angelica LaVito, "Nike's Colin Kaepernick Ads Created $163.5 Million in Buzz Since It Began—and It's Not All Bad," CNBC, September 6, 2018, https://www.cnbc.com/2018/09/06/nikes-colin-kaepernick-ad-created-163point5-million-in-media-exposure.html.
48. E. J. Schultz and Adrianne Pasquarelli, "Assessing the Fallout—Good and Bad—from Nike's Kaepernick Ad," *Ad Age*, September 4, 2018, https://adage.com/article/cmo-strategy/assessing-fallout-good-bad-nike-s-kaepernick-ad/314809.
49. YPulse, "How Do Gen Z & Millennials Really Feel About Nike's Kaepernick Ad?" September 12, 2018, https://www.ypulse.com/article/2018/09/12/how-gen-z-millennials-really-feel-about-nikes-kaepernick-ad/.

maddieberg/2018/12/03/how-this-seven-year-old-made-22-million-playing-with-toys-2/#128a34e94459.
15. The Center for Generational Kinetics, "iGen Tech Disruption," 2016.
16. The Center for Generational Kinetics, "The State of Gen Z 2019," 2019, GenHQ.com.
17. Jean M. Twenge, et al.,"Age, Period, and Cohort Trends in Mood Disorder Indicators and Suicide-Related Outcomes in a Nationally Representative Dataset, 2005–2017," *Journal of Abnormal Psychology*, 2019, vol. 128, no. 3, 185–199, https://doi.org/10.1037/abn0000410.
18. The Center for Generational Kinetics, "The State of Gen Z 2019," 2019, GenHQ.com.

第４章　スマートフォンの世界で生きる

19. The Center for Generational Kinetics, "The State of Gen Z 2019," 2019, GenHQ.com.
20. The Center for Generational Kinetics, "The State of Gen Z 2018," 2018, GenHQ.com.
21. The Center for Generational Kinetics, "The State of Gen Z 2016," 2016, GenHQ.com.
22. The Center for Generational Kinetics, "The State of Gen Z 2018," 2018, GenHQ.com.
23. The Center for Generational Kinetics, "The State of Gen Z 2018," 2018, GenHQ.com.
24. The Center for Generational Kinetics, "The State of Gen Z 2019," 2019, GenHQ.com.
25. ブレイク・ギャレット、著者によるインタビュー、2019年８月。

第５章　Ｚ世代とお金

26. Ariana Marsh, "This 19-Year-Old's Designs Have Been Worn by Kylie Jenner and Sofia Richie," *Teen Vogue*, December 1, 2016, https://www.teenvogue.com/gallery/this-19-year-olds-designs-have-been-worn-by-kylie-jenner-and-sofia-richie.
Shelby Le Duc, "De Pere Fashion Designer in with Celebs," *Green Bay Press Gazette*, June 28, 2016, https://www.greenbaypressgazette.com/story/life/2016/06/28/de-pere-fashion-designer-celebs/86245256/.
27. The Center for Generational Kinetics, "The State of Gen Z 2019," 2019, GenHQ.com.
28. The Center for Generational Kinetics, "The State of Gen Z 2018," 2018, GenHQ.com.
29. Mathias Bärtl, "YouTube Channels, Uploads and Views: A Statistical Analysis of the Past 10 Years," *Convergence: The International Journal of Research into New Media Technologies*, 2018, vol. 24, no. 1, 16–32, https://doi.org/10.1177/1354856517736979.
30. "Doing It Their Way: Gen Z and Entrepreneurship," Online Schools Center, https://www.onlineschoolscenter.com/gen-z-entrepreneurship/.（2019年11月23日閲覧）
31. J. Clement, "Venmo's Total Payment Volume from 1st Quarter 2017 to

原注

はじめに——Z世代がやってきた！

1. The Center for Generational Kinetics, “The State of Gen Z 2019,” 2019, GenHQ.com.

第1章　ニューノーマルへようこそ

2. Carter Wilkerson, https://nuggsforcarter.com/making-a-difference.（2019年11月25日閲覧）
3. H. B. Duran, “#NuggsFor Carter Means over $7 Million Earned Media Value for Wendy’s, *AList Daily*, May 11, 2017, https://www.alistdaily.com/social/how-nuggsforcarter-became-an-emv-win-for-wendys/.
4. ブレント・ブロンクビスト、著者によるインタビュー、2019年8月。

第2章　「世代」を再定義する

5. The Center for Generational Kinetics, “The State of Gen Z 2018,” 2018, GenHQ.com.
6. Common Sense Media, “Social Media, Social Life: Teens Reveal Their Experiences, 2018,” https://www.commonsensemedia.org/sites/default/files/uploads/research/2018_cs_socialmediasociallife_fullreport-final-release_2_lowres.pdf.

第3章　Z世代が見てきたもの

7. U.S. Office of Federal Student Aid, “Federal Student Loan Portfolio by Borrower Age and Debt Size,” September 30, 2019, https://studentaid.ed.gov/sa/sites/default/files/fsawg/datacenter/library/Portfolio-by-Age-Debt-Size.xls.
8. The Center for Generational Kinetics, “The State of Gen Z 2018,” 2018, GenHQ.com.
9. Richard Fry and Kim Parker, “Early Benchmarks Show ‘Post-Millennials’ on Track to Be Most Diverse, Best-Educated Generation Yet,” Pew Research Center, November 15, 2018, https://www.pewsocialtrends.org/wp-content/uploads/sites/3/2018/11/Post-Millennials-Report_final-11.13pm.pdf.
10. The Center for Generational Kinetics, “The State of Gen Z 2016,” 2016, GenHQ.com.
11. We are Flint, “Social Media Demographics 2018, USA & UK, February 2018,” https://castfromclay.co.uk/main-findings-social-media-demographics-uk-usa-2018.
12. Salman Aslam, “YouTube by the Numbers: Stats, Demographics & Fun Facts,” Omnicore, January 13, 2020, https://www.omnicoreagency.com/youtube-statistics/.
13. The Center for Generational Kinetics, “The State of Gen Z 2019,” 2019, GenHQ.com.
14. Madeline Berg, “How This 7-Year-Old Made $22 Million Playing with Toys,” *Forbes*, December 3, 2018, https://www.forbes.com/sites/

[著者]
ジェイソン・ドーシー　(Jason Dorsey)

世代研究、講演、コンサルティングを行うリーディングカンパニー、センター・フォー・ジェネレーショナル・キネティクス(CGK)の共同設立者、所長。Z世代やミレニアル世代研究の専門家として、テクノロジー、ヘルスケア、小売、金融サービスなど各業界の大手グローバルブランドで課題解決の手助けを行う。これまでに〈60ミニッツ〉など200以上のキー局テレビ番組に出演したほか、世界中で行った基調講演は1,000回以上、聴衆は16,000人にのぼる。CGKでの活動のほかに上場および非上場の取締役も務め、企業のCEOや取締役会、スタートアップ創業者、ベンチャーキャピタル、プライベートエクイティと協業する。
大学在学中、18歳のときに自費出版した著書が話題となり、ニューヨーク・タイムズ紙のカバーストーリーにも登場。メディアからは「リサーチの第一人者」とも評される。

JasonDorsey.com
Twitter: @jasondorsey
Instagram: @jason_dorsey
LinkedIn: Jason Dorsey

[著者]
デニス・ヴィラ　(Denise Villa, PhD)

センター・フォー・ジェネレーショナル・キネティクス(CGK)の共同設立者、CEO。同社の調査研究チームを率いる。エンターテインメント、保険、ヘルスケア、コンシューマー・テクノロジー等のグローバル企業を顧客に持ち、消費者リサーチを担っている。
テキサス大学オースティン校で学士号を、テキサス州立大学で修士号と博士号を取得ののち、世代にまつわる社会通念と真実との間には大きなギャップが存在するという気づきを出発点に、世代研究の専門家としての道を進む。より良い意思決定を求める企業幹部向けに、ニューヨーク、マイアミ、ダラス、ラスベガスなど全米の都市でプレゼンテーションをする機会も多い。Z世代に関する研究はワシントンポスト紙で特集記事が組まれたほか、ウォール・ストリート・ジャーナル紙など数多くのメディアに取り上げられた。

GenHQ.com
DeniseVilla.com
Twitter: @DrDeniseVilla
LinkedIn: Denise Villa Phd

[訳者]
門脇弘典　(Hironori Kadowaki)

翻訳家。東京外国語大学外国語学部卒。主な訳書に、レイエ他『プラットフォーマー 勝者の法則 コミュニティとネットワークの力を爆発させる方法』、エリス他『Hacking Growth グロースハック完全読本』、マルケイ『ギグ・エコノミー 人生100年時代を幸せに暮らす最強の働き方』(以上、日経BP)、バウムガルトナー他『SALES GROWTH ――世界のセールス・エグゼクティブが伝える5つの実績ある戦略』(TAC出版)、オーツ「午前11時に会いましょう」(『短編画廊 絵から生まれた17の物語』に収録、ハーパーコリンズ・ジャパン)などがある。

Z世代《せだい》マーケティング

世界《せかい》を激変《げきへん》させるニューノーマル

2021年10月 6 日発行　第 1 刷
2021年12月30日発行　第 3 刷

著者　ジェイソン・ドーシー&デニス・ヴィラ
訳者　門脇弘典
発行人　鈴木幸辰
発行所　株式会社ハーパーコリンズ・ジャパン
東京都千代田区大手町1-5-1
電話　03-6269-2883(営業)
0570-008091(読者サービス係)
カバーデザイン　山之口正和(OKIKATA)
本文デザイン　山之口正和＋沢田幸平(OKIKATA)
印刷・製本　中央精版印刷株式会社

ISBN978-4-596-01529-7